고려대학교 통일융합연구원 해란연구총서 시리즈 04

한반도 그린데탕트와 남북한 협력 방안

남성욱 · 이우균 · 김재한 · 강택구
최현아 · 정유석 · 김수정 · 김 준

박영사

머리말

　과거 남북 당국 간 협상을 위하여 북한을 방문할 때마다 개성과 묘향산, 금강산 등 국립공원 지역을 제외하고는 대부분의 산악 지역이 민둥산이라는 사실에 놀랐다. 경사도 60~70도의 산에 나무가 없으니 여름철 장마에 무슨 일이 일어날지는 충분히 짐작이 간다. 홍수→산사태→농경지 침식→생산량 감소→식량난 악화→산림 훼손과 농작물 경작이라는 악순환이 반복되는 것이 오늘날 북한의 현실이다. 황폐해진 북한지역의 산림을 복구하기 위한 근본 대책으로 주민들의 땔감 의존도를 낮출 방안을 마련하는 것 역시 중요하다는 의견도 있다. 한반도에서 기후변화의 피해를 최소화하기 위한 '그린데탕트' 정책은 북한 주민들의 민생에너지 문제를 해결하는 것에서 출발해야 한다는 논리도 설득력이 있다. 한반도의 기후변화에 남북한이 공동으로 대응하기 위해서 남북 간 산림협력이 필요한 이유다.

　한반도의 기후 온난화는 향후 개선되기보다는 악화할 가능성이 높다. 한반도의 기후변화는 전 세계 평균보다 빠르게 진행되고 있다. 한반도는 지난 100년 동안 세계 기온 상승 평균치의 두 배인 1.7℃가 상승했다. 1980년 이후 상승 경향이 뚜렷하며 극한 저온 현상이 감소하고 극한 고온 현상이 증가하였다. 한반도는 점차 아열대 기후로 변하고 있다. 기상청 연구에 따르면 2050년까지 한반도의 기온은 3.2℃, 강수량은 16% 증가할 것으로 전망된다. 울릉도와 독도 주변에는 남해안과 제주도에서 서식하는 자라 돔과 같은 열대 어종이 자리를 잡았고 오징어가 북상하여 강원도 어민들을 어렵게 하고 있다. 강릉에는 남부지방에서 자라는 종려나무가 심겨 있다. 기후변화가 한반도 곳곳에서 빠른 속도로 진행되고 있다.

　그린데탕트는 환경 및 생태 분야에서의 협력으로 비정치적 및 비군사적 교류와 협력을 통해 남북한의 긴장 상태를 완화한다는 접근방식에 이론적 기반을 두고 있다. 포괄적으로 기능주의(functionalism) 이론과도 일맥상통한다. 남북 그린데탕트 구상은 그 범위와 수준이 상당히 포괄적이기 때문에 실현 가능성을 고려해 다양하고 단계적인 로드맵을 구상해야 한다. 윤석열 정부의 담대한 구상은 북한 핵과 미사일 문제가 해결 조짐을 보인다면 북한 주민들의 민생을 획기적으로 개선한다는 함의가 있다. 남북한 환경 및 생태 분야의 협력은 당연히 인도적 차원에서 초기 단계부터 적극적으로 추진될 수 있다.

남북 그린데탕트는 북한의 니즈(needs), 남한의 이익 및 국제사회의 지지라는 삼박자가 조화롭게 어우러졌을 때 성과를 거둘 수 있을 것이다. 궁극적으로 '그린 한반도(Green Korean Peninsula)'로 확장될 수 있다.

본서의 집필은 지난 30년간의 북한 연구의 종합적인 결과다. 남북 그린데탕트 연구는 어느 한 분야만의 연구로는 완성되지 않는다. 정치·군사는 물론이고 과학기술, 환경 및 일반 경제에 대한 연구가 접목되어야 한다. 인문사회학과 자연과학이 융합적(convergence)이고 통섭적(consilience)으로 연계되어야 한다. 본서 1장에서는 그린데탕트와 헬싱키 프로세스를 서술하였다. 유럽에서 출범한 그린데탕트와 이를 현실 국제정치에 접목한 헬싱키 프로세스 등을 소개하였다. 2장에서는 남북 그린데탕트의 비전과 과제를 다루었다. 그린데탕트와 한반도라는 주제로 한반도에서 그린데탕트가 가지는 함의를 기술하였다. 3장에서는 역대 정부의 통일·대북정책과 그린데탕트를 분석하였다. 이와 함께 국내외 정세변화와 추진원칙 등을 정리하였다. 4장에서는 담대한 구상과 남북한 그린데탕트 연계를 위한 초보적 논의를 전개하였다. 윤석열 정부의 담대한 구상에서 그린데탕트의 추진방안을 모색하였다. 5장에서는 윤석열 정부의 신통일미래구상과 그린데탕트 정책을 조망하였다. 6장에서는 남북 그린데탕트에서 직접 적용할 수 있는 남북한 산림협력과 그린데탕트 실현 방안을 논의하였다. 7장에서는 한반도 기상이변과 효율적인 남북한 기상협력 방안을 다루었다. 한반도에 빈발하는 기상이변에 남북한의 공동대응 방안 등을 논의하였다.

2년간에 걸친 연구에 참여해주신 고려대 환경생태공학부 이우균 교수님, 고려대 오정리질리언스 김준 연구원, 한스자이델재단의 최현아 연구원, 한림대 김재한 교수님, 한국환경연구원 강택구 연구위원, 산업연구원 김수정 연구위원, 통일연구원 정유석 부연구위원, 자료 정리와 분석에 노력한 고려대 통일융합연구원의 조정연·주연종 연구위원과 이나겸 연구원에게 감사의 말씀을 전한다. 그린데탕트라는 융합적인 연구는 사회과학과 자연과학이 결합되고 입체적이고 중장기적인 연구가 진행되어 성과를 거둘 수 있을 것이다. 본서는 한반도 분단 문제를 해결하기 위한 융복합 연구의 일보를 내딛는 차원에서 의미를 찾고자 한다. 본서에서 발견될 오류와 한계 등은 연구기획 책임을 맡은 연구책임자인 본인에게 귀착된다는 점을 언급하고 싶다.

미국에 거주하시면서 본서를 해란연구총서로 발행하도록 큰 도움을 주신 고려대학교 의과대학의 대선배님이신 김해란 선생님, 고려대 통일보건의료 연구를 이끌고 계신 김영훈 전 고려대 의료원장님, 김신곤 고려대 의과대학 교수님께도 심심한 사의를 표하고자 한다.

본서는 고려대학교 통일융합연구원의 해란연구총서 시리즈의 네 번째 성과물로 발간한다는 측면에서 막대한 책임감을 느낀다. 마지막으로 연구총서를 발간해주신 박영사 안종만 회장님과 김한유, 한두희 과장 등 편집진에게도 고마움을 전한다.

2024.4 곡우(穀雨)의 계절에
고려대학교 통일융합연구원에서 남성욱

차례

제4장

담대한 구상과 남북한 그린데탕트 연계를 위한 초보적 논의

제5장

윤석열 정부의 신통일미래구상과 그린데탕트

제6장

남북 산림협력과 그린데탕트 실현방안

제7장

한반도 기상이변과 효율적인 남북한 기상협력 방안

부록

그린데탕트와
헬싱키 프로세스

제1장

그린데탕트와
헬싱키 프로세스

김재한 (한림대학교)

I

진화와 전략 그리고 그린데탕트

환경은 매우 융합적 주제이다. 특히 평화, 안보, 화해, 협력, 통일 관련 정책에서 환경 논의의 주요 관점은 진화 또는 전략이다. 진화와 전략은 떼려야 뗄 수 없는 필연적 관계이다. 진화 개념의 선구적 근대 인물은 찰스 다윈(Charles Robert Darwin)이고, 전략 개념의 선구적 근대 인물은 미국 제16대 대통령인 에이브러햄 링컨(Abraham Lincoln)이다.

다윈과 링컨은 여러 공통점을 가졌다.[1] 생일(1809년 2월 12일)이 같은 두 사람 모두 열 살이 채 되지 않아 생모를 여읜 조실생모(早失生母) 그리고 자녀가 어린 나이에 죽은 아픔을 경험하였다. 또한 턱수염을 기른 50대 초반 무렵부터 자신의 이름을 세상에 떨친 대기만성(大器晚成)의 두 사람은 말이나 글에서 뛰어난 전달력을 보여주었다. 사주나 관상을 중시

---

1 김재한, "[세상을 바꾼 전략] 링컨의 노예해방, 치열한 승부사 기질로 얻은 선한 결과," 『중앙SUNDAY』, 2017년 2월 12일, p. 22; 김재한, 『전략으로 승부하다, 호모 스트라테지쿠스』 (서울: 아마존의 나비, 2021), pp. 285-289.

하는 사람이라면 각각 그들의 생일이나 턱수염으로 인생 역정을 설명할지도 모르겠다. 합법적 정치 전략의 선구자로 불리는 링컨은 다윈처럼 진화론적 인식을 지녔다. 우연은 없고 모든 결과는 원인이 있으며, 과거는 현재의 원인이고 현재는 미래의 원인이며, 이것들 모두가 유한에서 무한으로 가는 끝없는 체인의 연결 고리라고 보았다. 다윈은 링컨과 마찬가지로 노예제에 대한 혐오감을 종종 드러내었다. 다윈의 진화론은 전략적 선택을 통해 상황을 바꾼다는 게임 이론의 초기 모델로 여겨지기도 한다. 진화는 인간과 자연의 선택에 따라 균형을 이루어가는 과정이다. 전략적 선택이 유지되는 상황을 균형(equilibrium)으로 부른다. 미국의 경제학자인 존 내시(John Nash)가 일컬은 균형 상태가 그 대표적 개념이다. 균형은 바뀌기도 하는데, 이를 진화로 부를 수 있다.

　한반도 그린데탕트(green détente)는 그렇게 단순하게 추진될 수 있지 않고 생태 진화의 원리 그리고 협력 전략의 원리 속에서만 작동할 수 있는 정책 아이디어이다. 이 글은 진화 및 전략이라는 관점에서 그린데탕트를 논한다. 헬싱키 프로세스(Helsinki Process)의 아이디어를 한반도 그린데탕트에, 즉 시간상으로 1970년대 데탕트 및 1990년대 탈냉전의 경험을 2020년대에 활용해 보고, 또 공간적으론 유럽의 경험을 유라시아대륙 정반대의 한반도에 활용해 본다. 이 글의 논지 순서는 다음과 같다. 첫째, 헬싱키 프로세스와 유럽 데탕트의 역사적 전개를 간단하게 살펴본다. 둘째, 그린 및 데탕트의 개념적 의미를 정리한다. 셋째, 그린 및 데탕트 간 정책적이고 전략적인 인과관계를 정리한다. 넷째, 지속 가능한 융합생태계로서의 그린데탕트 추진 방향을 제시한다.

II
헬싱키 프로세스와 유럽 데탕트

1. 헬싱키 프로세스

　헬싱키 프로세스는 핀란드 헬싱키에서 유럽안보협력회의(Conference for Security and Co-operation in Europe: CSCE)가 중심이 되어 1972년부터 1975년 최종의정서(Final Act) 체결까지 데탕트를 진척시킨 일련의 과정을 말한다.

1975년 8월 1일 미국과 캐나다를 포함한 35개 CSCE 참여국이 서명한 최종의정서는 4개의 묶음(Basket)으로 제시되었는데, 두 번째 묶음(BasketⅡ)이 경제, 과학기술, 환경 분야의 협력에 관한 합의이다. 헬싱키 최종의정서 체결 이후 CSCE 회의는 유고슬라비아(오늘날 세르비아) 베오그라드(1977~1978), 스페인 마드리드(1980~1983), 캐나다 오타와(1985), 오스트리아(1986~1989), 프랑스 파리(1990) 회의 등으로 이어지다가 1994년 유럽안보협력기구(Organization for Security and Co-operation in Europe: OSCE)로 대체되었다.

2. 헬싱키 발트해환경보호협정

| 그림 1-1 | 냉전 시대 발트해 주변국

출처: Tuomas Räsänen and Simo Laakkonen, "Cold War and the Environment: The Role of Finland in International Environmental Politics in the Baltic Sea Region," *Amboio*, Vol. 36, No. 2/3 (2007), pp. 229-236.

〈그림 1-1〉은 냉전 시대 발트해(Baltic Sea) 주변국을 블록에 따라 구분하여 표기한 지도이다. 연안 7개국 가운데 덴마크, 서독은 북대서양조약기구(NATO) 국가이고, 스웨덴, 핀란드는 비동맹(non-aligned) 국가이며, 동독, 소련, 폴란드는 바르샤바조약(Warsaw Pact) 국가이다. 발트 3국(라트비아, 리투아니아, 에스토니아)은 당시 소련의 일원으로 여겨졌다. 발트해 주변국 간의 정치·군사적 진영 대립으로 발트해 환경협력은 냉전 시대 이루어지지 못했다.

1974년 헬싱키에서 발트해환경보호협정(Convention on the Protection of the Marine Environment of the Baltic Sea Area), 이른바 헬싱키 협정(Helsinki Convention)이 체결되었다. 여전히 냉전이 헬싱키 협정의 합의 및 내용에 영향을 주었고, 소련은 환경 이슈를 권력정치의 도구로 사용했다. 그럼에도 불구하고 발트해 환경협력은 그린데탕트의 기원으로 해석되기도 하는 국제환경협력이다.[2]

3. 탈냉전과 유럽그린벨트

냉전 시대 동유럽 공산 진영과 서유럽 자유 진영을 구분하는 경계선이 있었는데, 이른바 철의 장막(Iron Curtain)이다. 동유럽 공산 정권의 붕괴로 철의 장막이 공식적으로 철폐되자, 종(種) 보전을 중시하는 독일환경자연단체 분트(Bund für Umwelt und Naturschutz Deutschland: BUND)는 동서독 분단선을 그뤼네스반트(Grünes Band), 즉 그린벨트로 만드는 프로젝트를 추진하였다.

---

2 Lothar Brock, "Peace through Parks," *Journal of Peace Research*, Vol. 28, No. 4 (1991), pp. 407-423; 고상두, "냉전시대 그린데탕트의 경험과 남북한 환경협력에 대한 시사점," 『국가안보와 전략』 제14권 1호(2014), pp. 29-54; 김재한, "한반도 신뢰프로세스 및 그린데탕트의 이론적 조망," 『통일문제연구』 제26권 1호(2014), pp. 65-92.

|그림 1-2| 그뤼네스반트

출처: 김규현·김재한, 『비무장지대를 넘는 길』(서울: 아마존의 나비, 2015), p. 97, p. 224.

〈그림 1-2〉의 왼쪽 사진은 독일 하르츠(Harz) 산악지대 조르게(Sorge) 그뤼네스반트에서 북쪽으로 촬영한 것이다. 왼쪽 철책선이 동서독 경계선이었고, 가운데는 동독의 완충지대와 감시탑 시설의 흔적이다. 오른쪽 사진은 조르게 그뤼네스반트에서 남쪽으로 촬영한 것인데, 오른쪽 산림은 서독지역이었고, 왼쪽 산림과 가운데 완충지대는 동독지역이었다.

|그림 1-3| 그뤼네스반트 도로가에 설치된 유럽그린벨트(철의 장막) 안내판

출처: 김규현·김재한, 『비무장지대를 넘는 길』, p. 225.

독일뿐 아니라 멀리는 핀란드까지 약 15,000km 길이의 철의 장막을 생태환경보전의 유럽그린벨트로 바꾸는 작업이 추진되었다. 동서 유럽 간 냉전의 최전선이 오늘날에는 유럽을 남북으로 연결하는 그린벨트로 기능하고 있다. 다만, 분단 시절 동서독 간의 그뤼네스반트 그린(green) 협력 때문에 독일 통일이 이루어졌다는 국내 일각의 주장은 사실이 아니다.

III
그린 및 데탕트의 의미

1. 용어의 사용 현황

그린데탕트 용어의 시작은 1990년대 중반부터 개최된 DMZ학술원 야외토론회에서이다.[3] 야외토론회 장소인 비무장지대 남방한계선을 둘러싼 현장의 색깔은 대부분 그린(녹색)이다. 그린의 DMZ로 남북 간 데탕트를 실현하는 방안은 DMZ학술원 토론회의 단골 주제였다. DMZ학술원 토론회 참가자는 소련이 붕괴했고 동서독은 통일되었지만 한반도가 냉전적 상황에서 탈피하지 못하고 있는 상황에서 한반도 통일을 급진적으로 도모하기 이전에 데탕트부터 추진해야 하고 DMZ 생태와 관련된 남북한 공동사업 추진이 그러한 예라고 인식하였다. DMZ학술원 토론회에서 언급된 그린데탕트 용어는 그린의 현장에서 즉흥적으로 만든 조어(造語)였고 구체적으로 개념화되지는 않았다.

김대중·노무현 정부를 거쳐 이명박 정부에 들어서면서 남북한 관계가 경색되자 경색 타결을 모색하는 과정에서 그린데탕트는 정부 차원, 특히 청와대와 국책연구기관에서 본

---

3 DMZ학술원, http://dmzs.kr; 김인영·김재한 편, 『DMZ: 발전적 이용과 해체』 (서울: 소화, 1999); 김재한 편, 『DMZ II: 횡적 분단에서 종적 연결로』 (서울: 소화, 2000); Chae-Han Kim, ed., *The Korean DMZ: Reverting beyond Division* (Sowha, 2001); 김재한 외, 『DMZ III: 접경지역의 화해 협력』 (서울: 소화, 2002); 김재한 편, 『DMZ IV: 천 그리고 조항탄전』 (서울: 소화, 2003); 김재한 편, 『DMZ V: 평화』 (서울: 소화, 2004).

격적으로 사용하기 시작하였다.[4] 반면 학계의 용어 활용도는 역대 정부의 재원 및 추진 노력에 비해 매우 부족하다. 한국연구재단의 한국학술지인용색인(Korea Citation Index: KCI) 홈페이지에서 2023년 초 '그린 데탕트' 또는 '그린데탕트'로 검색되는 KCI 등재학술지 논문은 총 6편이고 모두 2014~2015년에 게재된 것뿐이다.[5] 오늘날 'green detente'로 구글링해도 거의 100% 한국 관련 자료뿐이다.

그린데탕트 용어가 이전 용어와 차별되지 않는다는 비판적 견해도 있다. 사실, 그린데탕트로 언급되는 대부분은 친환경적 정치·군사관계 또는 환경협력으로 단순하게 불러도 혼동되지 않는다. 왜 굳이 그린데탕트라는 다른 용어로 부르냐는 지적이 나온다. 이런 비판을 극복하려면 더욱 정교화된 개념화가 필요하다. 먼저, 그린데탕트 용어의 용도가 현상 설명의 용어인지 아니면 추진 정책의 명칭인지 아니면 인과 분석의 개념인지를 구분할 필요가 있다. 특히 인과 분석의 개념이라면 구체적인 명제가 제시되어야 한다. 구체적 명제를 선행 연구에서 따와 예시하면 〈표 1-1〉과 같다.

| 표 1-1 | 그린데탕트 명제의 예시

– 그린은 누구나 공유하기 때문에 생산에 갈등이 발생하기 쉽다.
– 그린은 누가 향유한다 해서 줄지 않기 때문에 협력이 가능하다.
– 공동이익이 협력을 보장하지는 않는다.
– 데탕트는 잠정적 긴장 완화이다.
– 데탕트는 그린 사업의 성패에 영향을 준다.
– 그린 갈등이 데탕트를 방해할 수도 있다.
– 그린 협력이 데탕트를 가져다줄 수도 있다.

출처: 김재한, "한반도 신뢰프로세스 및 그린데탕트의 이론적 조망," pp. 76-86.

---

4 김재한·경제희, "그린데탕트의 개념과 추진전략," 『국가안보와 전략』 제14권 3호(2014), pp. 149-150.

5 고상두, "냉전시대 그린데탕트의 경험과 남북한 환경협력에 대한 시사점"; 김재한, "한반도 신뢰프로세스 및 그린데탕트의 이론적 조망"; 김재한·경제희, "그린데탕트의 개념과 추진전략"; 이재승·김성진·정하윤, "환경협력을 통한 평화구축의 이론과 사례: 한반도에의 적용에 대한 고찰," 『한국정치연구』 제23권(2014); 박소영·박경석, "그린데탕트와 남북 산림협력의 의미와 가능성 연구," 『동북아연구』 제30권(2015); 김미자, "북한의 환경정책과 남·북한 환경협력 강화 방안: 그린데탕트를 위하여," 『환경정책』 제23권(2015).

2. 그린의 개념

그린데탕트에 관한 국내 논의는 그린 사업이 매우 협력적이라고 전제하고 있다. 그러나 실제로는 협력적 속성을 지닌 그린 사업도 있고, 반대로 비(非)협력적인 속성을 지닌 그린 사업도 있다. 그린 사업이 협력적이라는 논리는 그린 사업이 공동으로 추진되기 때문에 협력하지 않을 수 없다는 것이다. 반대로 그린 사업이 비협력적이라는 논리는 그린 사업이 공동으로 추진되기 때문에 갈등을 피할 수 없다는 것이다. 두 논리 다 그린 사업이 공동으로 추진되는 사업이라고 보는 점에서는 같지만, 협력 가능성에 대해 다르게 전망한다.

한반도 및 동북아시아의 그린 사업은 추진된다면 공동으로 추진되는 것이다. 정치·군사 단위체가 남한 혹은 북한으로 각각 독립적으로 이루어져 있다면, 일부 그린 단위체의 경계는 정치·군사 단위체의 경계를 넘어 남북한이 함께 묶여있다고 말할 수 있다. 임진강이나 북한강 등 남북한 공유하천의 그린 사업 경계는 군사분계선(Military Demarcation Line: MDL) 너머의 공간이 포함된다. 또 황사 등 동북아시아 대기오염 관련 그린 사업도 국경을 넘어 여러 나라에 걸쳐 추진될 수밖에 없다. 남북한 가운데 한쪽에서만 혹은 동북아시아의 한 국가에서만 관리해서는 해결될 수 없는 그린 문제가 존재한다.

그린 재화는 대체로 공공재(public good)이다. 공공재의 대표적 속성은 비배제성(non-exclusivity)과 비경합성(non-rivalry)이다. 먼저, 그린 재화의 비배제성이다. 그린 재화는 재화의 향유에 있어 특정 개인이나 특정 집단을 배제하기 어렵다. 우방과 적대국을 가리지 않고 모두에게 그 혜택이 돌아갈 수 있다. 남북한 경계선이나 동북아시아 국경을 초월하는 전형적인 그린 재화는 누구든 향유를 함께할 수밖에 없다.

비배제성 때문에 대부분의 공공재는 생산에 어려움을 겪는다. 그 비용을 댄 측이나 그렇지 않은 측이나 모두 공공재를 향유할 수 있다면 너도나도 공공재 생산 비용을 대지 않고 무임승차(free-ride)하려 한다. 특히 그린 재화가 경합적인 공유재라면, 생산 비용 분담의 문제는 공유지의 비극(tragedy of the commons)으로 표현되듯이 매우 심각하다. 국제사회가 기후변화에 대응해야 한다고 인식하면서도 실제 대응은 잘 진척되지 않고 있고, 구속력이 약한 합의만 이루어지고 있다. 남북한 혹은 동북아시아를 아우르는 그린 공공재의 생산은 쉬운 사업이 아니다.

개인 재산권을 인정하지 않는 체제일수록 공공재 생산은 용이하다. 원칙적으로 사회주의국가와의 그린 협력은 쉽고, 실제 동유럽 사회주의국가와의 그린 협력에서 재산권 문제는 협력에 장애가 되지 않았다. 만일 북한 정권이 생태 가치 보전 구역을 설정한다고 해서 당장 북한 주민들이 반발하여 무산시킬 수 있는 것은 아니다.

다음은 그린 재화의 비경합성이다. 한 집단의 안보가 증진되면 경쟁적 관계의 다른 집단의 안보는 취약해지는 것으로 인식될 때가 많다. 경제협력은 쌍방이 모두 나아질 수 있는 것으로 인식되기도 하지만, 일부 경제협력의 경우 호혜적이지 않고 어느 일방이 다른 일방을 거의 착취하는 결과를 가져오기도 한다. 이에 비해 그린 분야는 일방의 그린 개선이 다른 일방에도 오히려 도움이 될 때가 많다. 그린 분야는 다른 분야에 비해 남한이 북한을 지원한다고 해도 남한 내 반발을 적게 받는다. 군사 분야나 경제 분야와 달리 대북 지원이 남한에 위협되지 않고 오히려 남한에 도움이 될 수 있기 때문이다. 생산된 그린 재화의 혜택을 남북한 가운데 어느 일방이 소비하더라도 다른 일방이 소비할 수 있는 혜택양은 줄지 않는다. 이를 공공재의 비경합성으로 부른다.

그린 재화의 비경합성은 협력 가능성을 증진한다. 비경합성 특성 때문에 그린 사업은 만일 실천된다면 공동이익을 실현할 수 있는(협력의 필요성이 강조되는) 대표적 사업이다. 협력의 필요성은 종종 비약되어 협력이 반드시 실천된다고 인식되기도 한다. 그린 협력의 실천이 늘 보장되지는 않지만, 적대적 관계에서의 그린 협력은 다른 분야보다 상대적으로 실현 가능성이 크다. 적대관계임에도 불구하고 그린 협력의 가능성은 존재하는 것이다.

그린 사업은 일방이 그 비용을 제공할 때 다른 일방은 그 사업에 찬성한다는 것이 일반적 기대이다. 남한과 환경협력사업을 한다고 해서 손해를 보지 않고 오히려 더 나아진다면, 북한은 환경협력사업에 적극적으로 임할 것이며, 즉 남한의 대북한 그린 사업은 북한이 거부하지 않고 오히려 남한에 요청해야 하는 것이기 때문에 남한이 북한에 대북 그린 사업 수락을 설득하는 게 어렵지 않다고 생각되기도 한다. 그렇지만 북한은 남한과의 환경협력사업에 적극적으로 참여하지 않고 있으며, 이에 대해 남한 정부가 북한 핵 개발을 제재하고 있어 남북 환경협력이 진척되지 않는다는 주장도 제기된다.

공동이익이 있다고 해서 협력이 보장되는 것은 아니다. 일반적으로 공동이익이 크면 클수록 협력이 성사될 가능성은 더 크나, 공동이익이 크다고 해서 늘 협력이 보장되지는 않는다. 예컨대, 환경협력으로 북한이 +4의 혜택을, 남한이 +10의 혜택을 받을 때 북한은 무조건 협력하는 것이 아니며, 어떤 경우엔 남측의 이득이 크면 클수록 북한이 다른 요구를 해올 가능성이 더 크다.

협상은 합의실패상황(point of disagreement)에서 시작한다. 그린 문제만을 떼어놓고 보면 그린 재화 생산의 비용을 대지 않는 측은 그린 협력으로 합의실패상황보다 더 나아지기 때문에 그린 협력에 참여해야 하나, 남북한이 인식하는 합의실패상황은 그린 문제뿐 아니라 다른 문제와도 연계시킨다. 남한 안보에 위협을 가할 수 있는 상황이 합의실패상황인데 이를 철폐하면 자신의 협상카드는 없어진다고 보기 때문에 자신의 그린 협력을 받으려면 비싼 가격을 지불해야 한다고 주장하고 있다.

그린 재화는 당사자가 확장되는 경향이 있다. 양극적인 철의 장막이 탈냉전시대 다자간 유럽그린벨트로 전환하였듯이, 그린 공공재는 남북한뿐 아니라 주변국도 당사자인 경우가 많다. 백두대간을 따라 중국과 러시아 그리고 쓰시마를 통해 일본까지 연결되는 그린 벨트도 가능하고, 한반도 비무장지대가 서쪽으로 중국의 만리장성으로 연결되고 동쪽으로는 독도를 거쳐 일본 도쿄까지 연결되는 베세토(BeSeTo)의 한·중·일 그린벨트도 가능하다.

그린 분야에서는 비(非)국가적 행위 주체도 중요하다. 그린 문제는 국가 단위로만 접근되어서는 아니 되며, 지구적 혹은 동북아시아와 같이 더 넓은 단위로 생각해야 하고 어떤 경우에는 현지 지역사회의 입장을 고려해야 한다. 글로벌과 로컬이 함께 하는 글로컬(glocal) 차원도 존재한다. 그린뿐 아니라 데탕트와 평화도 공공재이고 글로컬 차원이 존재한다.

3. 데탕트의 개념

1970년대 데탕트는 그 이전의 국제관계와 차별된다. 미국 중심의 블록과 소련 중심의 블록으로 구성된 확고한 양극체제가 서방 진영에서 프랑스, 독일, 일본 등이 부흥하고 또 공산 진영에서는 소련과 분쟁을 겪게 된 중국 등 제3세계가 등장하여 다극체제로 바뀐 것이다. 데탕트는 이념 기준의 양자 간 대립에서 벗어나 국가이익 기준의 다자간 경쟁 구도로 변모한 체제이다.

데탕트라는 프랑스어 단어의 의미에 대해 사람들에 따라 조금씩 다르게 받아들인다. 일반적으로 미·소 데탕트는 1969년에 시작해서 1979년에 끝난 것으로 정리되고 있고

1980년부터는 이른바 신(新)냉전으로 불린다. 이처럼 데탕트는 길어야 10년의 단기간이었다. 데탕트는 냉전 시대 당시 긴장이 팽배한 상황에서 벗어나 긴장이 완화된 것을 말하지, 화해(reconciliation)나 평화 그리고 통일을 의미하지는 않는다. 긴장이 풀렸을 때 사고가 나듯이 전쟁도 긴장이 완화되었을 때 일어나기도 하므로 데탕트는 평화를 반드시 보장하지는 않는다. 그렇지만 1980년 중·하반기의 신(新)데탕트가 결국 냉전 종식의 직전 단계가 되었고 또 1970년대 데탕트도 신데탕트 등장과 냉전 종식의 기반이 되었듯이, 어떤 데탕트도 잠정적인 긴장 완화뿐 아니라 궁극적인 긴장 철폐를 가져다주는 과정일 수 있다.

남북한 간 데탕트가 진정한 평화구축과 거리가 있더라도, 일정 기간의 긴장 완화 단계를 거친 한반도 평화야말로 큰 대가(代價) 없이 이룰 수 있는 최선의 평화일 것이고, 따라서 남북한 간 데탕트를 추진할 필요성은 존재한다. 다만 데탕트는 일방적으로 이뤄지지 않았다는 점 등의 데탕트 속성을 숙지하고 데탕트를 추진할 때 실질적인 평화의 가능성을 높일 수 있다.

헬싱키 최종의정서는 준수 의무가 있는 조약이 아니었고 신뢰구축방안(confidence-building measures)을 담고 있었다. 한반도에서도 신뢰구축에 대해 모든 당사국이 공감하고 선언하는 자리로 데탕트가 규정될 것이다. 1970년대 데탕트 관계의 대표적 구성요소는 1972년 미국과 소련의 전략무기제한협정(Strategic Armament Limitation Treaty: SALT)의 체결이다. 물론 SALT II 등 후속 조약은 비준되지 못해 발효되지 못했지만, 미·소 간의 군축은 실질적인 1970년대 데탕트의 견인차였다.

한반도 데탕트에도 군축이 필수 요소이다. 어떤 면에서는 북한이 군비를 증강하지 않도록 남한이 군비감축을 선도하는 방안이 필요할 수도 있고, 반대로 레이건 정부의 대(對)소 군사력 증강 사례에서 보듯이 북한이 한반도에서 군비경쟁을 추구하지 않도록 유도하기 위해 남한과 미국의 군비증강이 필요할 수도 있다. 물론 북한이 핵무기를 군사적 수단이 아닌 정치적 수단으로 보유하려고 한다면 다른 상황이 된다. 1970년대 데탕트에는 환경협력이 하나의 구성요소였고, 어떤 면에서 데탕트는 환경협력을 포함하는 개념이었다. 마찬가지로 한반도에 데탕트가 온다면 그린 협력을 구성요소 하나로 포함할 것이다.

IV

그린 및 데탕트의 관계

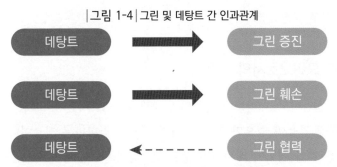

|그림 1-4| 그린 및 데탕트 간 인과관계

출처: Chae-Han Kim and Bruce Bueno de Mesquita, "Ecological Security and the Promotion of Peace: A DMZ Eco-Peace Park," *Korean Journal of Defense Analysis*, Vol. 27, No. 4 (2015), pp. 539-557.

1. 그린 훼손 요인으로서의 데탕트

'데탕트 → 그린 훼손' 인과관계는 정치·군사적 긴장 완화가 생태환경의 악화를 가져다주고 오히려 긴장 증대가 환경 개선을 가져다주는 경로이다. 양국이 대치하여 교류하지 않을 때 생태환경이 복구되고 보전되었는데, 양국 간의 대치 관계가 완화되어 교류가 증대하면서 이런 잦은 인적 교류가 생태환경을 오히려 훼손하는 경우이다. 한반도 DMZ의 생태계 복원이 적대적 관계 때문에 가능했다는 주장도 이런 경로에 의존하는 것이며, 이런 경로는 특수한 사례이다.

2. 그린 증진 요인으로서의 데탕트

'데탕트 → 그린 증진' 인과관계는 긴장이 고조되면 환경이 보전되지 못하고, 긴장이 완화되면 환경 보전이 잘 되는 흔한 경로이다. 데탕트 관계는 협력할 수 있는 분위기가 형성되어 있으므로 생태환경 분야에서도 서로 협력하게 되어 생태환경이 더 잘 보호되는 경우이다. 실제 데탕트가 공동의 환경협력사업을 가능하게 한 사례는 많으며, 동서독 간 그리고 유럽 대륙의 주요 환경협력에는 정치적 긴장 완화가 선행(先行)했다고 말할 수 있다.

전쟁 결과로 환경이 훼손되는, 즉 적대감이 고조되면서 환경이 보전되지 못하는 사례는 '데탕트 악화 → 그린 악화' 경로이다. 그 인과관계는 '데탕트 → 그린 증진' 경로와 같다. 두 차례의 세계대전은 유럽의 생태환경을 심각하게 훼손하였고, 6.25 전쟁도 한반도의 생태환경을 매우 훼손하였다.

3. 데탕트 증진 요인으로서의 그린

이제 그린이 원인이고, 데탕트가 결과인 인과관계를 보자. 먼저, '그린 갈등 → 데탕트 방해' 관계는 환경 갈등이 있으면 정치·군사적 관계도 악화하는 경로이다. 공동으로 필요한 혐오시설을 자기 지역에 배치하지 않으려는 님비(Not in My Back Yard: NIMBY) 현상은 국가 간에도 발생한다. 하천 및 대기의 이용 및 오염과 관련된 인접국 간의 갈등이 정치·군사 분야로 확대되는 현상 등이 그러한 예이다. 이들은 그린 이슈 때문에 데탕트는커녕 분쟁이 발생하는 사례이다.

일반적으로, 한 국가에 식량과 에너지가 부족하게 되면 정권으로서는 주민에게 공급할 식량과 에너지를 확보하기 위해 주변국과 갈등을 겪게 되는데, 북한의 식량난과 에너지난을 감안하면 그린 분야의 문제로 분쟁이 발생할 가능성은 존재한다. 그렇지만 전체 인민보다 작은 규모의 지배집단에만 의존하는 북한 정권에게 식량과 에너지의 부족은 그렇게 심각한 문제가 아닐 수 있다. 지배집단의 불만은 정권에게 직접적인 위협이 되지만, 일반 주민의 반발은 그들이 북한을 탈출하는 것으로 마무리되기 때문이다. 이런 맥락에서 인구증가, 물 부족, 식량 부족, 어획자원 고갈, 에너지 부족, 핵물질 확산, 산불 확산, 대기오염 등 전통적 환경 갈등 이슈들로 한반도 정치·군사 관계가 당장 악화할 가능성은 작다. 즉 그린 분야의 갈등 때문에 한반도 긴장이 바로 고조될 가능성은 다른 지역에 비해 크지 않다.

다음, '그린 협력 → 데탕트 증진' 관계는 그린 협력으로 데탕트를 실현하는 경로이며, 그린 분야에서의 협력이 정치·군사 분야에서의 협력을 가져다줄 것이라는 그린데탕트 개념은 이에 해당한다. 앞의 '그린 갈등 → 데탕트 방해' 경로와 인과관계는 같다. 비(非)정치·군사적 접촉과 협력이 정치·군사적 협력을 이끌 수 있다는 주장의 오랜 이론은 기능주의(functionalism) 혹은 통합이론(integration theory)이다. 관광이 평화에 기여한다는 전(前) 미국 대통령 클린턴 등의 주장도 같은 맥락인데, 관광이 평화에 기여한다는 증거는 없다고 주장되기도 한다.

앞서 '데탕트 악화 → 그린 악화' 경로에서 본 전쟁의 환경 위해성 때문에 일부 환경보호론자들은 전쟁에 극단적으로 반대하는 운동을 전개한다. 만일 이러한 환경 가치 제고가 평화 실현으로 이어지게 된다면, 이는 '그린 협력 → 데탕트 증진' 인과관계에 해당한다. 다만, 이것은 가능성으로만 제시되고 있을 뿐, 구체적인 사례로 증명되지는 않고 있다.

동서독 간의 환경생태보호를 위한 교류는 미미했고, 설사 존재했다고 하더라도 동서독 간의 호의적인 기본관계를 선도했다고 평가될 정도의 교류는 발견하기 어렵다. 그린 협력이 데탕트 증진을 가져다주는 경로(그린→데탕트)는 데탕트가 그린 협력을 가져다주는 경로(데탕트→그린)보다 덜 관찰된다. 환골탈태(換骨奪胎)의 근치(根治)적 그린데탕트 사례를 역사에서 찾기는 어렵다. 그렇지만 선례가 없다고 해서 불가능한 것은 아니다. 이벤트성 정책 추진 대신에 치밀한 전략적 고려 속에 추진된다면 가능한 프로젝트이다.

인과론적 그린-데탕트 관계 대신에, 타이밍의 관점에서 그린 협력을 계기로 데탕트가 형성된 사례들은 있다. 이른바 계기론적 그린-데탕트 관계이다. 아시아에서는 중국과 일본 간의 재조림 사업이 중·일 간의 데탕트에 기여했다는 주장이 있고, 또 2008년 중국 쓰촨 지진 및 2011년 일본 혼슈 지진 해일을 계기로 중·일 간의 정치·군사 관계는 증진되었다고 평가된다. 그린데탕트의 성공 사례로 가장 많이 언급되는 사례는 발트해 협력이다. 동서 진영 간의 발트해 협력은 서유럽 국가 간의 북해(North Sea) 협력보다 우선적으로 추진되었는데, 이는 환경협력이 생태적 측면뿐 아니라 정치·군사적 측면에서도 추진되었다는 점을 보여주는 사례로 설명되고 있다.

그린 협력은 적대국 간 접촉과 대화의 기회를 제공하기 때문에 데탕트에 기여한다. 초(超)국경생태공원이 긴장 완화 혹은 평화에 기여할 것이라는 주장은 오래전부터 있었는데, 데탕트나 긴장 완화에 기여한 생태공원의 사례로는 남아프리카공화국과 보츠와나 간의 칼라가디 초국경평화공원(Kgalagadi Trans-frontier Peace Park) 그리고 에콰도르와 페루 간의 코르디예라 델 콘도르 평화공원(Cordillera del Condor Peace Park) 등이 언급되고 있다.

그린데탕트의 핵심 구성요소는 접촉과 이해이다. 매우 적대적인 상황에서 그린 협력만을 추진했다고 해서 평화가 이루어진 사례는 역사에 존재하지 않는다. 그린 협력이 추진된다는 사실 자체보다 조성 과정이나 운영 과정에서의 상호이해가 더 중요하다. 중동지역의 환경평화(environmental peace-building) 기구의 예로 자주 언급되는 것들로는 AIES(Arava Institute for Environmental Studies), FoEME(EcoPeace / Friends of the Earth Middle East), IPCRI(Israel-Palestine Center for Research and Information) 등이 있는데, 모두 연구와 교육 그리고 비(非)정부 간 교류를 추진하는 기구들이다. 그린데탕트도 사업 자체보다 관련 당사국들의 접촉과 이해라는 콘텐츠가 더 중요하다.

발트해 협력이나 초국경생태공원의 경우, 정치·군사적 관계가 악화하더라도 그린 협력은 중단되지 않았고, 1979년 소련의 아프가니스탄 군사개입으로 시작된 신(新)냉전의 와중에도 발트해 협력은 지속되었다. 마찬가지로 여러 초국경생태공원들도 접경국가 간의 정치·군사적 관계가 악화하더라도 지속적으로 존속하였다. 왜냐하면 그린 협력을 중단한다고 해서 단기적으로 상대에게 큰 타격을 줄 수 있는 것이 아니기 때문이다. 이는 그린 협력이 경제협력이나 군사협력과 차별되는 측면이다. 그린 협력은 비록 정치·군사적데탕트와 함께 출범하였다 하더라도 정치·군사적 데탕트가 와해되어 냉전이 다시 도래한다고 해서 함께 철회되지는 않는 것이며, 이것이 바로 그린데탕트의 핵심이다.

V

지속 가능한 융합생태계로서의 그린데탕트

1. 그린데탕트 사업의 적합성 평가

그린데탕트 취지가 성공할 사업도 있고 또 실패할 사업도 있다. 여러 남북한 환경협력 사업 가운데 해당 사업을 추진하지 않을 시에 남북한 간 갈등이 예상되는 사업일수록, 남북협력으로 인한 혜택의 총량이 큰 사업일수록, 일방의 사업 철회 위협이 통하지 않는 사업일수록, 대북협력이 대남 군사위협으로 전환되기 어려운 사업일수록, 북한 주민을 인도적으로 지원하는 사업일수록, 북한 정권이 선호하는 사업일수록, 국제사회의 관심이 높은 사업일수록 성공적인 그린데탕트 사업이다. 〈표 1-2〉는 다양한 그린데탕트 사업의 성공/실패 속성을 정리한 것이다.

| 표 1-2 | 그린데탕트 기준에 따른 사업 예시

분야	사업명	비협력 상황의 심각성	협력의 기대감	협력 파기 위협의 불능	군사 위협과의 무관	북한 주민 지원	북한 정권의 선호	국제 사회의 선호
산림	나무심기	○	○	○	◎		◎	◎
	양묘장			○	◎		○	○
	방제	○	○	◎	◎		◎	○
	산림 관리 교육			○	◎			◎
	공동생태조사			○	○			◎
	조림		◎		○		○	○
	재조림		◎		○		○	○
농업	농산물생산	○	○			◎	◎	◎
	농업기반	○				◎	◎	◎
	양돈		○		○	◎	○	
	유가공		○		○	◎	○	◎
	수산		○		○	◎	◎	
	영농		◎			◎	◎	
	특구농가공		◎				○	○
신재생에너지	풍력		◎		○		○	○
	태양광·태양열		◎		○		○	○
	바이오매스	○	◎		○		○	
	에너지 연구센터		◎		○			○
환경	대기 환경	○	◎	○			○	○
	하천 환경	◎	◎	○	○		○	○
	멸종위기종 관리			○	◎			◎
	인재육성		○	○	○		○	
	생태평화공원		○	○	○			○
	접경생물다양성			○	◎			◎

※ ◎ 적합성 높음, ○ 적합성 보통

출처: 김재한·경제희, "그린데탕트의 개념과 추진전략," pp. 170-171.

2. 윤석열 정부의 담대한 구상

윤석열 정부가 발표한 '담대한 구상'의 주요 내용은 다음과 같다.[6]

① 비핵화 협상 전: 북한의 비핵화 대화 복귀 견인

… 총체적 접근으로 북한이 비핵화 대화에 복귀할 수밖에 없는 전략적 환경을 조성…

② 비핵화 협상: 과감한 초기조치와 포괄적 합의

북한이 진정성을 가지고 비핵화 협상에 나올 경우, 우리 정부는 과감한 초기조치를 시행하는 가운데, 협상을 통해 비핵화 전반을 아우르는 포괄적 합의를 도출하고 이를 단계적으로 이행 … 비핵화 협상이 진행되는 기간에도 초기조치 중 하나로 「한반도 자원·식량 교환 프로그램」을 시행 … 제재 면제제도를 활용하여 북한 광물자원의 수출을 일정 한도 내에서 허용하고, 동 대금을 활용해 식량·비료·의약품 등 생필품을 구입 … 보건·식수·산림 분야에서 「북한 민생개선 시범사업」을 실시하고, 향후 비핵화 진전 단계에 맞추어 사업을 확대…

③ 비핵화 이행: 포괄적 상응 조치

… 북한이 실질적 비핵화에 나설 경우 정치적, 경제적, 군사적 분야를 포괄하는 상응 조치를 제공 … 경제적인 상응 조치로서 발전과 송배전 인프라 지원, 국제 교역을 위한 항만과 공항의 현대화 사업, 병원과 의료 인프라의 현대화 지원, 농업기술 지원, 국제투자 및 금융 지원 프로그램 등을 추진하고, 이를 북한의 비핵화 조치에 맞추어 확대 추진 … 미북 관계 정상화를 위한 외교적 지원, 재래식 무기 체계의 군축 논의 등의 정치·군사적 상응 조치도 상정…

담대(膽大)의 개념적 의미는 미래 그리고 전략이다. 간에서 생성된 담즙을 보관하는 담(쓸개)은 공복일 때 담즙이 가득하여 크다. 음식을 섭취하면 담즙이 빠져 담이 줄어든다. 배고픈 자가 담대하고 배부른 자는 담소(膽小)하다는 맥락보다, 미래에 가용할 수 있는 재원(담즙)을 많이 가진 측이 담대하게 행동할 수 있다는 맥락이다. 또 담은 사전적으로 결단, 용감, 용맹 등을 의미하고, 그 반대 의미는 줏대 없음이다. '쓸개 없는 놈'이라는 표현이 그런 예이다. 담대의 유의어 중 하나가 담략(膽略)이듯이, 담대는 전략적 접근을 강조한다. 이처럼 미래와 전략은 담대한 구상의 필수 속성일 수밖에 없다.

---

6 외교부, https://www.mofa.go.kr/www/wpge/m_25492/contents.do

3. 지속 가능성 및 융합생태계로서의 그린데탕트

그린데탕트는 두 가지 원칙으로 추진되어야 한다. 첫째, 시간적 지속 가능성이다. 엄격하고 실증적으로 추출된 적합성 기준에 따른 중장기 계획을 갖고 여러 정부에 걸쳐 일관되게 추진되어야 한다. 남한은 대북정책으로 북한을 바꾸려고 하지만, 실제로는 북한이 남한을 바꾸지는 못하더라도 남한 정권이 바뀔 때까지 기다리는 현상이 훨씬 더 흔하다. 그린데탕트 정책은 중장기에 걸쳐 지속해서 일관되게 추진하지 않으면 본래 의도한 효과를 얻을 수 없다. 둘째, 공간적 융합생태계이다. 그린데탕트는 순수한 환경 문제만을 다루지는 않고 정치·군사를 포함한 여러 분야를 함께 융합적으로 고려하여 추진해야 한다. 또 참여 행위자도 남북한 정부뿐 아니라 여러 주변국과도 함께해야 한다. 국제기구, 글로벌 단위, 로컬 단위까지 아우르는 융합생태계 차원으로 추진해야 한다. 이것이 그린데탕트의 속성이다.

1. 국내문헌

고상두. "냉전시대 그린데탕트의 경험과 남북한 환경협력에 대한 시사점." 『국가안보와 전략』, 제14권 1호(2014): 29-54.

김규현·김재한. 『비무장지대를 넘는 길』. 서울: 아마존의 나비, 2015.

김미자. "북한의 환경정책과 남·북한 환경협력 강화 방안: 그린데탕트를 위하여." 『환경정책』, 제23권 3호(2015): 1-24.

김인영·김재한 편. 『DMZ: 발전적 이용과 해체』. 서울: 소화, 1999.

김재한. "한반도 신뢰프로세스 및 그린데탕트의 이론적 조망." 『통일문제연구』, 제26권 1호 (2014): 65-92.

김재한. "[세상을 바꾼 전략] 링컨의 노예해방, 치열한 승부사 기질로 얻은 선한 결과." 『중앙 SUNDAY』, 2017년 2월 12일, 22.

김재한. 『전략으로 승부하다, 호모 스트라테지쿠스』. 서울: 아마존의 나비, 2021.

김재한 외. 『DMZ III: 접경지역의 화해 협력』. 서울: 소화, 2002.

김재한 편. 『DMZ II: 횡적 분단에서 종적 연결로』. 서울: 소화, 2000.

김재한 편. 『DMZ IV: 천 그리고 조항탄전』. 서울: 소화, 2003.

김재한 편. 『DMZ V: 평화』. 서울: 소화, 2004.

김재한·경제희. "그린데탕트의 개념과 추진전략." 『국가안보와 전략』. 제14권 3호(2014): 145-176.

박소영·박경석. "그린데탕트와 남북 산림협력의 의미와 가능성 연구." 『동북아연구』, 제30권 1호(2015): 103-130.

이재승·김성진·정하윤. "환경협력을 통한 평화구축의 이론과 사례: 한반도에의 적용에 대한 고찰." 『한국정치연구』, 제23권 3호(2014): 163-188.

Kim, Chae-Han, ed. The Korean DMZ: Reverting beyond Division. Seoul: Sowha, 2001.

Kim, Chae-Han and Bruce Bueno de Mesquita. "Ecological Security and the Promotion of Peace: A DMZ Eco-Peace Park." *Korean Journal of Defense Analysis*, Vol. 27, No. 4 (2015), pp. 539-557.

외교부, https://www.mofa.go.kr/www/wpge/m_25492/contents.do

DMZ학술원, http://dmzs.kr

2. 해외문헌

Brock, Lothar. "Peace through Parks: The Environment on the Peace Research Agenda." *Journal of Peace Research*, Vol. 28, No. 4 (1991): 407-423.

Räsänen, Tuomas and Simo Laakkonen. "Cold War and the Environment: The Role of Finland in International Environmental Politics in the Baltic Sea Region." *Ambio*, Vol. 36, No. 2/3 (2007): 229-236.

남북 그린데탕트의 비전과 과제

남북 그린데탕트의
비전과 과제

김수정 (산업연구원) |

I
그린데탕트란 무엇인가?

　한반도는 크게 두 가지의 장기적 도전과제가 주어져 있다. 하나는 한반도 내에서 평화를 정착시키고 통일의 길로 나아가는 것이고, 또 하나는 기후위기대응을 통해 지속 가능한 발전을 추구하는 것이다. 역대 정부는 여기에 대해 인식을 공유했던 것으로 보인다. 평화와 기후 대응, 한반도의 환경 문제 개선을 분리된 과제로 보지 않고 통합적으로 접근해 왔다. 그것이 바로 '그린데탕트'이다.

　그런데 그린데탕트는 일반 국민에게 친숙한 개념은 아니다. 먼저 용어가 나타나게 된 배경에 대해서 살펴보고자 한다. 그린데탕트는 기후, 환경을 상징하는 그린(green)과 긴장 완화를 의미하는 데탕트(détente)가 결합된 용어이다.[1] 데탕트는 사실상 안보 분야의 개념인데, 1970년대 미국과 구소련을 중심으로 한 동서 진영 간 대결에서의 긴장 완화를 의

---

1 데탕트의 사전적 의미는 '완화' 및 '휴식'이다.

미하는 용어로 이념대립과 갈등으로부터 평화적인 협력과 공존으로 나아가는 과정을 지칭한다. 그런데, 오늘날의 국가 간 갈등은 정치·군사 외에 경제, 기술, 환경 등 다양한 분야에서 나타난다. 따라서 군비감축을 중심으로 한 전통적 안보의 개념이 정치·군사 분야 외에도 환경, 기후, 재난, 자원, 경제, 과학, 기술, 식량 등까지 포함하는 포괄적 안보(comprehensive security) 개념으로 확장되었다. 즉, 데탕트가 적용될 수 있는 분야가 넓어진 것이다. 요약하자면, 그린데탕트는 포괄적인 안보 개념이 다루고 있는 기후, 재난 대응 등 환경 관련 전 분야에서의 평화적 협력과 공존을 모색하는 과정이라고 보면 된다.

| 그림 2-1 | 오늘날의 포괄적 안보 개념

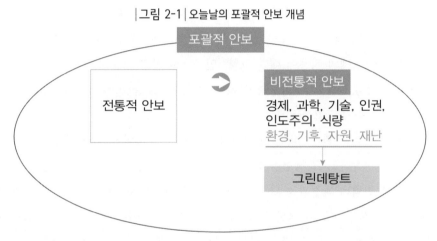

출처: 김수정, "남북 그린데탕트 구상에 관한 제언," *Research Brief*, No. 22(2022), p. 2.

최근 기후변화의 심각성이 고조되며 '그린(green)'은 각종 매체에서 자주 다루어져 비교적 친숙하게 느껴진다. 그런데 친숙한 용어임에도 그린에 대한 정의의 정교한 접근은 주로 학계에서만 이루어졌다. 따라서 본 고에서는 이를 조금 쉽게 풀어서 설명하고자 한다. 녹색은 환경을 상징하는 색상인 만큼 환경과 직접적으로 관련이 있는 정책들이 녹색 정책에 포함된다. 이를테면 환경오염을 방지하고 생태파괴를 막는 활동과 정책, 기후변화 대응 중 주로 기후변화 적응(adaptation) 분야에서의 재해재난 대응 정책들이 여기에 속한다. 그런데 최근에는 더 넓은 의미로 그린이 사용되고 있다. 앞서 말한 생태, 환경 분야의 그린을 '협의의 그린'이라고 한다면 더 넓은 의미의 그린은 경제, 개발, 산업, 무역, 금융 등 그린이 아닌 분야(non-green, 비 녹색)를 녹색화하는 것까지 포함한다. 다시 말하면, 그린은 환경정책을 넘어서 환경과 경제성장의 균형과 조화를 위한 요소까지 포함하는 광범위한 분야로, 전통적인 환경 문제와 함께 기후변화 대응, 환경친화적 개발과 산업을 위한 정책 등을 포함하는 광의의 개념으로 보아야 할 것이다.

이제 그린과 데탕트를 결합해보자. 그린과 데탕트를 병렬적으로 더한 것이 그린데탕트일까? 그린은 수단과 방법이며 데탕트는 결과를 의미하는 것일까? 2013년에 통일부에서 발간한 『한반도 신뢰프로세스』에 의하면 '그린데탕트'는 남북 간 환경 분야 협력을 통해 긴장 완화와 평화공존을 구현해 나가는 것이라고 정의하였다.[2] 이러한 정의를 보면 정부에서는 그린은 수단과 방법, 데탕트는 결과 혹은 목표인 것으로 보인다. 이는 비전통적 안보의 강화를 통해 대안적인 평화를 구축할 수 있다고 보는 환경적 평화구축론과 궤를 같이 한다. 이와 관련하여 이재승·김성진·정하윤(2014)은 "환경협력을 통한 평화구축의 이론과 사례: 한반도에의 적용에 대한 고찰" 연구에서 환경 이슈는 하위정치(low politics)의 영역이지만, 긴장 완화 및 평화구축이라는 상위정치(high politics) 영역에 직간접적으로 긍정적 영향을 줄 수 있다고 하였다.

그린데탕트는 기후, 환경이라는 비정치적 이슈이자 글로벌 공통의 이슈를 가지고 남북한 간 협력을 시작하고 그 경험을 축적해 나감으로써 데탕트의 길로 가자는 것으로 기존의 남북 화해 협력의 과정과는 다른 접근방식이다. 과거 남북교류의 역사를 보면 정부 간 합의, 정치·군사적 여건의 개선이 있어야 남북 경제협력이나 사회문화 교류협력이 가능했다. 그러나 지금은 기후위기가 심각한 상황으로 전개되고 있고 남한과 북한의 자체적인 전략 수립, 정책 수행만이 아니라 한반도 차원의 공동대응의 필요성이 높아졌다. 남한과 북한은 하나의 생태축으로 연결되어 있어 개별적인 대응보다 공동의 대응이 한반도의 환경역량 강화, 기후변화 적응 역량 강화에 더 효과적이다.

지금 당장은 북한이 남한과의 협력에 무관심하지만, 협력의 여건이 마련된다면 북한의 호응이 가장 기대되는 분야가 바로 이 그린, 기후변화 대응, 환경협력 분야이다. 북한도 UN 회원국이자 파리협정 가입국가로 기후위기대응을 위한 탄소 감축 계획을 수립한 바 있으며, 자체적인 환경 문제 해결 및 관리를 위해 환경 관련 제도 및 정책 수립에 적극

---

2 통일부가 2013년에 발간한 한반도 신뢰프로세스 설명 자료에 의하면 환경협력은 남북 간 및 국제적인 공감대가 있어 실현 가능성이 높으며 상생할 수 있는 협력 분야라고 하였으며, 그러한 분야의 예로 농업협력과 환경 인프라 구축 사업을 제시하였다.

적이다. 따라서 정치·군사적으로는 평화로의 진전이 다소 정체되어 있더라도 환경 분야의 협력은 비교적 이른 시점에 시작할 수 있을 것으로 보인다.

환경 분야의 협력을 통해 데탕트로 나아가는 과정은 다음의 그림을 통해서도 그려볼 수 있다. 〈그림 2-2〉는 남북한이 어떤 과정을 거쳐서 데탕트에 도달하게 되는지를 매트릭스로 표현한 것이다. 현재의 상태는 정치·군사적으로 냉전상태이므로 (A)에 위치해 있다. 현재의 상황을 환경과 기후 문제에서 갈등상황이라고 보기는 어려울 수도 있지만 남북 접경지역의 공유하천과 관련한 남북 간 갈등도 종종 발생하고 있으며, 협력의 길에 진입하지 못했다는 점에서 매트릭스 상에서는 갈등으로 표현하였다. 그린데탕트는 먼저 (A)에서 (C)로의 진전을 이룬 후에 다시 (C)에서 (D)로의 이행을 통해 한반도에 평화를 정착시키려는 구상으로 볼 수 있는데, 환경 분야 협력——협의의 그린부터 광의의 그린 분야의 협력——이 남북한 간 신뢰구축, 관계 개선에 기여함으로써 정치·군사적인 데탕트의 가능성을 높일 것으로 기대하는 것이 바로 그린데탕트이다.

| 그림 2-2 | 매트릭스로 본 그린데탕트

		정치군사 관계	
		냉전	데탕트
환경 기후 문제	갈등	(A) "현재 상태" · 환경: 갈등(비협력) · 정치군사: 대립	(B) · 환경: 갈등(비협력) · 정치군사: 데탕트
	협력	(C) · 환경: 협력 · 정치군사: 대립	(D) "그린데탕트" · 환경: 협력 · 정치군사: 데탕트

출처: 김수정, "남북 그린데탕트 구상에 관한 제언," p. 4의 [표 1]을 수정.

II

역대 한국 정부의 그린데탕트 구상

가장 먼저 그린데탕트가 정부 차원에서 언급되었던 것은 2012년 이명박 정부 시기로 거슬러 올라간다. 김상협 청와대 녹색성장기획관은 기자를 대상으로 한 브리핑(2012년 10월 21일)에서 "북한이 핵무기 대신 녹색성장 전략을 택하면서 남북협력을 활성화할 경우 그린데탕트의 시대가 올 수도 있다"고 하였다. 브리핑에서는 그린데탕트라는 용어가 사용되었지만, 정부 정책에서 공식적으로 사용되지는 않았다. 다만, 국가적으로 녹색성장을 국가 경제발전의 새로운 패러다임으로 제시하면서 '저탄소를 지향하는 그린 한반도'를 녹색성장 추진전략의 50대 실천과제에 포함하였다. 남한만의 그린이 아닌, 한반도 차원의 그린 비전을 제시한 것으로써 그린데탕트의 지향과 유사하다.

| 표 2-1 | 이명박 정부 녹색성장 실천과제: '저탄소를 지향하는 그린 한반도'

녹색성장 10대 정책방향	녹색성장 50대 실천과제
①효율적 온실가스 감축	①-1. 탄소가 보이는 사회 ①-2. 탄소를 줄여가는 사회 ①-3. 탄소를 순환 흡수하는 사회 <u>①-4. 저탄소를 지향하는 그린 한반도</u>

출처: 녹색성장위원회, 『녹색성장 5개년 계획』(2009), p. 33.

특히, 이명박 정부의 녹색성장 5개년 계획에서는 저탄소를 지향하는 그린 한반도를 달성하기 위한 세부 실천과제로 북한 산림 복구 지원 등 남북 산림협력(1-4-1), 남북 간 신재생 등 에너지 분야 협력 기반 조성(1-4-2), 비무장지대 평화적 이용(1-4-3), 남북 공유하천 자연재해 공동대응 체계 구축(1-4-4)을 제시하였는데 이는 현재도 환경 분야에서 남북한이 추진할 수 있는, 추진해야 하는 사업을 망라하고 있다. 북한 당국에서도 높은 관심을 가지고 추진하고 있는 산림 복구사업, 에너지 설비 현대화, 환경오염 저감 관련 남북협력 사업에 대한 계획과 함께 갈등의 상징인 비무장지대를 평화적으로 이용하고 남북 간 생태·환경 벨트를 구축하자는 미래지향적 계획도 포함되어 있다. 세부실천과제 1-4-1(산림협력)과 1-4-2(에너지협력)가 북한이 직면해 있는 환경, 에너지 문제의 해결과 향후 남북협력 토대 구축 목적이 강하다고 한다면, 1-4-3(비무장지대 평화적 이용)은 데탕트를 상징하는 협력사업으로 구성되어 있다.

| 표 2-2 | '저탄소를 지향하는 그린 한반도'의 세부 실천과제(1-4-1)

(1-4-1) 북한 산림 복구 지원 등 남북 산림협력 ⇐ "산림협력"

■ 황폐된 북한 산림을 단계적으로 복구 추진
  • 남북 접경지역(개성, 금강산 등) 대상 시범사업 추진
  • 북한 산림 복구를 탄소배출권조림(A/R CDM) 사업과 연계(국제기구 협력 및 민간기업의 참여 유도 등)
  • 양묘장 조성, 조림기술, 병충해 공동방제 등 산림협력 인프라 구축
■ 조림사업은 타 분야(에너지·식량난 해소 및 자원개발 협력 등)와 연계하여 종합적인 남북협력사업으로 추진
  • 연료지원(땔나무채취방지 목적), 식량증산 지원(산지개간을 방지하는 효과)
  • 풍력, 태양광 등 재생에너지 CDM 사업: 조림지역 주변 농가에 전기공급 추진
  • 북측의 풍부한 광물자원 개발과 연계한 남북경협 확대 기반 조성

(1-4-2) 남북 간 신재생 등 에너지 분야 협력 기반 조성 ⇐ "에너지협력"

■ 남북 신재생에너지 협력 기반 조성사업 추진
  • 북한지역에 신재생에너지협력 시범단지를 건설하여 남북협력 기반 구축과 탄소배출권 확보
  • 북한내 신재생에너지 기술 전문가 양성 교육을 실시하여 에너지 보급 확대 기반 마련
■ 에너지설비 현대화 등 에너지 협력사업 추진
  • 에너지설비 현대화, 오염방지시설 설치 등의 시범사업

(1-4-3) 비무장지대 평화적 이용

■ 비무장지대의 평화적 이용 시범사업 추진
  • 기합의 사업 우선 추진: 한강하구 공동이용 및 수해방지 등
  • 생태계·역사 유적에 대한 남북 공동조사, 남북 전문가 교류, 산림 복구 등 우선 고려
■ 비무장지대의 평화·협력사업 추진: 생태·환경공원 조성, 남북 합작농장, 청소년 스포츠 시설 건립, 복합단지 건설, 평화도시 건설 등

(1-4-4) 남북 공유하천자연재해 공동대응 체계 구축 ⇐ "남북 공동의 기후변화 대응"

■ 남북 공유하천 자연재해 공동대응 체계 구축
  • 남북 공유하천(임진강 등)에서 수해방지 협력
  • 수자원 공동관리 및 활용을 통해 남북 간 공동이익 실현 및 자연재해 공동대응
  • 기합의된 임진강 수해방지사업을 시범사업으로 조기 마무리하고 북측과의 협상을 통해 임진강, 북한강 유역 공동관리 및 이용 추진

출처: 녹색성장위원회, 위의 글, pp. 57-58.

박근혜 정부에서는 그린데탕트가 국정과제에 공식적으로 등장하였다(〈표 2-3〉). 당시 '한반도 신뢰프로세스'라고 명명된 대북정책이 제시되었는데 이는 튼튼한 안보를 바탕으로 남북한 간 신뢰를 구축하고, 남북관계를 발전시키며, 한반도에 평화를 정착시키고 통일의 기반을 구축하려는 정책이다. 신뢰 형성을 통한 남북관계 정상화(①), 한반도의 지속 가능한 평화 추구(②), 통일 인프라 강화(③), 한반도 평화통일과 동북아 평화협력의 선순환 모색(④)이 추진과제로 설정되었다.

'그린데탕트'는 신뢰 형성을 통한 남북관계 정상화(①)의 세부 과제 중 하나인 "환경협력 등 그린데탕트를 통한 환경공동체 건설"에서 명시적으로 등장하였다. 물론, 직접적으로 그린데탕트가 언급되지는 않았지만 다른 추진과제에서도 그린과 데탕트의 요소가 반영되어 있다. 이는 한반도의 지속 가능한 평화 추구(②)와 한반도 평화통일과 동북아 평화협력의 선순환 모색(④)은 데탕트 관련 과제들이며 전통적 안보 외에도 테러, 환경, 인도주의, 재난대응 등 비전통적 안보 분야 협력까지 포함하고 있다. 박근혜 정부는 비전통적 안보 분야의 하나인 환경 분야의 남북협력을 통해 남북 간 데탕트를 이루겠다는 목표를 분명히 하였고, 여기에서 더 나아가 주변국과도 비전통적 안보 분야의 협력을 통해 한반도와 동북아시아의 지속 가능한 평화와 발전을 추구하고자 하였다. 협력의 분야와 지역적 범위가 확대된 것이다.

| 표 2-3 | 박근혜 정부 한반도 신뢰프로세스

추진과제	50대 실천과제
① 신뢰 형성을 통한 남북관계 정상화	■ 인도적 문제 지속적 해결 추구 ■ 대화 채널 구축 및 기존 합의 정신 실천 ■ **호혜적 교류·협력 확대·심화** • 개성공단의 발전적 정상화와 국제화 추진 • 남북 학술, 종교 교류 등 다각적인 사회문화 교류의 내실화 • 북한 지하자원 공동개발 등 경협사업, 농업 및 **환경협력 등 '그린데탕트'를 통한 환경공동체 건설을 추진** • 금강산 관광사업 재개(확고한 신변안전 보장 등 전제) ■ '비전 코리아 프로젝트' 추진
② 한반도의 지속 가능한 평화 추구	■ 평화를 지키기 위한 확고한 안보태세 완비 ■ 북핵 문제 해결을 위한 다각적 노력 ■ **DMZ 세계평화공원 조성** ■ 정치·군사적 신뢰구축 추진
③ 통일 인프라 강화	■ '민족공동체통일방안' 발전적 계승 ■ 국민과 함께 하는 통일 추진 ■ 북한 주민의 삶의 질 개선 추구
④ 한반도 평화 통일과 동북아 평화협력의 선순환 모색	■ 통일에 대한 국제사회의 지지 확대 ■ **동북아의 지속 가능한 평화와 발전 추구를 통해 궁극적으로 북한 문제 해결에 기여** • 동북아의 지속 가능한 평화를 위해 테러, 환경, 인도주의, 재난대응 등 협력이 용이한 비전통적 안보 분야에 대한 협력을 추진 • 남북협력과 동북아의 갈등구조 완화를 위해 다자간 상호협력의 틀을 마련하여 동북아 차원의 신뢰를 구축하고 새로운 질서를 창출 ■ 북방 3각 협력 추진

출처: 통일부, 『한반도 신뢰프로세스』(서울: 통일부, 2013), p. 10.

문재인 정부의 대북정책인 '한반도 평화프로세스'[3] 에서는 '그린데탕트'가 명시적으로

---

3 한반도 평화프로세스는 남북 간 적대적 긴장과 전쟁 위협을 없애고, 한반도에 완전한 비핵화와 항구적인 평화를 정착하기 위한 한반도 정책이다. 남북한이 새로운 경제공동체로 번영을 이루며 공존하는 '신 한반도 체제'의 미래를 만들어 나가는 일련의 노력과 과정을 통칭한다. "한반도 평화프로세스", 『대한민국 정책브리핑』, 2021년 11월 25일, https://www.korea.kr/special/policyCurationView.do?newsId=148865774 (검

포함되지는 않았다. 그러나 해당 용어만 명시적으로 사용하지 않았을 뿐 그린데탕트에 관한 흐름은 계속 이어졌는데 이는 한반도 평화프로세스를 달성하고자 했던 남북 간의 평화공동체, 경제공동체, 생명공동체 비전에서 나타난다. 그린은 생명공동체와 관련이 있는데, 생명공동체 형성을 위한 남북협력사업으로 보건협력, 산림협력, 환경협력이 제시되었으며, 문재인 정부에서도 환경과 평화가 대북정책의 중요한 축이었다.[4]

그러나 당시의 대북정책 추진 환경은 개선과 악화를 반복하다 최종적으로 악화된 상태가 고착화되었다. 2017년 11월 UN안보리 결의 2397호 채택으로 UN의 대북제재가 전면적 수준으로 강화되었지만 2018년에 남북 당국 간 산림협력을 위한 분과회담과 남북 정상 간 합의가 이루어지며 산림협력 분야에서 큰 진전이 기대되기도 하였다. 2018년 7월 4일에는 남북 산림협력 분과회담이 판문점에서 개최되었고 남북이 산림조성·보호, 산림 병해충 방제, 산림 과학기술 분야 등에서 협력을 시행하기로 하는 합의문을 작성하였다. 2018년 9월에는 평양에서 남북정상회담이 개최되었는데 남북 정상의 평양공동선언문을 통해 산림협력의 합의를 밝혔다.[5]

북한의 평창동계올림픽 참가(2018년 2월), 2차례의 남북정상회담(판문점, 평양)이 있었지만 결국 남북관계는 경색되었다. 대북정책 추진 환경은 크게 악화하며 한반도 평화프로세스의 진전, 그린데탕트를 위한 협력사업의 추진, 남북 대화가 어렵게 되었다. 그러나 국제적으로는 기후위기의 심각성이 고조되며 탄소중립, ESG, 녹색 전환이 경제, 산업, 통상, 외교의 핵심의제가 되었고 남북관계 경색과 관계없이 당시 정부에서는 남북 간 산림협력에 대한 구상과 제의를 지속했다. 2021년 11월 1일, 제26차 유엔기후변화협약 당사국총회(COP26)에서 문재인 대통령은 다시 한번 '남북 산림협력'을 제안하였다. 당시 연설에서 남북 산림협력을 통해 한반도 전체의 온실가스를 감축할 것이며, 산림복원협력은 접경

색일: 2023년 10월 29일).

4 "한반도에서 살아가는 모든 사람의 생명과 안전을 보장하는 것이 우리 시대의 안보이자 평화입니다. 방역협력과 공유하천의 공동관리로 남북의 국민들이 평화의 혜택을 실질적으로 체감하게 되길 바랍니다. 보건의료와 산림협력, 농업기술과 품종 개발에 대한 공동연구로 코로나 시대 새로운 안보 상황에 더욱 긴밀히 협력하며 평화공동체, 경제공동체와 함께 생명공동체를 이루기 위한 상생과 평화의 물꼬가 트이길 바랍니다."(2020년 8월 15일, 문재인 대통령 광복절 경축사)

5 "남과 북은 자연생태계의 보호 및 복원을 위한 남북 환경협력을 적극 추진하기로 하였으며, 우선적으로 현재 진행 중인 산림 분야 협력의 실천적 성과를 위해 노력하기로 하였다."(평양공동선언문 중 일부)

지역의 평화를 증진시킬 수 있는 방안이라고 하며 사실상 그린데탕트의 필요성을 역설했다.

윤석열 정부는 취임 직후 남북 그린데탕트 추진을 천명하며 미세먼지, 자연재난, 기후변화 공동대응, 산림협력, 농업 및 수자원 협력의 방향을 제시하였다.[6] 윤석열 정부는 6개의 국정목표와, 23개의 대국민 약속, 120개의 국정과제를 제시하였는데, 그린데탕트는 국정목표 5(자유, 평화, 번영에 기여하는 글로벌 중추국가)에 해당하는 국정과제 94(남북관계 정상화, 국민과 함께하는 통일 준비)에 포함되었다. 앞선 정부의 대북정책, 그린데탕트 기조를 이어받아 미세먼지·자연재난 공동대응 등 환경협력을 추진하고, 산림·농업·수자원 분야에서의 협력을 강화하며 접경지역의 그린평화지대화를 도모한다는 계획을 제시하였다. 협력 분야가 더욱 구체화되었는데 기후위기의 심각성이 고조된 상황에서 한반도 차원에서 남북 공동대응과 협력의 필요성이 더욱 높아졌으며, 북한의 기후변화 적응을 위한 사업 추진이 시급함을 반영한 것으로 보인다.

| 표 2-4 | 윤석열 정부의 외교, 안보 분야의 국정과제와 그린데탕트

[국정목표] 5. 자유, 평화, 번영에 기여하는 글로벌 중추국가		
(약속 18) 남북관계를 정상화하고, 평화의 한반도를 만들겠습니다.	(약속 19) 자유민주주의의 가치를 지키고, 지구촌 번영에 기여하겠습니다.	(약속 20) 과학기술 강군을 육성하고 영웅을 영원히 기억하겠습니다.
⇩		
〈국정과제 93〉 북한 비핵화 추진	〈국정과제 94〉 남북관계 정상화, 국민과 함께하는 통일 준비	〈국정과제 95〉 남북 간 인도적 문제 해결 도모

남북 그린데탕트구현
미세먼지·자연재난 공동대응 등 환경협력 추진
산림·농업·수자원 분야 협력 강화와 접경지역의 그린평화지대화 도모

출처: 대한민국정부, 『윤석열정부 120대 국정과제』, (2022), p. 10.

---

6 대한민국정부, 『윤석열 정부 120대 국정과제』, (2022).

Ⅲ

남북 그린데탕트 개선 과제

한반도 내의 남북관계 개선과 평화정착에 불리한 상황은 계속되었지만, 역대 정부에서는 남북협력의 분야를 넓히고 장기적인 통합과 통일의 토대를 만들며 국제사회의 일원으로서 책임과 의무를 다하기 위하여 환경협력 등을 통한 그린데탕트를 모색해왔다. 실제 사업으로 연결되어 진전되지는 못하였으나 새로운 분야에서 남북 공통의 관심사와 목적을 일치시키고자 했다는 점에서 높이 평가할 수 있다. 앞으로도 새롭게 변화한 환경과 조건을 고려하여 남북 그린데탕트의 비전과 추진 계획을 수정 및 보완하여 북한의 비핵화 조치 이행시기에 바로 적용하여 추진할 수 있는 토대를 만들어야 할 것이다. 그렇다면 지금 시점에서는 그린데탕트를 위해 무엇을 추가로 고려해야 할 것인가?

환경정책을 넘어서 환경과 경제성장 간의 균형과 조화를 위한 요소까지 포함하는 광범위한 분야로 기후변화 대응(감축, 적응), 환경친화적인 개발과 산업을 위한 정책 등을 포함할 것을 제안한다. 이를 위해서는 그린(green)을 협의의 그린이 아닌 광의의 그린으로 다루어야 한다. 협의의 그린은 환경오염 및 생태파괴 방지, 기후변화와 대응 등과 같이 생태와 환경에 초점을 맞추고 있다면 광의의 그린은 경제개발, 산업활동 등 '비(非, non) 그린' 분야에 대한 녹색화(greening)까지 포함한다.

|그림 2-3| 그린 개념의 확장

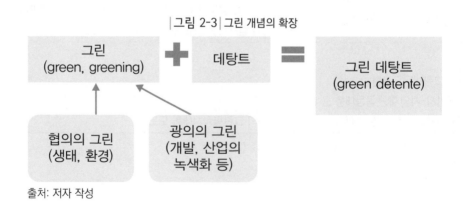

출처: 저자 작성

그린 개념을 확장한다면 현재 윤석열 정부에서 추진하고자 하는 그린데탕트와 남북공동경제발전전략은 서로 결합이 가능하다. 〈표 2-5〉와 같이 남북공동경제발전계획 수립 시에 기후변화 완화와 적응, ESG, 녹색 전환 및 디지털 전환 등을 고려함으로써 남북한 및 한반도 차원의 녹색인프라, 녹색투자, 녹색금융, 녹색산업, 녹색기술 등 분야별 계획을 수립할 것을 제안한다. 이는 주요 국가들이 기후위기 시대에 대비하여 추진 및 전환을 도모하고 있는 지속 가능한 경제발전 전략이다. 또한, 국정과제에서 제시된 남북 그린데탕트 구현(국정과제 94) 과제는 협의의 그린 위주로 구성되어 있지만 기후변화 공동대응을 더욱 강조하고 산업 분야의 녹색화도 포함할 필요가 있다. 산업부문에서도 그린데탕트에 대한 기여가 가능하기 때문이다. 산업의 녹색화, 산업에 의한 그린데탕트를 위해서는 북한 지역 산업의 녹색 전환 지원, 남북 산업협력의 녹색화를 추진할 것을 제안한다.[7]

또한, 녹색 분야에서의 인도적 지원을 통해 인도적 문제 해결과 그린데탕트를 동시에 도모할 수 있다. 북한지역은 안전한 생명권 보장을 위한 토양, 수질, 대기 등 안전한 환경과 생태환경 개선이 시급하다. 따라서 산림협력, 수자원협력과 함께 전력, 상하수도, 정화 시설 등 기본적 인프라 확충이 대대적으로 이루어져야 한다. 이처럼 상호 연계하여 추진할 수 있는 부분이 존재한다면 녹색, 인도적 문제 해결, 대대적 인프라 확충을 제시하는 담대한 구상은 서로 나누어 추진하기보다는 융합적 과제, 연계 과제로써 함께 진행하는 것이 효율성과 효과성을 높일 수 있을 것으로 판단된다.

---

7 남북 산업협력의 녹색화 및 한반도 산업생태계 녹색화에 관한 연구는 다음을 참고하기 바란다. 김수정 외, 『남북 산업협력의 친환경 모델 구축방안 연구』 (세종: 산업연구원, 2022); 김수정 외, 『한반도 산업생태계 녹색화 협력』 (세종: 산업연구원, 2023).

| 표 2-5 | 그린데탕트 구상의 보완 방향

국정과제	보완 방향
■ **남북공동경제발전계획** 수립·추진(국정과제 94) 　– △인프라 △투자·금융 △산업·기술 등 분야별 경제발전 계획을 종합, 비핵화 진전에 따라 추진	▶ 기후변화, ESG, 녹색/디지털 전환 고려
■ 남북 <u>그린데탕트</u> 구현(국정과제 94) 　– 미세먼지·자연재난 공동대응 등 환경협력 추진 　– 산림·농업·수자원 분야 협력 강화와 접경지역의 그린평화지대화 도모	▶ 기후변화 공동대응, 북한 산업의 녹색 전환 지원 및 남북 산업협력의 녹색화
■ 남북 간 <u>인도적 문제 해결</u> 도모(국정과제 95) 　– 인도적 지원을 조건 없이 실시	▶ 안전한 생명권(안전한 환경: 토양, 수질, 대기) 보장을 위한 생태환경 개선 시급 ▶ 기본적 인프라(전력, 상하수도, 정화시설 등) 확충을 대대적으로 실시(담대한 구상)

출처: 저자 작성

　산업부문의 녹색화를 통한 그린데탕트는 아직 많은 주목을 받고 있지는 못하다. 그러나 북한의 비핵화 진전으로 대북제재가 완화 또는 해제되는 등 남북관계 개선에 놓여있는 걸림돌이 제거된다면 남북 간 산업협력은 재개될 것이며, 이전의 수준보다 크게 확대될 것이다. 이때 친환경적으로 산업협력이 추진되지 않는다면 그린 한반도의 실현은 어려워진다. 따라서 그린 한반도, 그린데탕트를 위해서는 남북 산업협력을 친환경적으로 추진하고 한반도의 산업생태계가 녹색화된 방식으로 작동될 수 있도록 해야 한다. 이를 위해 학계의 깊은 고민과 연구, 정부 관계기관의 관심이 필요하다.

　산업협력을 친환경적으로 추진하는 것은 환경협력의 산업화를 의미하는 것이 아니다. 제조업 중심의 산업협력이 재생에너지로의 에너지 전환 및 생산공정 효율성 개선 등을 통해 탄소 배출 저감형으로 진행되도록 하는 것을 말한다. 또한, 환경오염 물질 배출과 생태환경 파괴를 최소화하며, 순환경제 등을 실현하는 친기후·친생태·친환경적인 산업협력을 의미한다.

|그림 2-4| 남북 산업협력의 녹색화 구상

〈기존 협력 방향〉

산업 협력
- 개성공단
- 위탁가공협력
- 업종: 경공업, 기계/전기전자 광물 등

기후·그린 내재화 및 주류화

〈새로운 남북협력〉

친환경 방식으로 남북 산업협력 추진
- 생산공정의 녹색화 지원
- 남북 스마트그린 산업단지 설치
- 북한 경제개발구의 스마트그린 산업단지로의 전환 지원

〈기대효과〉
- 산업가동과 탄소배출, 환경오염의 탈동조화
- 한반도 탄소중립에 기여
- 글로벌 기후변화 완화에 기여

출처: 김수정, "남북 그린데탕트의 비전과 과제"(한국환경연구원·북한환경정보센터·고려대학교 통일융합연구원 공동 심포지엄, 서울, 고려대학교, 2023년 5월 25일), p. 144.

남북 산업협력을 친환경적으로 추진하고 이를 한반도 전역으로 확산시킨다면 한반도에서 녹색혁명이 일어나게 될 것이고, 녹색에 의한 남북공동경제발전이 현실화할 것이다. 현재 글로벌 경제의 움직임을 본다면 앞으로 그린, 친환경은 남북한이 국제사회에서 경쟁우위를 확보할 수 있는 포지셔닝 전략으로 적극 주류화, 내재화해야 한다. 한국은 2050년까지 탄소중립을 목표로 하고 있으며, 국제적으로는 녹색보호주의 혹은 녹색무역장벽이 강화되고 있다. 비핵화가 진전된 북한과 한국의 협력이 한반도 내에서의 지역적 협력사업이 아닌 글로벌화 된 사업으로의 확대를 추구한다면, 그리고 남북한의 공동 경제발전을 위한 수단으로 활용하고자 한다면 한국만이 아니라 북한지역의 산업도 탄소배출 저감형으로 전환해야 한다. 따라서, 담대한 구상이나 남북공동경제발전 계획에 "남북 스마트그린 산업단지 설치", "북한 경제개발구의 스마트그린 산업단지로의 전환 지원"을 포함할 것을 제안한다(그림 2-5 참고).

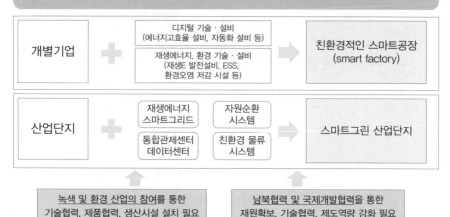

|그림 2-5| 남북 스마트그린 산업단지 설치 및 산업협력의 녹색화 구상

출처: 김수정 외, 『남북 산업협력의 친환경 모델 구축 방안 연구』, p. vii.

한편, 북한지역의 생태적 역량, 기후변화 대응역량을 강화하는 것은 열악한 환경 속에 놓인 북한 주민이 보다 건강하고 안전한 생활을 할 수 있는 기본적 권리를 보장하는 것에 기여하며, 장기적으로는 통합된 한반도의 지속 가능한 발전 토대를 마련하는 것에도 중요한 의미를 갖는다. 현재의 북한이 한국 및 국제사회의 지원 없이 폐쇄적이고 내부지향형이며 중화학공업 중심의 경제, 산업구조를 유지한다면 생태, 환경, 기후변화 취약성 수준은 더욱 높아지게 될 것이다(그림 2-6). 남북 그린데탕트 협력은 북한이 생태, 환경, 기후변화 취약성이 심화, 악화되는 경로에서 벗어나 완화 경로로 전환할 수 있도록 도와주는 효과를 만들어 낼 것이다. 이는 북한 주민의 당면한 문제 해결만이 아니라 한반도의 환경적으로 건전하며 지속 가능한 성장의 토대를 만든다는 점에서 매우 중요한 협력이다.

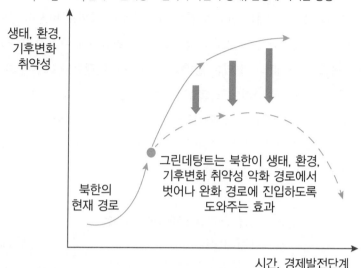

|그림 2-6| 남북 그린데탕트 협력이 북한의 생태, 환경에 미치는 영향

생태, 환경,
기후변화
취약성

북한의
현재 경로

그린데탕트는 북한이 생태, 환경,
기후변화 취약성 악화 경로에서
벗어나 완화 경로에 진입하도록
도와주는 효과

시간, 경제발전단계

출처: 김수정, "남북 그린데탕트 구상에 관한 제언," p. 9.

Ⅳ

남북 그린데탕트 전망

현재 정부의 그린데탕트 계획이 이전 정부의 정책과 내용을 그대로 이어받은 것이 아니냐는 비판도 존재하며 내용상 이전 정부의 정책과 유사한 부분이 많은 것도 사실이다. 그러나 윤석열 정부의 그린데탕트 계획은 과거부터 제시되어 왔지만, 미완의 협력 과제로 남아있던 환경협력, 기후협력, 에너지협력 논의를 종합하고 확대 발전시켰으며 남북이 시급하게 공동대응해야 할 그린 분야의 협력 과제를 제시 및 강조하였고 정책의 일관성을 지키고 있다는 점에서 의의가 있다. 한반도가 정치, 외교적으로 엄중한 시기 속에 놓여있지만 '그린'은 먼 훗날에나 가능한 협력 분야로 생각할 수도 있겠으나, 추진 우선순위에서 뒤에 둘 수 없는 중요한 어젠다라는 것을 남북한에 분명히 밝힌 것으로 보아야 할 것이다. 그린데탕트 정책과 관련 협력이 본격적으로 시행되기 전까지 그린데탕트 전략을 지속적으로 수정하고 보완해야 한다.

이명박 정부부터 현재 윤석열 정부에 이르기까지 확대 발전의 과정을 거쳤다. 〈그림 2-7〉과 같이 협력과 논의 주제의 범위가 점차 확대되었고, 한반도 비전의 구체화 수준이 진전되었다. 이러한 방향성은 앞으로도 지속해야 한다. 한반도에 주어진 대내외적 여건의 변화로 추진의 속도나 범위가 축소되는 영향을 받을 수는 있겠으나 그린과 데탕트, 즉 그린데탕트를 향하는 방향성은 과거에도 그랬던 것처럼 앞으로도 유지되어야 할 것이다. 이미 그린은 국제적으로도 그리고 한국에서도 국가전략의 핵심 주제어가 된 만큼 후퇴하지 않고 진전할 것으로 전망된다. 다만, 그린의 범위를 더 넓게 받아들여 산업부문을 활용한 그린데탕트로 더욱 발전시킬 것을 제안한다.

|그림 2-7| 그린데탕트의 전개 과정

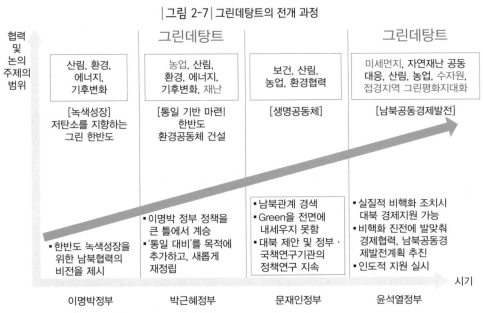

출처: 김수정, "남북 그린데탕트의 비전과 과제", p. 147.

국내문헌

녹색성장위원회. 『녹색성장 5개년 계획』. 2009.

대한민국정부. 『윤석열정부 120대 국정과제』. 2022.

통일부. 『한반도 신뢰프로세스』. 서울: 통일부, 2013.

김수정. "남북 그린데탕트 구상에 관한 제언." *Research Brief*, No. 22(2022): 1-10.

김수정. "남북 그린데탕트의 비전과 과제." 『한국환경연구원 · 북한환경정보센터 · 고려 대학교 통일융합연구원 공동 심포지엄』. 서울, 고려대학교, 2023년 5월 25일.

김수정 · 이석기 · 김영민 · 정선인 · 윤인주 · 정유석 · 조성 · 남영식. 『남북 산업협력의 친환경 모델 구축방안 연구』. 세종: 산업연구원, 2022.

김수정 · 이석기 · 김계환 · 빙현지 · 박지연. 『한반도 산업생태계 녹색화 협력』. 세종: 산업연구원, 2023.

"한반도 평화프로세스." 『대한민국 정책브리핑』, 2021년 11월 25일. https://www.korea.kr/special/policyCurationView.do?newsId=148865774 (검색일: 2023년 10월 29일).

정부의 통일·대북정책과 그린데탕트

정부의 통일·대북정책과 그린데탕트

정유석 (통일연구원) |

I
서론

하노이 북미 정상회담이 성과 없이 종료된 이후 남북관계도 급격하게 경색되었으며, 수년간 좀처럼 돌파구를 찾지 못하고 있다. 북한은 이른바 자력갱생을 통해 국제사회의 대북제재에 정면으로 맞설 것을 선포하였으며,[1] 이러한 기조를 현재까지 고수하고 있어 북한과 마주할 공간을 찾기는 여전히 어려운 상황이다.[2]

한편 국제질서 또한 이전과는 완전히 다른 양상으로 재편되고 있다. 코로나 팬데믹은

---

1 "모든 당조직들과 일군들은 시대가 부여한 중대한 임무를 기꺼이 떠메고 자력갱생의 위력으로 적들의 제재봉쇄 책동을 총파탄시키기 위한 정면돌파전에 매진하여야 한다," 본사정치보도반, "주체혁명위업 승리의 활로를 밝힌 불멸의 대가," 『노동신문』, 2020년 1월 1일.

2 "혹독한 국난을 억척같이 감내해주며 자력갱생, 간고분투의 정신력과 창조력을 발휘해준 위대한 우리 인민만이 전취할 수 있는 값비싼 승리이다," 『노동신문』, 2023년 1월 1일.

전 세계 모든 국가의 정책 우선순위를 바꾸어 놓았다.[3] 미국과 중국의 전략 경쟁이 심화하고 있으며 러시아와 우크라이나, 이스라엘과 하마스 간 전쟁이 발발하면서, 불확실성이 증폭되고 있다. 북한도 러시아와의 정상회담을 통해 국제사회에 자신들의 존재감을 드러내며, 이러한 상황을 오히려 자신들의 외교 전략에 적극적으로 활용하는 것으로 보인다. 여기에 북한의 연이은 고강도 핵·미사일 도발과 위협으로 남북관계는 최악의 상황이 전개되고 있다.

국제사회는 북한에 대해 여전히 강도 높은 경제제재를 적용하고 있으며, 북·중 무역의 재개와 회복이 더뎌지면서 북한의 민생 경제는 심각한 상황으로 예상된다. 북한 주민들의 삶은 더욱 어려움을 겪고 있으며, 인간이 누려야 할 기본적인 권리마저 영위하지 못하고 있다. 북한은 해마다 반복되는 자연재해로 심각한 식량난을 겪고 있으며, 이는 특히 영유아와 산모 등의 취약계층에 집중적인 피해가 발생하고 있다. 하지만 북한은 우리와 국제사회의 협력에 소극적인 태도로 일관하고 있어 상황을 더욱 악화시키고 있다. 이에 한반도 문제의 당사자인 우리가 국제사회와의 공조를 통해 북한의 인권 상황을 개선하고, 북한 주민에게 실질적인 혜택이 있는 현실적이고 효율적인 방안을 마련해야 한다.

윤석열 정부의 국정과제 94 '남북관계의 정상화와 국민과 함께 하는 통일 준비'의 실천 과제로 접경지역에서의 '남북 그린데탕트' 구현과 비무장지대(DMZ)의 평화적 이용 (DMZ 그린평화지대화) 추진을 제시하였다. 이는 남북의 접경지역에 '탄소중립'과 '기후변화 공동대응'이라는 국제사회의 최상위 의제를 실현하겠다는 의미를 담고 있다. 이를 통해 경색된 남북관계에 통로를 마련하고자 하는 정부의 의도를 파악할 수 있다.

이에 정부의 통일·대북정책인 '담대한 구상'에서 제시한 과감한 초기조치로 남북 그린데탕트의 추진방안을 모색해보고자 하였다. 이를 위해 2절에서 그린데탕드 정책의 의미와 연혁을 살피고, 3절에서 정부의 통일·대북정책인 담대한 구상의 내용과 그린데탕트 정책의 의미를 기술하였다. 4절에서는 국내외 정세변화에 조응하는 정책의 추진원칙과

---

3 최근 국제정치는 패러다임이 크게 변화하고 있다. 군사와 정치 부문에서의 전통적인 안보의 개념에서 공급망을 중심으로 하는 '경제안보'의 개념이 이를 대체하였다. 여기에 기후변화와 환경 문제, 인권 등의 이념을 공유하는 '가치동맹'까지 더해지면서 국가 간 협력에도 다층적인 접근이 요구되고 있다. 군사력의 증강을 통해 외부의 무력으로부터 자국의 영토와 국민을 보호하는 것이 전통적인 안보의 개념이었다. 여기에 경제안보, 식량안보, 자원안보, 에너지안보, 환경안보 등이 새로운 안보의 범위에 포함되면서 국가의 중요한 책무가 되었다.

고려 사안을 제시하였다. 5절은 결론으로 논의를 정리하고 시사점을 기술하였다.

전 인류의 보편적 가치는 북한에도 예외로 적용될 순 없다. 북한 주민에게 직접적인 혜택이 돌아가는 그린데탕트 정책의 추진방향을 설정하여 정치적인 상황과 무관하게 지속시켜야 한다. 새롭게 변화된 국제질서의 패러다임과 보편적 가치 속에서 그린데탕트 정책의 재정립이 필요하다. 북한의 태도 변화를 목표로 국내외적 상황 변화에 유연하게 대응할 수 있는 실질적인 협력방안을 마련하여 정부의 '담대한 구상'의 실현을 위한 첫걸음이자 지속 가능한 남북 그린데탕트 정책의 추진동력을 마련해 나가야 한다.

Ⅱ

그린데탕트의 내용

1. 그린데탕트 정책의 의미

그린데탕트라는 용어는 이명박 정부가 2012년 녹색기후기금(GCF) 사무국 유치를 추진하면서 본격적으로 등장하였다. 한반도의 오랜 분단과 냉전을 종식하기 위하여 그 매개로 비무장지대(DMZ)를 중심으로 하는 생태 및 환경 부문에서 남북한 공동사업을 통해 평화지대를 건설하겠다는 노력이 이어졌다.

그린(Green)은 생태 및 환경을 중심으로 평화공존을 위한 협력의 수단을 의미한다. 환경 분야에서의 전반적인 의제를 포함하며 환경정책과 경제성장을 아우르는 광범위한 내용을 포함한다. 환경오염방지, 생태계 보존, 기후변화 대응 및 이에 관한 정책 수립과 주변국과의 공조 방안도 고려된다. 이러한 의미는 현재 다양한 부분으로 확장되었는데, 해양협력의 블루(Blue), 보건의료의 화이트(White), 기후부문의 옐로우(Yellow) 등을 모두 포괄하는 것으로 해석할 수 있다.

데탕트(détente)는 프랑스어에 기원한다. 사전적인 의미는 '휴식', '국가 간의 긴장 완화 및 관계 개선' 등이다. 이는 프랑스의 드골 대통령이 재임 중에 소련 동유럽 국가와의 관계 개선을 추진할 때 데탕트(détente)라는 용어를 사용하면서 시작되었다. 미국 닉슨 정권 당시 키신저가 수행한 구소련과의 군비 관리 협상을 '대소(對蘇) 데탕트 정책'이라고 부르기도 한다. 이와 비슷한 정책의 대표적인 성공 사례로는 유럽의 헬싱키 프로세스(Helsinki Final Act, 1975)가 있다. 이는 1975년 소련을 포함한 유럽의 33개국과 미국이 주도한 35 개국의 정상이 서명한 헬싱키 협정이다. 이를 통해 각국에 동등한 주권이 인정되고 영토 불가침 등의 결과를 도출하여 유럽 지역에서의 냉전이 종결됐다는 평가를 받는다.

이렇듯 그린(green)과 데탕트(détente)의 결합은 비전통적 안보인 인권, 환경, 인도주의 등을 협력의 의제에 포함하여 '포괄적 안보'의 기초를 마련한다는 의미를 갖는다. 국가 간 상호 의존성에 기초하여 '환경경제', '경제안보' 등을 아우르는 '포괄적 안보(comprehensive security)'의 개념이라 하겠다. 정부의 남북 그린데탕트 정책의 성공을 위해서는 그간의 유사 정책의 '발전적 계승'이 필요하며 이를 기초로 종합적이고 체계적인 추진방안이 요구된다.

2. 그린데탕트 논의의 경과와 연혁

DMZ와 남북의 접경지역에 평화적 공간을 구상하는 논의는 1971년 남북적십자회담에서 최초로 시작되었다. 이후 이에 관한 논의는 꾸준히 제안되었으나 국내의 정치적인 상황과 남북관계 그리고 국제정세로 인하여 번번히 그 추진이 제한되었다. 하지만 남북이 구체적인 합의에 다다르진 못했어도 원칙적으로는 평화적 공간 설치에 대한 필요성을 공감하고 있는 의제이기도 하다.

그간의 유사한 협력 시도는 다음과 같다. 1971년 남북 적십자회담을 시작으로 이듬해 당시 유엔군측 수석대표 로저스 소장이 군사정전위원회에서 DMZ에서의 비무장을 제안하였다(1971.6.12.).[4] 이후 1979년에는 북한에 DMZ 평화공원을 제안하였으나, 북한의 호응을 이끌어내지는 못하였다. 1980년대에 들어서면서 현재 통일부의 전신인 당시 국토통일원의 손재식 장관의 성명을 통하여 북한에 20개의 구체적인 사업들이 제안되었다. 여기서 제시된 사업은 현재 북한에 제안하고 있는 사업들과 큰 차이를 보이지 않는다.[5]

4　1971년 제317차 군사정전위원회에서 유엔사 로저스(Feliz M. Rogers) 수석대표가 ① 쌍방이 합의된 지역으로 군사인원 철수, ② 군사정전위원회의 군사시설 파괴, ③ DMZ 전역의 비무장화, ④ 무장인원의 DMZ 출입금지 등의 내용을 담은 'DMZ 비무장 방안'을 북측에 제안하였다.

5　당시 대표적인 제안사업은 군사시설 완전 철거, 자연생태계 공동학술조사, 경의선 도로 연결, '설악산·금강산 자유관광지역' 공동설정, '남북 자유 공동어획구역' 설정, DMZ 내 공동경기장 조성, 군비통제, 군사책임자 간

노태우 정부는 유엔총회 연설에서 'DMZ 평화시' 건설을 제안하였다. 당시 그러한 제안은 파격적인 것으로 평가되었으며, 이를 계기로 1989년 9월 11일 국회 특별연설로 이어져 '한민족공동체통일방안'을 제시하였다. 동시에 DMZ 내 평화구역 설정 및 평화통일시(市)로의 발전을 제시하게 된다. 이러한 전격적인 제안은 1991년에 공표된 남북기본합의서에도 포함되었다.[6]

김영삼 정부에서는 1994년 DMZ 자연공원화 제안이 있었다. '민족발전공동계획'에서 DMZ의 자연공원화를 북측에 공식적으로 제안하였는데, 자연보존과 생태 평화에 대한 새로운 관점에서의 접근이 특징이다. 이때부터 DMZ가 간직해온 생태적 측면의 가치가 본격적으로 주목받기 시작했다고 할 수 있다.

김대중 정부에서의 대표적인 사례는 1999년 '생물권보전지역(BR)' 지정 계획의 발표다. 유네스코의 인간과 생물권 계획(MAB)에 따른 '생물권보전지역' 지정 계획을 발표하면서 김영삼 정부의 자연생태 보존의 측면에서 정책을 이어나갔다.[7] 노무현 정부가 들어서면서 2004년 유네스코의 '접경생물권보전지역(TBR)'에 더하여 세계유산(World Heritage)으로 지정하는 것이 제안되었다. 이때부터 DMZ 지역은 자연과 환경에 기초한 평화공존 체제를 구축하기 위한 장소로 평가되기 시작했다고 할 수 있다.[8]

이명박 정부의 남북접경지역을 이용한 경제협력으로는 나들섬 구상이 있었다.[9] 또한

직통전화 설치, 판문점을 통한 외국인 자유 왕래 등이다.

6 제12조는 합의서 발효 후 3개월 내에 남북 군사공동위원회를 구성·운영하여 대규모 부대 이동과 군사 연습의 통보 및 통제 문제, 비무장지대의 평화적 이용 문제 등을 협의·추진한다고 규정하고 있다. 또한 DMZ의 평화적 이용 문제를 남북한이 협의하도록 규정하였다.

7 결국 이는 2000년 6·15 공동선언 이후 열린 남북 국방장관 회담에서 북한과의 합의로 도출된다. 철도 및 도로 공사를 위해 DMZ 내 인원, 차량, 기재들의 통행을 허가하고 안전을 보장하기로 하였으며, 이어서 열린 장성급 회담에서도 군사분계선과 DMZ 일부 구역을 개방에 합의하는 성과를 도출하게 된다. 2001년에는 유네스코 지정하는 '한반도 비무장지대 접경 생물권보전지역(the Korea DMZ TBR)' 계획이 제안되었고 정부 부처가 주도하는 협의체도 구성하였다.

8 DMZ에서의 남북이 협동으로 생태계 조사를 실시하고 공동으로 유네스코 생물권보전지역 지정을 시도하였다. 'DMZ 생태평화비전'을 마련하여 'DMZ 생태평화공원'을 조성해 DMZ의 생태계를 관리하고 세계평화의 상징지역으로 발전시키는 구상을 계획하였다.

9 한강하구에 남북 경제협력단지인 '나들섬'을 건설한다는 구상이다. 경기도 강화군 교동도 한강하구 퇴적지 일대에 조성되는 나들섬은 여의도 10배에 달하는 900만평 규모다. '한반도 맨해튼'으로 불릴 나들섬 위치는 한

2009년에 DMZ 생태평화공원 기본계획을 발표하였고, 2010년에는 국무총리실이 관계 부처와 동으로 '한반도 생태평화벨트 조성 방안'을 마련하였다. 2011년 DMZ의 평화적 이용구상 수립하여 실제로 UNESCO에 생물권보전지역을 신청하였으나, 이 역시 북한의 호응을 끌어내는 데에는 실패했다.

박근혜 대통령은 2013년 5월 9일 미국 의회 연설에서 DMZ 세계평화공원 설립 구상을 공식 언급했고 2014년 3월 28일 독일 드레스덴 선언에서 이에 관한 조성을 다시 한번 피력하였다. 같은 해 9월 UN총회 연설을 통해 'DMZ 세계생태평화공원'을 제안하였다. 이 계획에는 구체적인 공원 건립 방안이 포함되어 있었는데, 우리가 비용을 부담하고 북한에 일정 운영수익을 제공하는 것으로 되어 있다. 또한 제2의 이산가족면회소를 설치하고 유엔기구 및 세계평화대학을 유치한다는 나름의 구체적인 청사진이 설계되었다. 하지만 이 역시 남북 간의 구체적인 합의가 결여되었으며, 이 시기 최악의 남북관계 영향으로 추진하기 어려운 상황이 이어졌다.

문재인 정부는 평창올림픽 이후 북한과 수차례 대표단과 특사를 주고받았으며, 남북 정상의 세 차례 만남을 통해 선언문을 도출했다. 이후 '군사 분야 이행합의서'에 의해서 확성기 철거 작업과 유해 발굴 및 일부 지뢰·폭발물 제거 작업이 이루어졌지만, 개성 남북연락사무소 폭파 등 북한의 비상식적이고 일방적인 조치로 동력이 사라졌다.

강과 임진강, 예성강이 서해로 유입되는 곳으로 한반도 대운하의 길목이다. 나들섬은 북한 근로자들이 출퇴근을 위해 자유롭게 드나들 수 있다는 의미에서 붙여졌다. "이명박, "남북경협단지 나들섬 건설"," 『매일경제』, 2007년 6월 18일, https://www.mk.co.kr/news/politics/4298641 (검색일: 2023년 12월 9일); 최경운, "[단독입수] 한강 하구 나들섬 개발구상 계획(안)," 『월간조선』, 2008년 7월호, https://monthly.chosun.com/client/news/viw.asp?nNewsNumb=200807100021 (검색일: 2023년 12월 9일).

| 그림 3-1 | 역대 정부의 접경지역·DMZ 정책

1970년대
- 군사정전위원회(1971) 최초 제안
- 北에 20개 사업제안(손재식)
- 민족공원+통일운동장

노태우정부
- DMZ 평화시(UN 총회연설)
- 한민족공동체 통일방안(국회연설)
- 남북기본합의서 제12조

김영삼정부
- DMZ자연공원 제안(1994)

김대중정부
- DMZ 내 인원 차량 통행허가
- 군사분계선&DMZ 개방 합의

노무현정부
- 유네스코 세계문화유산 지정 제안
- 생태계보존대책 수립
- DMZ 생태·평화공원(PLZ)

이명박정부
- 나들섬 구상
- 생태평화공원 기본계획(2009)

박근혜정부
- DMZ 세계평화공원
  (미의회, 드레스덴, UN총회)

문재인정부
- 확성기 철거, 유해발굴, 지뢰제거
- DMZ환경관광벨트+평화경제특구

윤석열정부
- 남북그린데탕트

출처: 정유석, "정부의 통일대북정책과 그린데탕트 추진 방향" (한국 환경연구원·북한환경정보센터·고려대학교 통일융합연구원 공동 심포지엄, 서울, 고려대학교, 2023년 5월 25일), p. 51.

III
정부의 통일·대북정책과 남북 그린데탕트

1. 윤석열 정부의 통일·대북정책, 「담대한 구상」

(1) 원칙과 내용

윤석열 대통령은 취임사에서 '담대한 계획'을 언급하였으며, 제77주년 광복절 경축사에서 「담대한 구상」으로 구체화하여 공식적으로 북한에 제의하였다. 「담대한 구상」은 북한의 비핵화와 우리의 경제·정치·군사적 조치를 단계적이면서 동시적으로 이행하여 비핵·평화·번영의 한반도를 구현하는 것을 목표로 한다. 북한이 핵 개발을 중단하고 실질적인 비핵화를 위한 방향으로 태도를 전환한다면, 그 비핵화의 진전 단계에 맞추어 북한의 경제와 민생을 획기적으로 개선할 수 있는 협력을 지원하겠다는 내용이다.

정부의 통일·대북정책의 목표는 '자유민주적 기본질서에 입각한 평화통일'이며, 「비핵·평화·번영의 한반도」를 비전으로 제시하였다. 이는 우리 헌법 제4조에 명시되어 있는

"대한민국은 통일을 지향하며, 자유민주적 기본질서에 입각한 평화적 통일정책을 수립하고 이를 추진한다"에 기반을 둔다. 또한 '남북관계 정상화'와 '평화의 한반도 구축'을 위한 방안으로는 첫째, 「담대한 구상」의 추진으로 지난 30여 년 동안 해결하지 못하고 악화되어 온 북핵 문제에 대한 근원적 해결을 제시한다. 둘째, 북한과 대화의 문을 항상 열어두지만, 정세와 국익을 고려하여 실용적이고 유연하면서도 원칙에 기초하는 남북관계를 정립한다. 셋째, 국민과 국제사회의 지지와 동의를 확보한 통일·대북정책을 수립하여 비핵·평화·번영의 한반도를 위한 실질적인 토대를 구축한다는 것이다.

「담대한 구상」의 원칙은 다음과 같다. 첫째, 북한의 어떠한 무력도발도 용납하지 않고 단호하게 대응하며, 도발 시 그에 상응하는 조치를 취한다는 원칙이다. 이는 우리 정부가 북한을 적대시하지 않으며 힘에 의한 현상 변경을 원하지 않는다는 전제에서 시작한다. 다만, 북한의 무력도발에는 견고한 한·미 동맹에 기초하여 이를 실효적으로 억제해 나가겠다는 의지라고 해석할 수 있다. 이와 함께 남북 간에 우발적으로 발생하는 충돌을 사전에 방지하고 군사적으로 신뢰를 구축하자는 내용도 포함되어 있다.

둘째, 남북관계를 유연한 상호주의에서 호혜적으로 발전시키고 모든 문제는 대화로 해결한다는 원칙이다. 이는 우리의 기본적인 원칙을 어떤 상황에서도 흔들림 없이 견지하면서도, 남북 간 이견을 고려하여 실용적인 접근을 통하여 서로 상생할 수 있는 새로운 남북관계의 질서를 형성하겠다는 것이다.

셋째, 헌법 제4조에 명시되어 있는 '자유민주적 기본질서에 입각한 평화적 통일정책 추진'을 위한 국가적 의무를 다해나가겠다는 것이다. 이는 '비핵·평화·번영의 한반도'를 실현하기 위해 국내외 소통과 협력을 강화하고, 흡수통일이 아닌 평화통일을 위한 기반을 실질적으로 조성해 나가겠다는 의미이다.

「담대한 구상」의 '5대 중점 추진과제'는 첫째, '비핵화와 남북 신뢰구축의 선순환'으로 북한이 실질적 비핵화에 나설 경우 이에 상응하는 경제협력과 안전보장 방안을 구체적으로 제시하여 신뢰구축의 선순환을 추진한다는 계획이다. 둘째, '상호 존중에 기반한 남북관계 정상화'는 일관된 원칙하에서 남북관계를 추진하고, 남북관계 정상화를 통해 남북 서로에게 호혜적이며 지속 가능한 관계로 재정립하겠다는 내용이다. 셋째, '북한 주민의 인권 증진과 분단으로 인한 고통 해소'는 북한 주민을 위한 인도적 협력의 지속적 추진, 이산가족·국군포로·납북자 및 억류자 문제 등의 조속한 해결, 탈북민의 사회 적응 등 인도적 측면에서 실질적인 해결을 하겠다는 내용이다. 넷째, '개방과 소통을 통한 민족 동질성 회복'은 현 상황에서 가능한 교류협력의 추진, 방송·언론·통신 부문에서 단계적인 상호 정보 개방, 남북 그린데탕트를 통한 한반도 기후·환경공동체 구축 등이 제안되었다. 마지막으로 '국민·국제사회와 함께하는 통일 준비'는 체계적인 통일 준비를 위해 국민과 국제사회의 지지 기반을 확충한다는 내용이 제시되었다.

정부의 통일·대북정책인 「담대한 구상」은 급변한 국제정세를 한반도의 상황에 잘 반영하고 있으며, 북핵 문제의 장기화와 도발로 인한 안보 상황을 근본적으로 해결하고자 하는 의지가 담겨있다. 또한 통일·북한 문제에 대한 변화된 인식을 통일방안에 반영하고자 하는 노력과 한반도 문제에 관한 대내외적인 지지와 공감을 확보하려는 시도가 포함되어 있다. 무엇보다도 북한의 비핵화를 비롯한 정치적인 사안과 무관하게 북한인권 문제와 주민의 삶에 실질적인 상황을 개선하기 위한 인도적 차원의 지원과 협력을 추진하려는 의지를 확인할 수 있다.

(2) 특징과 의의

「담대한 구상」의 특징은 초기 단계를 설정하여 인도적 측면에서 북한과의 민생협력을 비핵화 이전이라도 시작하고 이를 단계적이고 포괄적으로 설계하였다는 데 있다. 비핵화의 단계는 초기조치 이후 '실질적 비핵화', '완전한 비핵화'의 2단계로 이루어져 있으며, 불필요한 과정을 최소화하고 단순화하여 비핵화를 신속하게 추진하려는 의도가 담겨있다. 기존의 보수 정부의 대북정책과 「담대한 구상」의 가장 큰 차이점은 북한과의 협력을 시작하는 시점에 있다. 「담대한 구상」에서는 북한이 진정성을 가지고 비핵화 협상을 시작하면, 민생개선 사업을 중심으로 과감한 초기조치를 우선적으로 시행하는 특징이 있다. 이를 통해 협상의 동력을 이어가면서 비핵화 전반을 아우르는 포괄적 합의를 도출하고 이를 단계적으로 이행한다는 계획이다.

구체적인 초기조치로는 '한반도 자원·식량 교환 프로그램'과[10] '북한 민생개선 시범사업'이 있다. 이는 북한에 보건의료·식수위생·산림·농업 등 민생협력사업을 시범적으로

---

10 R-FEP(Resources-Food Exchange Program)은 제재 면제제도를 활용하여 북한 광물자원의 수출을 일정 한도 내에서 허용하고, 이 대금으로 식량·비료·의약품 등 생필품을 구입하도록 해주는 내용이다.

추진한 후 비핵화 단계에 맞추어 사업을 확대한다는 내용이다. 정부가 구상하는 남북 접경지역의 그린데탕트는 담대한 구상의 초기조치의 사업으로 제안한 북한 민생개선 사업과 연계할 수 있다. 남북 그린데탕트 추진 중 환경과 에너지, 재해재난과 식수 등 북한 주민의 실질적인 생활에 도움이 되는 부문에서 과감하고 적극적인 협력이 가능하다.

「담대한 구상」의 또 다른 특징은 국제사회와의 공조와 지지를 최우선적으로 확보한다는 데 있다. 남북 문제를 국제사회와의 공조를 통해 해결하려는 의지를 다시 한번 확인하였다고 하겠다. 북핵 문제의 해결을 위해 국제사회와 긴밀히 협력하고 북한의 인권 문제 등에 대하여서도 원칙적인 대응이 예상되는 대목이다. 원칙 있는 대북 관여를 통해 국제사회와 함께 북한 주민의 인권과 인도적 상황 개선을 위한 노력이 예상된다.

2. 정부의 접경지역 남북 그린데탕트 정책

(1) 남북 그린데탕트 정책의 주요 내용

윤석열 정부는 '국정과제 94, 남북관계의 정상화와 국민과 함께 하는 통일 준비'에서 「남북 그린데탕트」 구현을 제시하고 있다. 윤석열 정부의 「남북 그린데탕트」는 한반도 기후·환경공동체 구축을 비전으로 하고 있다. 남북 간 단절과 대결을 상호 개방과 소통·교류로 전환하고, 이를 통해 남북관계를 정상화하고 공동번영을 달성하려는 목표를 가지고 있다.

접경지역에서의 「남북 그린데탕트」는 다음과 같은 배경에서 시작되었다. 첫째, 최근 기후 및 환경 변화가 국제적 이슈로 등장하고 있으며, 한반도에서도 탄소중립 및 기후변화 공동대응을 위한 남북협력의 필요성이 증대되었다. 전 세계가 전례 없는 폭염, 가뭄, 홍수 등을 겪고 있는 만큼, 기후변화 및 환경 문제 대응은 당면한 현안이자 국경이 없는 문제이다. 둘째, 북한의 기후변화 대응능력이 저하되면서 환경 재난 등이 발생하는 경우 남북 주민의 삶과 안전에 지대한 영향을 미치고 있다. 북한 역시 2021년 7월 유엔에 제출한 '자발적국별보고서(Voluntary National Review: VNR)'를 통해 국제사회와의 협력 의사를 표명하고 있다.

「남북 그린데탕트」는 비제재 분야인 기후·환경 분야의 상호 현안 협력을 통하여 한반도 평화통일의 기반을 구축하려는 정책이다. 주요 협력 분야는 미세먼지·자연재난·기후위기 공동대응 등 환경협력 추진, 산림·농업·수자원 등 지속 가능한 협력 추진, 남북 접경지역(DMZ)을 대상으로 하는 협력 추진 등이다. 이를 위해 먼저 「남북 그린데탕트」와 관련된 남북 간 기존 합의 이행에 중점을 두고 추진하면서 방역협력, 공유하천 공동관리 등 남북 간 합의사항 이행을 통해 우리 국민의 안전과 재산피해를 방지하는 것을 포함하고 있다.

| 그림 3-2 | 그린데탕트 연차별 이행계획

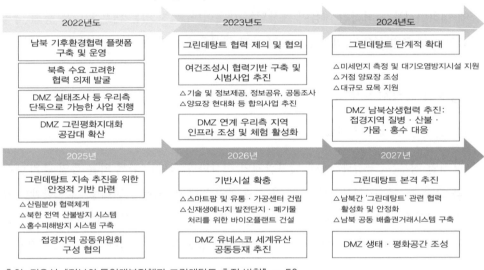

출처: 정유석, "정부의 통일대북정책과 그린데탕트 추진 방향", p. 50.

또한 북한의 비핵화 진전이 이루어지면 기후변화 및 환경 문제 공동대응을 위한 「남북 그린데탕트」를 제반 여건을 고려하면서 단계적으로 확장해 나갈 계획을 가지고 있다. 산림·식수·위생 분야의 협력을 시작으로, 마을 단위 친환경협력, 재해·재난 협력, 남북 간 수자원 공동이용 등이 대상이다. 나아가 한반도 기후·환경협력 인프라를 구축하는 것을 궁극적인 목표로 하고 있으며, 이를 위해 관계부처와 전문가가 참여하는 협업을 진행하고 민·관·국제기구 등이 참여하는 네트워크도 구축할 계획이다.

한편 비무장지대(DMZ)를 평화적으로 이용하는 '그린평화지대화'를 추진하고 있다. 비무장지대를 생태, 문화, 평화와 안보의 가치를 담은 세계적인 협력·소통의 공간으로 발전시켜 나가려는 계획이다. 이를 위해 DMZ 실태조사 등 남북협력 기반 마련, DMZ 체험

프로그램 운영 등을 통한 평화통일 공감대 확산, DMZ 평화적 이용의 관리 운영을 종합 지원하는 통합시스템 구축 등을 추진하고 있다.

(2) 의의와 목표

「남북 그린데탕트」는 탄소중립 및 기후변화 공동대응이라는 국제적 추세에 편승해 단절된 남북 교류협력의 돌파구를 여는 의미를 지니고 있다. 남북 그린데탕트 구현의 주요 목표는 첫째, 미세먼지·자연재난·기후변화에 대해 남북이 공동으로 대응하는 것이다. 이러한 남북 환경협력으로 생태계 및 생물 다양성을 보존하고, 수질 및 대기오염 방지, 온실가스 감축을 통해 북한 주민들의 인도적 상황을 개선하는 것이다. 둘째, 산림·농업·수자원 등 지속 가능한 협력을 강화하여 황폐화된 북한 산림을 복구하고, 남북 농축산 협력을 통하여 북한의 농업 생산기반을 구축하는 것이다. 셋째, 기후변화·탄소배출권·REDD+ 등 그린 분야의 협력을 통해 국내외 협력 기반을 구축하는 것이다. 마지막으로 'DMZ 그린평화지대화'에서의 남북 상생 협력을 추진하는 것이다. 이는 전염병·산불·가뭄·홍수에 대한 남북 공동대응 체계를 구축하여 남북의 주민에게 실질적인 혜택이 있는 협력을 모색함으로써 남북협력의 범위와 수준을 확대하는 것을 목적으로 하고 있다고 하겠다. 남북 DMZ 접경지역을 중심으로 '그린 3축(생태·환경·관광)' 형성을 위하여 단계적 협력방안을 마련하는 것도 중요한 요소이다.

남북 그린데탕트는 접경지역에서의 방역협력과 공유하천 공동관리 등 기존 남북 간 합의사항 이행을 통하여 우리 국민의 안전과 재산피해의 방지를 강조하고 있다. 이와 동시에 북한 비핵화의 진전에 따라 '기후환경협력 인프라' 구축을 위한 산림·농업·수자원 등 분야별 사업 발굴을 고려하고 있다. 이를 위해 관계부처·전문가 협업 및 민·관·국제기구 등이 참여하는 네트워크 구축을 계획하고 있다. 북한과의 '산림·식수·위생'의 협력을 시작으로 하고, 이를 점진적으로 확대하여 남북 접경지역 마을 단위에서의 친환경협력을 시범적으로 추진한다. 이에 기초하여 궁극적으로 접경지역의 '재해재난' 부문의 공동 협력체계를 마련하는 것이 목표이다.

국내외 정세변화와 추진원칙

1. 대내외 정세변화

(1) 북한 상황 변화: 북핵·미사일 고도화와 인권 문제

북핵 문제는 남북관계 개선의 가장 큰 장애 요인이자, 역설적으로 북한과의 인도적 협력을 시급하게 추진해야 하는 이유이기도 하다. 북한이 핵실험과 미사일 발사 등의 도발을 감행하면서 국제사회의 대북제재가 강화되었고, 그에 따라 북한의 경제 상황이 악화하여 민생은 더욱 피폐해졌다. 북한 주민들은 삶을 영위하기 위한 최소한의 권리도 보장받지 못한 채 붕괴된 경제 속에서 살아남기 위해 힘겹게 버텨가고 있다. 북한 스스로 이러한 상황을 해결하는 것은 불가능해 보이며, 국제사회와의 협력이 유일한 해법일 것이다. 그럼에도 북한은 여전히 자력갱생만을 외치며 주민들의 희생을 강요하고 있는 실정이다. 이러한 변화된 환경을 고려한 북한 주민의 인권 개선과 인류 보편적인 가치를 실현하기 위한 실제적이고 현실적인 방안에 관한 진지한 논의가 필요하다.

(2) 대외 상황 변화: 미·중 전략 경쟁과 국제질서의 재편

그린데탕트와 같은 북한 주민을 대상으로 하는 인도적 성격의 협력은 정치환경과는 무관하게 지속되어야 할 사안임은 틀림없다. 하지만 최근의 국제정세를 고려하여 국익에 기초해 판단해야 한다. 북한과의 그린데탕트 협력도 마찬가지 상황이다. 북한의 인권 상황은 세계에서 열악한 국가 중 하나라는 점에는 이견의 여지가 없다. 하지만 신냉전이라고 불리는 국제정세 패러다임 변화 속에서 북한과의 협력을 구상하는 것이 매우 중요한 과제라고 하겠다.

국제질서는 미·중 무역 갈등과 탈동조화(디커플링) 확산 등으로 이전과는 완전히 다른 새로운 양상의 거대한 전환기를 맞고 있다.[11] 이러한 국제정세의 변화는 북한의 개혁개방

---

11 미·중 패권 경쟁은 민주주의와 권위주의 세력 간 분열의 양상으로 확장되었으며, 러시아의 우크라이나 침공을 기점으로 그 대립 구도가 더욱 심화되었다. 미국은 인도·태평양 경제프레임워크(IPEF)와 반도체의 공급

과 경제협력 문제뿐만 아니라 북한과의 인도적 협력사업 추진 또한 위축시킬 것으로 보인다. 동북아 지역에서 국가 간 경제안보 갈등과 경쟁은 더욱 치열해질 것이고, 남북 간 특수관계만을 주장하는 논리는 더 이상 설득력을 가지기 어려울 것이다. 한반도 문제를 국제적 보편적인 입장으로 접근하여 국제사회의 가치에 부합하려는 노력이 필요하다. 즉 단순한 인도적 지원이 아닌 북한의 인권 개선과 주민 생활과 삶의 질 향상을 위한 실질적인 협력방안 마련이 요구된다. 궁극적으로 북한의 비핵화를 촉진하고 북한이 국제사회의 일원으로 나오기 위한 태도 변화를 목표한다는 점에서 협력의 방향을 국제사회의 보편적 가치의 실현을 위한 장기적인 안목으로 설정하는 것이 필요하다.

(3) 국내 상황 변화: 통일 및 남북협력 인식 격차 심화

지난 정부에서 경험하였듯 충분한 국민적 합의가 없었던 남북의 정상 선언은 통일인식의 양극화를 오히려 심화시키고, 국제적으로도 남북 특수 상황에 대한 설득 논리를 약화시키는 결과만을 초래하고 말았다. 대북 인도적 지원과 협력에 대한 동의와 지지는 통일의 필요성과 직접적인 관련이 있다. 북한을 어떤 존재로 인식하고 있는지, 북한 주민에 대하여 어떠한 생각을 가지고 있는지, 궁극적으로 통일이 필요한지에 대한 근본적인 질문을 현재의 시점에서 진지하게 자문해 볼 필요가 있다. 오랜 시간 지속되고 있는 분단의 상황은 공동체 의식을 저하시키고 있으며, 북한의 핵·미사일 도발로 인한 안보적 위협이 대북협력의 근본적인 동력을 상실시키는 결정적인 원인이 되고 있다. 정권에 따라 변하는 대북정책 역시 북한의 상황을 인지하는 시각에 대한 차이를 보이고 있어, 지속적인 인도적 협력을 가로막는 장애 요인으로 작용하고 있다. 이는 북한의 인권 침해, 식량 및 보건의료 상황 등 보편적인 권리에 대한 현황 파악과 해석의 차이로 대북 인도적 협력의 기준 마련에 혼선을 초래한다.

북한에 대한 인도주의적 차원에서의 지원과 협력은 역대 모든 정부가 공통으로 내세웠던 점임을 고려한다면, 이에 대한 객관적인 기준을 논의해 국민적인 공감을 확보하기 위한 충분한 시간이 있었다. 하지만 북한과의 인도적 협력에 대한 소모적인 논쟁이 이어

망을 매개로 한 동맹인 칩4(Chip 4)를 주도하며 경제가치와 첨단 산업을 통한 동맹의 재편을 추진하였다. 이에 중국도 상하이협력기구(SCO), 역내 포괄적 경제동반자 협정(RCEP)을 강화하며 미국이 주도하는 세계 경제 질서에 자국이 배제되는 것을 경계하고 나섰다.

지면서 진영 간 갈등의 도구로 전락하고 말았다. 이러한 이유로 북한과의 인도적 지원과 협력은 국민의 지지와 동의를 충분히 얻지 못하고 있다. 따라서 같은 한민족, 우리 동포이기 때문에 북한 주민에 대한 인도적 지원과 협력을 아끼지 말아야 한다는 당위적인 논리보다는 인류 보편적인 국제사회의 가치를 수호하는 차원에서의 접근이 실효적일 수도 있다. 하지만 중요한 사실은 북한 주민들도 우리의 헌법상 엄연한 동포라는 점이다. 이에 그들 역시 우리 헌법 제4조에 명시되어 있는 자유와 인권 및 복지 등의 기본질서를 누릴 권리가 있다는 사실을 묵과해서는 안 된다.

2. 그린데탕트 정책 추진의 원칙

(1) 대북협력의 인식 전환: 국제사회 보편적 가치 적용

북한과의 협력을 추진하면서 가장 강조되어왔던 명분은 민족성에 기초한 특수관계이다. 하지만 북한은 우리에게 현실적인 안보 위협을 가하고 있는 경계의 대상으로 이중적인 위치에 있다. 국민들도 인도주의적 취지에는 공감하지만 북한으로의 지원과 협력에는 진영을 나누어 첨예하게 대립하고 있는 양상이 지속되고 있다. 무엇보다도 북한이 국제사회의 안보를 위협하는 도발을 멈추지 않고 있어 인도적 협력사업의 비정치적인 문제에서조차 논란을 야기하고 있다.

한편 국제사회도 북한과의 인도적 지원과 사업에는 대북제재를 면제하도록 규정하고 있으나, 북한이 잘못된 길을 고집하고 그 피해가 고스란히 북한 주민들에게 전가된다면, 인도적 지원의 본질적인 목표를 달성하였다고 보기 힘들 것이다. 이에 북한과의 인도적 협력을 '인간안보'와 '인류 보편적 가치 실현'의 측면에서 접근하는 것이 바람직하다. 즉 북한과의 특수관계에 치우쳐 민족으로서의 당위성을 내세우는 접근보다는, 북한을 국제협력의 원조국 차원으로 기준을 적용하여야 한다. 우리가 북한을 다른 나라보다 협력의 우선순위 대상으로 설정하되, 원칙과 기준은 동등하게 적용하여 효율을 높이는 것이 필요하다. 특히 북한에 적극적인 모니터링을 요구하여 투명성을 제고하는 것이 가장 중요하다. 이에 북한과의 인도적 협력에 관하여 국제사회의 보편적인 규칙을 더욱 엄격하게 적용하는 것이 바람직하다.

남북 그린데탕트 정책의 목표는 북한 주민의 기본적 권리와 필요를 충족시키는 데 있다. 국제사회의 책임 있는 구성원으로서 위기에 직면해 있는 북한 주민의 생명과 존엄을 지켜내고 나아가 보편적으로 누려야 할 권리를 보장하며 재난 대비와 구호를 통해 기본적인 삶의 기초를 마련하여야 한다. 이를 위해 남북 간의 인도주의 규범과 전략이 있어야 하며, 이는 북한에도 엄격히 적용되어야 한다.

(2) 국제사회와의 공조

국제사회는 북한에 대하여 강도 높은 경제재제를 적용하고 있지만, 원칙적으로 인도적 지원에 관하여는 예외적으로 면제조치를 실시하고 있다.[12] 하지만 현실적으로는 다층적인 대북제재가 북한으로의 인도적 목적의 사업을 추진하는 데 어려움으로 작용하고 있는 것이 사실이다. 그간 대북제재는 수차례의 결의를 통해 그 내용이 강화되고 세분화되면서 공고하게 작동하고 있다. 하지만 북한은 국제사회와의 협력을 거부하고 안보 도발을 이어나가고 있으며 각종 방법으로 제재를 회피하는 행태를 보인다. 이에 우리의 주도로 우리 정부의 남북 그린데탕트 정책이 인도주의적 성격으로 대북제재와 무관하게 이루어질 수 있는 장치를 국제사회와의 공조하에 마련하여야 하겠다.

국제사회의 동의와 지지를 얻기 위해서는 지속 가능한 보편적 가치에 부합하는 원칙을 규정할 필요가 있다. 남북 그린데탕트 정책이 북한 주민의 실질적인 삶을 개선하고 장기적으로 북한의 개방을 촉진하며 비핵화에 기여한다는 설득이 요구된다. 재난 및 재해에 관하여 공동으로 대응하기 위한 지원과 협력은 남북 주민의 안전과 직접적인 관련이 있으며, 남북 공동하천에서의 수자원 협력과 마을 단위의 협력사업도 확실한 제재 면제 승인을 받아야 추진이 용이할 것이다. 무엇보다도 보건의료 및 방역협력과 영유아·아동·장애인 등 취약·소외 계층의 지원사업은 긴급구호·복구적인 사안으로 적극적으로 제재 완화와 면제를 추진해야 하겠다.

북한의 태도 변화와 국제사회의 대응을 면밀히 살피고 국민 정서를 고려하면서도 북한과의 그린데탕트를 위한 협력사업에 우호적 환경을 마련하는 것이 중요하다. 원칙 있고

---

12 2017년 유엔 안전보장이사회는 대북제재 결의안 2397호를 추가하면서 모든 종류의 산업 장비와 수송용 차량, 강철 및 기타 금속류와 같은 물자의 북한 내 반입을 금지하였다. 세부적으로 살펴보면 인도적 지원에 필수적인 의료 기구(주사기, 살균 장비, 초음파 장비, X-ray 장비 등)와 식수 장비(식수 탱크, 파이프, 보일러 등) 및 농업 자재(관수 장비, 온실용 파이프 등)도 포함되어 있음을 확인할 수 있다.

실용적인 담대한 구상 추진을 위해 「비핵화-남북관계 발전 선순환」의 시작을 남북 그린데탕트 협력을 통해 단계적으로 범위를 확대하는 전략이 필요하다.

V
결론

　국제사회가 요구하는 인류의 보편적 가치는 북한에도 예외 없이 적용되어야 한다. 글로벌 중추국가를 지향하는 우리로서는 북한의 인권 문제 개선을 위한 인도적 협력을 우선적으로 추진해야 할 의무가 있다. 남북 접경지역의 그린데탕트 추진은 인도주의적 차원에서 정치적인 상황과 무관하게 지속되어야 하며, 그 혜택은 북한 주민이 직접적으로 누려야 할 것이다.

　북한과의 그린데탕트 협력을 위해서는 다양한 요소들이 다층적으로 검토되어야 한다. 북한의 비핵화는 장기 국면에 접어들었고 이에 상응하는 대북제재로 인하여 북한 주민을 위한 인도적 지원의 필요성이 더욱 증대되고 있다. 국제정세는 미국과 중국의 갈등과 경쟁이 심화되어 진영을 나누어 대립하는 신냉전 시대를 맞고 있다. 북한 문제에 대해서도 극명하게 입장 차이를 보이고 있으며, 정치적인 사안과는 무관하게 지속되어야 할 인도적 지원에도 어려움을 겪고 있다.

　결국 현실적인 상황을 고려하여 북한과의 남북 그린데탕트 협력사업에 대한 원칙의 재정립이 요구된다. 특히 우리의 통일·대북정책인 담대한 구상에서 제시하고 있는 초기 단계의 북한 민생개선사업과 연계하는 방안을 모색해야 한다. 기존 남북협력의 문제점을 면밀하게 고찰해 보고 새롭게 변화된 국제질서의 패러다임과 보편적 가치 속에서 재정립이 필요하다. 북한의 태도 변화를 목표로 국내외적 상황 변화에 유연하게 대응할 수 있는 실질적인 협력방안을 마련하여 정부의 '담대한 구상'의 실현을 위한 첫걸음이자 지속 가능한 남북협력을 위한 효율적인 추진동력을 마련해 나가야 하겠다.

참고문헌

국내문헌

권숙도. "한반도 탄소중립을 위한 쟁점과 남북협력 전망." 『KEI 북한 환경리뷰』, 2021-2호 (2021): 1-12.

김대균. "인도적 차원의 대북 식량 원조에 대한 고찰." 『평화학연구』, 제9권 3호(2008): 243-258.

나용우·이우태·박은주·김에스라·문인철·박형준·정대진. 『남북 재해재난 공동관리시스템 구축 필요성과 추진방향』. 서울: 통일연구원, 2021.

김범수·김병로·김성희·김학재·이성우·최은영·황수환·김민지. 『2022 통일의식조사』. 경기: 서울대학교 통일평화연구원, 2022.

안제노·이수석. "이산가족 문제에 대한 새로운 접근: 협력과 압박의 병행." 『이슈브리프』, 제386호(2022): 1-5.

오일환. "민간차원의 지원사업에 대한 평가와 향후 과제." 『국가안보전략연구소 학술세미나』. 서울, 2009년 9월.

임용호·강민조·이현주·정유진·안재성. 『한반도 그린공동체 조성을 위한 산림협력 추진방안 연구』. 세종: 국토연구원, 2022.

정유석. "담대한 구상 실현을 위한 남북 인도적 협력." 『평화와 종교』, 제15호(2023): 67-93.

정유석. "정부의 통일대북정책과 그린데탕트 추진 방향." 『한국환경연구원·북한환경정보센터·고려대학교 통일융합연구원 공동 심포지엄』. 서울, 고려대학교, 2023년 5월 25일.

최경운. "[단독입수] 한강 하구 나들섬 개발구상 계획(안)." 『월간조선』, 2008년 7월호. https://monthly.chosun.com/client/news/viw.asp?nNewsNumb=200807100021 (검색일: 2023년 12월 9일).

최용환. "DMZ 및 접경지역 남북협력의 쟁점과 과제." 『INSS 전략보고』, 제82호(2020): 1-17.

통일부. 『비핵 평화 번영의 한반도 윤석열 정부 통일·대북정책』. 서울: 통일부, 2022.

"이명박, "남북경협단지 나들섬 건설"." 『매일경제』, 2007년 6월 18일, https://www.mk.co.kr/news/politics/4298641 (검색일: 2023년 12월 9일).

담대한 구상과 남북한 그린데탕트 연계를 위한 초보적 논의

담대한 구상과 남북한 그린데탕트 연계를 위한 초보적 논의

강택구 (한국환경연구원)

I

담대한 구상과 그린데탕트

2023년에 정전 70주년을 맞이한 남북한은 국제사회의 대북제재와 비핵화를 포함한 군사안보 이슈로 여전히 경색 국면을 벗어나지 못하고 있다. 그러나 향후 북한이 비핵화에 대한 전향적인 태도 변화를 보이면서 남북관계에 돌파구가 마련되면 '그린(Green)'을 포함한 신안보 분야의 적극적인 역할이 모색될 가능성이 크다. 이러한 점에서 이번 정부의 핵심 대북·통일정책인 담대한 구상에 기초한 그린데탕트 방안을 논의하여 추진 시 고려할 점과 가능한 사업을 초보적으로 검토할 필요가 있다.

담대한 구상은 북한 핵 문제 해결을 위해 2022년 8월 제77회 광복절 경축사에서 윤석열 대통령이 제안하였다. 담대한 구상에서 강조하고 있는 기본적인 구상은 북한 핵 문제를 근원적으로 해결하고 비핵 평화번영의 한반도를 마련하겠다는 것이다. 북한의 호응뿐만 아니라 북한의 비핵화 대화 복귀를 위해 북한 핵 위협을 억제(deterrence)하고, 제재와 압박을 통해 핵 개발을 단념(dissuasion)시키며, 대화(dialogue)를 지속적으로 추진한다는 구상이다.[1] 담대한 구상에서는 초기조치 단계에 비핵화 전 과정의 단계별 조치와 분야별 상응조치 등 포괄적 로드맵에 먼저 합의한 후에 협상 과정별로 신뢰 조성을 위한 합의를 단계적으로 이행한다. 이후 비핵화 단계에 발맞추어 실질적 비핵화와 완전한 비핵화 단계에 들어가서는 경제협력과 공동번영을 위한 사업을 적극적으로 전개해 나가는 구상이다.[2]

한편, 남북한 협력의 돌파구로서 이번 정부에서는 '남북 그린데탕트 추진'을 남북한 분야의 주요 국정과제 중 하나로 제시하고 있다. 그린데탕트는 이명박 정부 시기 녹색성장기획관이 기조발표에서 언급된 이후 박근혜 정부에 들어서 국정과제로 제안되었다.[3] 그린데탕트는 영어의 '그린'과 프랑스어의 긴장 완화를 의미하는 '데탕트'라는 두 개의 단어가 합쳐진 용어로 학술적 용어라기보다는 정책적 용어의 성향이 강하다. 그린데탕트는 일반적으로 기후 이상에 따른 재해와 자연개발 등으로 인한 생태환경의 훼손에 그린을 활용한 공동협력을 통해 정치·군사적인 긴장 상황을 잠정적으로 완화하는 것이라고 이해할 수 있다. 이러한 여건에 기초한 교류협력을 강화하여 분쟁을 방지하고 상생으로 나아가며 궁극적으로 지속 가능한 평화를 추구할 수 있을 것이다.

이명박 정부에서는 녹색성장을 주요한 국정 어젠다로 삼아 녹색산업에 기반한 경제성장을 강조하였다. 이후 박근혜 정부에 들어서 남북관계 정상화를 위해 한반도 신뢰프로세스에 기초한 대북정책 기조하에 작은 통일에서 시작하여 큰 통일을 지향하기 위해 '그린데탕트'를 통한 환경공동체 건설을 국정과제로 제시하였다. 박근혜 정부에서는 그린을 대북정책의 중요한 축으로 삼았다. 윤석열 정부에서 그린데탕트를 대북정책으로 간주하고 있다는 점에서 동일하다. 이번 정부에서 제시한 그린데탕트는 미세먼지·자연재난 공동대응 등 환경협력뿐만 아니라 산림·농업·수자원 분야 협력 강화 등을 담고 있다. 이명박 정부에서의 녹색성장이라는 경제적 접근과 박근혜 정부에서 환경 이슈에 국한되어 있던 것과 달리 이번 정부의 그린데탕트는 녹색과 환경을 통해 북한 민생을 개선하겠다는 점에서 협력의 범위를 넓혔다는 평가를 받고 있다.[4]

본고에서는 이번 정부의 비핵화 로드맵인 동시에 통일 및 대북 기조인 담대한 구상에

---

1 한종욱, "윤석열 정부 「담대한 구상」과 통일미래 준비," 『KDI 북한경제리뷰』 제25권 5호(2023), p. 4.

2 통일부, 『비핵 평화 번영의 한반도: 윤석열 정부 통일·대북정책』 (서울: 통일부, 2022), pp. 18-21.

3 김수정, "남북 그린데탕트 구상에 관한 제언," *Research Brief*, No. 22(2022), p. 1.

4 나용우, "남북 그린데탕트를 통한 지속 가능한 평화," *Online Series*, CO22-18(2022), p. 3.

기초하여 국정과제로서 제시한 그린데탕트 구현을 위한 초보적인 논의를 진행해보고자 한다. 이를 위해 본 글을 다음과 같이 구성하였다. 제2장에서는 역대 정부에서 추진해 온 대북 그린 관련 정책을 검토한다. 제3장에서는 이번 정부의 대북·통일정책인 담대한 구상에 기반한 그린데탕트의 추진 필요성을 살펴보고, 제4장에서는 담대한 구상과 그린데탕트를 연계하여 추진할 때 고려할 점들을 검토하였다. 마지막 장에서는 담대한 구상에서 제시하고 있는 단계별로 그린데탕트를 구현하기 위한 대략적인 방안을 초보적으로 제시하였다.

Ⅱ
————————
기존 남북한 환경협력 관련 정책과 주요 특징[5]

1. 기존 남북한 환경협력 현황

그린 등 녹색과 관련한 남북한 협력의 출발은 1991년으로 거슬러 올라간다. 남북한 환경협력은 1991년 12월 체결한 남북기본합의서에서 처음으로 환경협력을 언급하면서 상호 환경협력에 대한 가능성을 시사하였다. 이어 1991년 12월 합의한 〈남북 사이의 화해와 불가침 및 교류협력에 관한 합의서〉 제16조에서 "남과 북한은 과학·기술, 교육, 문화·예술, 보건, 체육, 환경과 …등 여러 분야에서 교류와 협력을 실시"할 것을 명시하였다. 그리고 1992년 9월 남북한이 합의한 〈남북 사이의 화해와 불가침 및 교류협력에 관한 합의서〉 제3장 "남북교류협력" 이행과 준수를 위한 부속합의서 제2조 1항에 따르면, "남과 북은 과학·기술, 환경 분야에서 정보자료의 교환, 해당 기관과 단체, 인원들 사이의 공동연구 및 조사, 산업부문의 기술협력과 기술자, 전문가들의 교류를 실현하며 환경보호 대책을 공동으로 세운다"라고 밝혔다. 이로써 남북한 환경협력을 위한 기반을 마련하였다.

김대중 정부 출범 이후 남북한 환경협력의 활성화를 위한 명문화가 시작된다. 김대중 정부 집권 3년 차인 2000년 6월에 남북한 정상 간에 합의한 남북공동선언에서 본격적으

---

5 강택구 외, 『북한 환경상태 조사 및 남북 환경협력사업 개발연구: 총괄보고서』 (세종: 한국환경연구원, 2022), pp. 44-48. 참조하여 작성.

로 환경 분야 교류협력 활성화를 적시하였다. 2000년 6·15 남북공동선언 제4조에서 "사회, 문화, 체육, 보건, 환경 등 제반 분야의 협력과 교류를 활성화하여 서로의 신뢰를 다져 나가기로" 합의하였다. 이후 임진강과 같은 남북한 접경지역 수역의 재해를 방지하기 위한 합의가 지속해서 이어졌다. 2002년에는 임진강 수해방지 등 7건의 관련 합의가 이루어지기도 하였다.

2007년 11월에는 남북한이 합의하여 개발한 개성공단의 폐수종말처리시설을 운영하기 시작하였다. 2007년 10월 남북한 정상은 소위 10.4 선언으로 알려진 〈남북관계 발전과 평화번영을 위한 선언〉을 통해 환경과 자연재해에 대한 협력을 강조하였다. 10.4 선언 제5조에는 "농업, 보건의료, 환경보호 등 여러 분야에서의 협력사업을 진행"해 나갈 것과 제7조에 "남과 북은 자연재해를 비롯하여 재난이 발생할 때 동포애와 인도주의 상부상조의 원칙에 따라 적극 협력"할 것이라고 밝혔다. 이러한 합의에 기초하여 2007년 12월에는 개성에서 제1차 남북보건의료·환경보호협력 분과위원 회의가 진행되었다. 합의서를 통해 환경보호와 산림 분야 협력에서 합의가 이루어졌다. 특히 환경 분야에서는 한반도 생물지 발간, 대기오염 측정소 설치, 환경보호센터 설치, 백두산 화산 공동연구 추진 등 4개 사업이 합의된 바 있다. 그러나 2008년 상반기에 진행되기로 한 제2차 남북보건의료·환경보호협력 분과위원회는 북한의 도발에 따른 남북관계 경색으로 무산되었다.

십여 년이 지난 2018년 6월에 들어 제3차 남북고위급회담 합의에 따라 남북 산림협력분과회담을 두 차례(7월 4일, 10월 22일) 개최하고 협력사업을 추진할 것에 합의하였다. 2018년 9월, 남북한 정상이 합의한 '9·19 평양공동선언' 제2조 ③ "남과 북은 자연생태계의 보호 및 복원을 위한 남북 환경협력을 적극 추진하기로 하였으며, 우선적으로 현재 진행 중인 산림 분야 협력의 실천적 성과를 위해 노력"할 것을 합의하였다. 이러한 분위기에 우리 정부는 2021년 북한에 대한 산림협력을 통한 한반도 온실가스 감축 사업을 제안하기도 하였다.

| 표 4-1 | 남북한 합의문에서 언급된 환경 관련 논의 현황(1991~2018)

구분	환경	재해		산림	한강하구	기상	대기	생태계	총계
		일반	임진강						
1991	1	−	−	−	−	−	−	−	1
1992	−	1	−	−	−	−	−	−	1
2000	1	1	3	−	−	−	−	−	5
2001	−	−	2	−	−	−	−	−	2
2002	−	−	7	1	−	−	−	−	8
2003	−	−	4	−	−	−	−	−	4
2004	−	−	3	−	−	−	−	−	3
2005	−	−	4	1	−	−	−	−	5
2006	−	2	3	−	−	−	−	−	5
2007	2	2	3	3	8	1	1	−	20
2009	−	−	1	−	−	−	−	−	1
2018	1	−	−	5	−	−	−	2	8
총계	5	36		10	8	1	1	2	63

출처: 통일부 남북회담본부 홈페이지의 "회담통계"에서 저자 정리.

※ 상기 표의 수치는 환경 관련한 논의가 언급된 남북한 합의서, 공동보도문 등의 횟수임.

2. 남북한 협력의 주요 특징

우선 기간이 길지 않고 낮은 수준의 남북한 환경협력이다. 1991년 '남북 사이의 화해와 불가침 및 교류·협력에 관한 합의서' 이후, 남북한 간에 환경 분야 교류협력에 합의한 것은 2000년 6월이다. 남북한 환경협력 관련한 논의가 본격화되기 시작한 것은 2007년이다. 남북한 환경협력 논의는 총 63건이다. 2007년 경우 20건의 합의서와 공동보도문이 발표되었다. 남북보건의료·환경보호 협력분과위원 회의(12월, 차관급) 1회 개최 후 무산되었다.

다음으로 남북한 정부 간 환경협력의 성과가 많지 않다는 점이다. 북한의 핵과 미사일 도발로 인한 국제사회의 대북제재가 강화되면서 남북관계 역시 경색된 측면이 크다. 물론 과거 남북관계의 해빙으로 환경협력 관련한 합의가 진행되어 몇 차례 협력을 진행하였다. 그러나 1~2차례 회의에 그쳤고 실질적인 성과를 거두는 데는 한계를 드러내었다. 예를 들어 2007년 12월 개성에서 남북보건의료·환경보호협력 분과위원회가 한 차례 개최되었으나 현재까지 답보상태이다. 2001년 임진강 수해방지 실무협의회와 실무접촉(회담)은 각각 3차례(2001년 2월, 2002년 10월, 2004년 4월), 2차례(2006년 6월, 2009년 10월), 남북 임남댐 공동조사 실무접촉(2002년 9월), 남북 산림협력분과회담 2차례(2018년 7월, 2018년 10월)가 진행되었을 뿐이다. 수해방지 관련 공동실시 합의조차 결렬되었으며, 2008년 금강산에서 우리 국민의 피격과 2010년 천안함 사건 등으로 인해 남북관계가 경색되면서 실질적인 진전은 없었다.

셋째, 비무장지대(DMZ)의 남북한 협력은 공유하천 관리와 산림 병충해 방지가 주를 이루고 있다는 점이다. DMZ를 관통하는 임진강 등 공유하천 관리를 위한 남북한 협력은 남북한 환경협력 총 63건 중에서 30건으로 절반을 차지하고 있다. 2000년부터 2009년까지 매년(2008년을 제외) 북한 무단방류로 인한 하류 지역 수해방지를 위한 협력이 진행되기도 하였다. DMZ를 가로지르는 남북한 산림지역의 산림 병충해 방제 문제를 공동대응하는 논의가 고위급과 산림분과 등에서 논의된 바 있다.

넷째, 북한은 우리와의 협력보다는 국제사회와의 협력을 선호하는 경향을 보여주고 있다. 2021년 북한은 국제사회의 요구에 나름 부응하기 위해, 국제사회의 목표인 지속가능발전목표(Sustainable Development Goals: SDGs) 달성을 위한 북한의 국가발전목표와 연계한 내용을 담은 자발적국별보고서(Voluntary National Review: VNR)를 국제사회에 제출한 바 있다. 2008년 청정에너지개발체제(Clean Development Mechanism: CDM) 사업 국가승인기구 설립 등 CDM 사업을 위한 기본체계를 구축했으며, 2015년 총 8건의 CDM 사업에 대해 UN에 공식 등록을 추진하기도 하였다.

다섯째, 환경협력 등 의제의 중요성에 비해 정치·군사 등 상위 의제에 직접적 영향을 받는 구조라는 점에서 환경협력의 안정성과 지속성의 어려움이 존재한다. 한반도를 둘러싼 안보 관련 정세와 한국 정부의 정치적 판단에 따라, 교류협력이 안정적이고 지속해서 진행되지 못했다는 한계가 있다. 환경협력과 마찬가지로 경협도 정치·군사적 긴장 관계로 더는 진전을 내지 못하고 있는 형국이다. 2016년 개성공단 가동 중단 이후 2017년 이후 남북한은 경협을 진행하지 않음에 따라 교역액은 없다.

III

담대한 구상과 연계한 그린데탕트 추진 필요성

그린데탕트 추진의 필요성은 다음 세 가지로 정리할 수 있다. 우선, 그린데탕트의 구동은 윤석열 정부에서 강조하고 있는 담대한 구상의 실현에 기여할 수 있다. 담대한 구상에 따르면, 비핵화 협상 전 단계에서 "북한이 비핵화 대화에 복귀할 수밖에 없는 전략적 환경을 조성"한다는 점을 강조하고 있다. 전략적 환경을 조성하기 위해서는 강력한 군사적 힘의 우위를 통한 대북 압박 등의 수단을 한편으로 하면서 다른 한편으로 '그린'을 수단으로 북한을 협상의 테이블로 복귀하도록 유도할 수 있다. 북한 지도부가 협상 테이블로 나오도록 설득하기 위한 수단으로서 식량과 더불어 그린을 활용하는 것이다. 이러한 점에서 그린데탕트는 초기조치와 로드맵 마련 이후 추진 사업과 긴밀하게 연계하여 구상할 필요가 있다.

둘째, 담대한 구상의 초기조치와 실질적 비핵화 단계에서 제안하는 대북 제안사업이 그린과 연계된다는 점이다. 담대한 구상 초기조치는 '한반도 자원·식량 교환 프로그램'과 더불어 협상의 모멘텀을 유지하기 위해 보건의료, 식수·산림, 농업 등의 북한 민생개선을 위한 협력사업의 시범 추진을 포함하고 있다. 민족 동질성 회복과 남북 신뢰구축 토대 구축을 위해 사회문화·기후환경·민생 분야의 교류협력도 우선적으로 추진한다는 계획이다. 이처럼 초기조치에 전개될 사업은 그린과 깊은 연관을 맺는 사업들이다. 북한의 석탄 등 광물자원은 안보리 결의 2371호를 통해 대북제재 품목으로 지정되어 있어 미국과 유엔안보리와의 협조가 필요한 대목이다.

셋째, 예기치 않는 돌발적인 상황이 발생하여 남북한 그린 협력의 추동력이 생길 수 있다. 국제사회의 다양한 평가에 따르면 북한은 자연재난에 상대적으로 취약한 국가에 속한다. 미 국가정보국(DNI)이 발표한 기후변화 국가정보 평가에 의하면 북한은 기후변화 대응 취약 우려 국가 11개 국가 중 하나이다.[6] 아시아재난경감센터(2019) 보고서에서는 2019년 1월 가뭄으로 1천만 명 고통을 받은 바 있으며, 유럽 인폼(INFORM, 2023)이 발표

---

6 National Intelligence Council, "Climate Change and International Responses Increasing Challenges to US National Security Through 2040," *National Intelligence Estimate*, No. 35-21 (2021), p. 11.

한 북한의 재난 위험지수는 10점 만점에 4.1로 190여 개 국가 중 65위이다.[7] 이처럼 기후변화에 따른 자연재난에 취약한 북한은 매년 여름 태풍과 폭우, 가뭄과 고온 등 극심한 기후변화로 작물 재배 여건이 악화하고 있다. 이러한 이유로 2030년에는 북한의 곡창지대로 알려진 서해에서 수확량 감소와 극심한 폭우와 잦은 홍수, 해수면이 지속적으로 상승하여 해안 농경지가 침수될 것이라는 예측도 나오고 있다.[8] 이처럼 기후 이상에 따라 북한에 예상치 못한 대규모의 재해가 발생할 경우 인도주의적 지원을 포함한 그린을 어젠다로 하는 협력의 모멘텀이 급작스럽게 발생할 가능성도 무시할 수 없다.

IV

담대한 구상과 그린데탕트 연계 시 주요 고려사항

담대한 구상을 그린데탕트와 연계할 때 다음과 같은 사항을 고려할 필요가 있다. 우선 담대한 구상의 초기조치 직전 단계부터 북한을 유인할 수 있는 수단으로 그린을 적극적으로 활용한다. 앞서도 논의하였지만, 담대한 구상의 초기조치가 시행되기 위해서는 바로 직전에 북한이 비핵화 협상 테이블에 복귀할 수밖에 없는 '전략적 환경을 조성'하는 것이 선결되고 있다. 전략적 환경을 조성하여 북한이 비핵화 대화에 복귀하도록 유인하기 위한 마지막 유인책으로 그린을 활용한다. 그린데탕트는 기본적으로 그린이라는 수단을 통해 데탕트라는 목적을 달성한다는 점에서 담대한 구상 초기조치 직전이 바로 그린데탕트 구현에 적기이다. 초기조치 단계에서는 이미 북한이 협상 테이블로 복귀하였다는 점에서 북한을 유인하기 위한 적극적 조치가 필요한 시기 역시 초기조치 직전 단계이다. 직전 단계에서 전략적 여건을 조성하고 초기조치 이후의 모멘텀을 확보하기 위해 그린을 활용한 사업을 적극적으로 제시한다.

---

7 "Country Risk Profile: Korea DPR," *DRMKC*, accessed September 21, 2023, https://drmkc.jrc.ec.europa.eu/inform-index/INFORM-Risk/Country-Risk-Profile

8 Catherine Dill et al., "Converging Crises in North Korea: Security, Stability & Climate Change," July 28, 2021, accessed September 21, 2023, https://bit.ly/3ShOHEF

둘째, 기존 남북한 협력을 자산으로 활용하는 유연성에 기반한 '진화하는 이어달리기' 접근이 필요하다. 과거 정부가 추진한 대북접근과 협력사업을 자산으로 활용하는 유연성에 기반한 접근이다. 역대 정부가 체결한 남북 합의를 존중하고 함께 이행할 것이라는 점은 2022년 11월 통일부에서 이번 정부 통일 및 대북정책 관련 발간 자료에서도 확인할 수 있다.[9] 2022년 7월 권영세 전 통일부 장관이 참석한 회의에서 남북관계에 있어 과거의 잘못된 점은 고치고 좋은 점은 수용해 '진화하는 이어달리기'를 할 생각이라고 강조한 바 있다.[10]

기존 남북한 합의 사업은 남북한 공동의 이해에 기초한 것으로 이해할 수 있을 것이다. 그간 합의한 내용을 살펴보면 크게 네 가지로 환경 일반, 기상, 산림, 접경수역이다. 우선 2007년 12월 합의한 남북보건의료·환경보호협력 분과위원회 1차 회의에서는 백두산 화산 공동연구사업, 대기오염 측정시설 설치와 자료 교환, 환경보호센터와 한반도 생물 다양성 사업, 산림녹화 협력사업(사리원지역 양묘장), 산림 병해충 조사와 구제 등을 공동 진행하기로 한 바 있다. 기상 관련하여 2007년 12월에는 제1차 남북 기상협력 실무접촉 공동보도문을 통해 기상정보교환, 기상 설비 현대화 및 남북한 기상인력 및 기술교류 등을 추진할 것을 합의하였다.

산림협력 관련하여 2018년 10월 제2차 남북 산림협력분과회담 공동보도문에서 산림 병해충 방제사업 매년 시기별 진행, 병해충 상호통보, 표본 교환 및 진단분석, 북측 양묘장 현대화(연내 10개), 산림 기자재 생산 협력 문제 협의, 산불방지 공동대응 및 사방사업 등 자연생태계 보호 및 복원 협력사업에 관한 내용을 포함하고 있다. 마지막으로 임진강 수해방지 관련하여 2004년 3월 남북한은 임진강 유역 공동조사, 홍수예보시설 설치 관련 기상수문망 형성 및 통보체계 수립안 통보, 홍수예보시설 설치 및 묘목 제공 등 구체적 수해방지 대책 마련을 합의한 바 있다. 2009년 실무회담에서 홍수예보체계와 공유하천 공동이용 등 제도화 협의를 논의하기도 하였다.

셋째, 현 대북제재와 국제정세 전개와 더불어 우리의 법률적 제도에 기반한 협력이 진

---

9 통일부, 『비핵 평화 번영의 한반도: 윤석열 정부 통일·대북정책』 (서울: 통일부, 2022), p. 34.

10 정용수, "권영세, "남북관계, 과거 잘못 고치고 진화시키는 이어달리기 할 것"," 『중앙일보』, 2022년 7월 4일, https://www.joongang.co.kr/article/25084297#home (검색일: 2023년 9월 19일).

행되어야 한다. 현재 국제사회가 참여하고 있는 대북제재 상황과 더불어 우리 한국의 법률적 제도와 보조를 맞추면서도 북한이 국제사회와 협력을 통해 추진하려고 하는 실현 가능한 사업을 종합적으로 고려한다. 실현 가능한 사업을 추진하기 위해서는 현재 대북제재와 우리의 법률적 제도를 고려해야 한다. 특히 북한의 연이은 핵실험과 도발로 인해 2016년 이후 유엔 주도의 전면적인 대북제재와 더불어 미국 등 각 국가의 독자 제재가 시행되면서 현 단계에서 북한과의 협력은 인도주의적 지원을 제외하고는 쉽지 않다. 더불어 정치적 판단을 통해 남북한을 규정하고 있는 법률적 제도를 넘는 교류협력도 가능할 수 있으나, 이는 장기적인 관점에서 볼 때 남북한의 관계 개선에도 바람직하다고 볼 수 없다. 중장기적인 관점에서 차근히 남북관계 개선 시 협의할 수 있는 여러 가지 대안들이 실질적으로 가동될 수 있도록 법률적, 제도적 미비점을 천천히 꼼꼼히 검토하는 작업이 필요하다.

기존 남북한 경협을 남북한 특수관계의 관점에서 일회성인 인도주의적 원조나 개발지원으로 진행하기보다는 국제사회의 공적개발원조(Official Development Assistance: ODA) 규범에 따라 제도적으로 진행하자는 주장이 있다. 기존 남북한 경협을 ODA로 전환하자는 주장은 다음과 같은 점에서 유의할 필요가 있다. 남북한이 과거 '남북한 간의 경제교류와 협력은 나라와 나라 사이가 아닌 민족 내부의 거래임을 확인'한다는 합의와 배치되며, 우리의 남북교류협력법을 포함한 기존 교류협력 및 인도주의 지원 법령 등과의 충돌과 조문의 사문화를 초래할 가능성,[11] 그리고 나아가 남북한 국가 간의 정체성 변화 가능성도 있다는 점에서 신중한 접근이 필요하다. 물론 그렇다고 기존의 남북한 경협을 유지하는 것이 적절한가에 대한 우려도 적지 않다는 점에서 우리의 대북협력은 딜레마 상황에 처해 있다고 할 수 있다.[12]

넷째, 실현할 수 있고 북한이 수용 가능한 사업을 추진한다. 지속 가능하고 북한이 수용 가능한 사업을 추진하기 위해서는 북한과의 협의가 필요하나 남북한 관계가 경색된 상황에서 북한과의 협의가 쉽지 않아 북한의 수요를 파악하는 것도 용이하지 않다. 우선 북

---

11 한기호, "개발협력형 남북한 교류·협력을 위한 남한의 제도적 개선," 『보건복지포럼』 제285호(2020), pp. 46-61.

12 이와 관련하여 자세한 내용은 다음을 참조. 강택구, "남북한 협력 방식 변화의 논의와 통일교육에 함의," 『국제지역연구』 제27권 2호(2023), pp. 1-18.

한 사회가 갖는 특성을 고려하여 최고지도부의 관심사를 파악하는 것이 필요하다. 그간 남북한이 합의한 바 있는 사업을 활용해야 한다. 이와 더불어 북한이 2021년 국제사회에 내놓은 자발적국별보고서(VNR)를 참고할 필요가 있다. 북한은 국제사회의 요구에 나름 부응하기 위해 2021년 국제사회의 목표인 지속가능발전목표(SDGs) 달성을 위한 북한의 국가발전목표와 연계한 내용을 담은 자발적국별보고서(VNR)를 6월에 국제사회에 내놓았다. 물론 북한이 VNR을 발표한 주요 목적은 국제사회로부터의 재정적 지원을 받으려는 의도로 여겨진다.

북한의 관련 지표의 수치가 불분명하거나 세부목표의 달성 가능성에 여러 의문이 있지만, 그럼에도 불구하고 국제사회의 규범 중 하나인 지속가능발전목표(SDGs)의 세부목표 달성을 위해 북한이 최근에 내놓은 문건이라는 점에서 의의가 있다. 북한은 VNR에서 SDGs의 17개 목표 달성을 위한 95개 세부목표와 132개 이행 지표를 제시하였다.[13] 북한은 유엔 SDGs를 국내 경제발전 5개년 전략 달성을 위한 국가발전목표로 통합하고, 국내 이행을 위한 국가지속가능발전목표(NSDGs)를 17개 목표로 변형하여 제시하였다. 북한은 이번 보고서에서 과거 2016년 약속한 온실가스 감축 목표치보다 상향한 목표치를 제시하고 있다. 2021년 VNR에서는 북한은 이전 계획에서 약간 후퇴하여, 온실가스 배출량 전망치(BAU) 대비 2030년까지 15.63%(약 3,600.3톤)를 감축하고, 국제원조 조건에서 50.34%(약 1억 5,697.7만 톤) 감축이 가능하다고 밝혔다.[14]

V

담대한 구상과 그린데탕트 연계를 위한 방안

지금까지 담대한 구상과 그린데탕트 간의 관계를 살펴보았고 이들 양자 간의 연계 시 고려해야 할 점들을 논의하였다. 이들 논의에 기초하여 담대한 구상에서 제시하고 있는

---

13 Government of DPRK, "Democratic People's Republic of Korea Voluntary National Review on the Implementation of the 2030 Agenda," (2021), p. 62.

14 Government of DPRK, 위의 글, p. 41.

대북정책 단계별로 그린데탕트 구현을 위한 연계 방안을 초보적으로 제안해보고자 한다.

1. 초기조치 직전

담대한 구상이 실현되기 위해서는 초기조치 직전 단계에 북한이 비핵화 협상 테이블로 복귀하기 위한 전략적 환경을 만드는 것이 중요하다. 이번 정부에서는 원칙을 갖고 실용적인 남북관계를 추구한다는 기조하에 한·미·일 간의 강력한 연대를 통한 대북 억지력을 확보하여 북한을 실질적인 비핵화로 이끌어 낸다는 것이다. 비핵화 협상의 자리로 북한을 유인할 수 있는 촉매로서 그린을 실용적이고 유연하게 활용할 수 있다. 물론 이 단계에서 그린의 활용은 '전략적 환경'이 조성된 상황에서 북한의 협력을 유도하고 촉진하기 위한 것이다. 그린을 활용한 잠정적인 긴장 완화는 그린데탕트의 취지에 부합한다. 이러한 점에서 그린데탕트의 실현 여부는 담대한 구상에서 설정하고 있는 초기조치 직전과 초기조치 단계에서 결정된다고 할 수 있다.

이를 위해 정부는 담대한 구상의 초기조치 직전에 산림협력을 북한에 제안하는 것이다. 산림은 대북제재 대상 사업이 아니며[15] 북한 VNR 목표 15번 산림과도 연계되어 있다. 지난 정부에서도 적극적으로 고민했던 사업으로 협력 직전까지 갔다가 중단된 사업이라는 점에서 남북한 관계의 연속성을 유지하는 측면에서도 긍정적일 수 있다. 산림조성복원, 병해충 공동방제는 2018년 10월 제2차 남북 산림협력분과회담에서 남북이 합의한 사업이다. 소나무 재선충 예방 및 솔껍질깍지벌레 방제에 사용되는 병해충 공동방제용 약제는 유엔의 대북제재에 해당하지 않는 물자로 2018년 우리 정부가 50톤을 북한에 지원한 바 있다.[16] 다만, 북한의 양묘장 현대화 사업을 위한 필요 물품은 대북제재 예외로 인정을 받아야 할 필요가 있다. 이와 관련하여 일전에 결핵 환자 치료를 위한 유진벨 재단의 대북자재지원에 대해 유엔 대북제재위원회가 인도주의적 물품이라는 점을 고려하여 허가한 것으로 알려져 있다. 이러한 점을 고려할 때 북한 양묘장 현대화 사업의 필요한 물품도

---

15 김재기·양용환, "남북한 산림 분야 교류협력 성과와 협력 과제," 『한국과 국제사회』, 제6권 1호(2022), pp. 253-284.

16 "소나무 재선충병 방제약제 50톤 북에 전달," 『KTV국민방송』, 2018년 11월 29일, https://www.ktv. go.kr/content/view?content_id=565369 (검색일: 2023년 9월 19일).

인도주의적 지원 목적이라는 점을 강조하면 대북제재 예외로 인정받을 가능성이 있다.[17]

2. 초기조치

초기조치에서는 담대한 구상에서 담고 있는 '한반도 자원·식량 교환프로그램'과 '북한 민생개선 시범사업'을 본격적으로 추진한다. 북한의 자원개발 지역을 대상으로 하는 그린 협력도 고려할 수 있다. 현재 북한의 열악한 장비와 무분별한 자원개발로 인해 광산 지역의 환경오염은 악화된 상태이고 재해에 취약할 것으로 예상할 수 있다. 이러한 점에서 자원개발 지역의 환경오염 대응을 위한 역량 강화와 관련 정책·계획·액션플랜 수립을 위한 프로그램을 가동하여 진행한다.

북한이 민생개선 시범사업 관련하여 자발적국별보고서(VNR)에서 밝히고 있는 목표 및 세부목표와 연계한 사업을 추진한다. 북한 VNR에서 밝히고 있는 목표 2의 농업, 목표 3의 보건, 목표 6의 물위생, 목표 13의 기후변화, 목표 15의 산림은 '북한 민생개선 시범사업'의 보건의료·식수위생·산림·농업과 긴밀하게 연계된 분야이다. 상기 목표에서 제시하고 있는 세부목표의 달성을 위한 세부 사업을 전개한다. 기후변화에 따른 자연재난과 그로 인해 홍수, 식량난, 전염병으로 인한 위생 악화, 영양과 보건 열악 등 북한 민생과 경제발전에도 악순환을 초래한다는 점에서 재난-식량-보건-산림-물위생-에너지를 연계한 종합적 협력사업을 고려한다.

초기조치 단계에서는 대북제재로 인해 대규모 인프라가 북한에 들어가는 것이 용이하지 않다는 점을 고려할 때 기후 관련 위험과 자연재난 대응 회복 탄력성 역량 강화, 기후변화 대응 국가전략, 계획 통합, 관련 인적·제도적 역량 강화사업을 추진한다. 특히 그간 대북제재로 지원되지 못한 국제협력사업들을 고려할 수 있다. 예를 들면 2020년 유엔 녹색기후기금(GCF)이 지원하는 북한 기후변화 대응역량 강화 및 제고 사업을 진행하기 위해 해당 사업 수행기관인 유엔식량농업기구(FAO)가 유엔안보리 대북제재위원회에 면제 신청을 했으나 승인되지 않은 바 있다. 본 사업은 북한이 2019년 75만 2,100달러 규모의 2년

---

17 장명화, "남북한 산림협력, 내년에 더 탄력받을 것으로 보여," *Radio Free Asia*, 2018년 12월 6일, https://www.rfa.org/korean/weekly_program/environment/environmentnow-12062018091900.html (검색일: 2023년 9월 19일).

기간의 능력배양사업을 신청하였고 2019년 12월 GCF가 승인한 사업이다.[18]

　이상의 사업과 더불어 초기조치 단계에서는 남북한이 기합의한 사업을 중심으로 전개하는 것도 고려한다. 이는 남북한 협력의 일관성을 유지하고 원칙을 지킨다는 측면에서도 중요하다. 앞서 살펴본 것처럼 남북한은 이미 산림 이외에도 기상, 자연생태계, 임진강 등 공유하천에서의 협력을 합의한 바 있다. 특히 공유하천에서 발생하는 홍수 등 수해방지를 위해 유역 공동조사, 홍수예보 관련 기상수문망 구축 및 통보체계 수립 등도 시급하게 추진해야 한다.

3. 실질적 비핵화 이후

　실질적 비핵화와 완전한 비핵화 단계에서는 대규모 인프라 사업과 함께 본격적인 남북한 협력사업이 진행될 수 있다. 해당 단계에서 대북제재 면제 범위에 대한 논쟁이 있겠지만, 비핵화 단계에 들어섰다는 점에서 북한의 대북제재에 대한 면제는 상당 정도 진행될 것으로 전망된다. 담대한 구상에서 제시하고 있는 6개의 경제협력사업이 실질적인 본궤도에 오르면서 대규모 인프라 사업의 진행이 가능한 단계로 북한의 VNR에서 제시하고 있는 목표 달성에 지원 가능한 남북한 협력사업을 진행할 수 있다. 북한의 관심이 높은 온실가스 저감, 즉 탄소 배출 저감 및 흡수를 위한 설비 및 제도 구축, 수소 등을 포함한 재생에너지 관련 설비 및 제도 구축, 이들 운영을 위한 역량 강화 등을 진행한다.

18　지다겸, "대북제재위, 북한 기후변화 대응 지원사업 제재 면제 불허," *VOA*, 2020년 4월 27일, https://www.voakorea.com/a/korea_korea-economy_un-sanctions-exemption/6030865.html (검색일: 2023년 9월 20일).

참고문헌

1. 국내문헌

강택구. "남북한 협력 방식 변화의 논의와 통일교육에 함의."『국제지역연구』, 제27권 2호 (2023): 1-18.

강택구 외.『북한 환경상태 조사 및 남북 환경협력사업 개발연구: 총괄보고서』. 세종: 한국환경연구원, 2022.

김수정. "남북 그린데탕트 구상에 관한 제언." *Research Brief*, No. 22(2022): 1-10.

김재기·양용환. "남북한 산림 분야 교류협력 성과와 협력 과제."『한국과 국제사회』, 제6권 1호(2022): 253-284.

나용우. "남북 그린데탕트를 통한 지속 가능한 평화." *Online Series*, CO22-18(2022): 1-6.

한기호. "개발협력형 남북한 교류·협력을 위한 남한의 제도적 개선."『보건복지포럼』, 제285호(2020): 46-61.

한종욱. "윤석열 정부「담대한 구상」과 통일미래 준비."『KDI 북한경제리뷰』, 제25권 5호 (2023): 3-8.

통일부.『비핵 평화 번영의 한반도: 윤석열 정부 통일·대북정책』. 서울: 통일부, 2022.

장명화. "남북한 산림협력, 내년에 더 탄력받을 것으로 보여." *Radio Free Asia*, 2018년 12월 6일. https://www.rfa.org/korean/weekly_program/environment/environmentnow-12062018091900.html (검색일: 2023년 9월 19일).

정용수. "권영세, "남북관계, 과거 잘못 고치고 진화시키는 이어달리기 할 것"."『중앙일보』, 2022년 7월 4일. https://www.joongang.co.kr/article/25084297#home (검색일: 2023년 9월 19일).

지다겸. "대북제재위, 북한 기후변화 대응 지원사업 제재 면제 불허," *VOA*, 2020년 4월 27일. https://www.voakorea.com/a/korea_korea-economy_un-sanctions-exemption/6030865.html (검색일: 2023년 9월 20일).

"소나무 재선충병 방제약제 50톤 북에 전달." 『KTV국민방송』, 2018년 11월 29일. https://www.ktv.go.kr/content/view?content_id=565369 (검색일: 2023년 9월 19일).

2. 북한문헌

Government of DPRK. "Democratic People's Republic of Korea Voluntary National Review on the Implementation of the 2030 Agenda," (2021): 1-66.

3. 외국문헌

National Intelligence Council. "Climate Change and International Responses Increasing Challenges to US National Security Through 2040." *National Intelligence Estimate*, No. 35-21 (2021): 1-27.

"Converging Crises in North Korea: Security, Stability & Climate Change." July 28, 2021. Accessed September 21, 2023. https://bit.ly/3ShOHEF

"Country Risk Profile: Korea DPR." *DRMKC*, Accessed September 21, 2023. https://drmkc.jrc.ec.europa.eu/inform-index/INFORM-Risk/Country-Risk-Profile

윤석열 정부의 신통일미래구상과 그린데탕트

윤석열 정부의
신통일미래구상과 그린데탕트

남성욱(고려대학교 통일융합연구원장)

I
윤석열 정부 외교안보정책 기조

1. 글로벌 가치외교

오늘날 세계는 기후변화, 환경, 보건 등 새로운 안보 위협에 직면해 있다. 그러나 글로벌 현안을 해결하기 위한 다자 차원의 협력은 주요국 간 전략적 경쟁과 대립으로 뚜렷한 진전을 보이지 못하고 있다. 특히 유엔안보리 상임이사국인 러시아의 우크라이나 침공 이후 유엔의 개혁이 화두로 대두하고 있어 글로벌 중추국가를 지향하는 한국의 역할에 대한 국제사회의 기대는 과거와 다르게 커지고 있다. 2022년 2월 발발한 우크라이나 전쟁은 동년 5월 윤석열 정부 출범 이후 글로벌 가치외교가 더욱 중요해지는 계기가 되었다. 이후 한반도를 중심으로 하는 동아시아에서는 북·러의 군사협력 강화에 따라 한·미·일 대 북·중·러 간 가치외교 대결 구도가 부분적으로 형성되는 측면도 있으나, 한편으로 한·중·일 정상회담 개최가 확정되는 등 국가 간 상호의존도가 심화되면서 냉전식 구도가 고착되기보다는 합종연횡에 의한 국익 극대화 외교가 부각하고 있다.

윤석열 대통령은 2022년 6월 역사상 대한민국 정상으로는 최초로 북대서양조약기구(NATO) 정상회의에 참석해 보편적 가치를 공유하는 모든 국가와의 연대를 강화하고 경제, 기후변화, 보건 및 신흥기술 등 포괄적 안보협력을 위한 글로벌 네트워크의 기반을 구축했다. 윤석열 정부는 협력과 연대에 기반한 글로벌 기여외교 5대 분야[1]에서 마지막으로 지구촌 공존을 위한 기후변화 대응을 선도한다는 원칙을 밝혔다. 실천방안으로 그린 공적개발원조(ODA)를 확대하고 개도국의 저탄소 에너지 전환을 지원하며 혁신적 녹색기술을 적극 공유하여 인도·태평양 지역 국가 간에 '수소 협력 플랫폼' 구축을 선언했다.

정부는 향후 코로나19 이후 새로운 미래 팬데믹 예방을 위해 세계보건기구 주도의 글로벌 보건 거버넌스 강화 노력에 동참하고, 유엔 기후변화 협상과 플라스틱협약[2] 등 국제환경 분야 논의에도 적극 참여할 계획이다.[3]

2. 담대한 구상

윤석열 정부의 대북정책은 ▲튼튼한 안보, ▲「담대한 구상」을 통한 북핵 문제의 실효적 해결, ▲원칙 있고 실용적인 남북관계 추구, ▲자유민주적 평화통일 기반 준비 등을 통해 비핵과 평화번영을 한반도에서 실현하는 것으로 요약된다. 윤석열 대통령은 2022년 8월 제77주년 광복절 경축사에서 '북한이 핵 개발을 중단하고 실질적인 비핵화로 전환한다면 그 단계에 맞춰 북한의 경제와 민생을 획기적으로 개선할 수 있는 담대한 구상을 제안한다'고 말했다. 담대한 구상(audacious Initiative)은 윤석열 대통령이 2022년 5월 취임사 때부터 밝힌 북한 비핵화 로드맵을 보다 구체화 및 세부화하여 비핵화 조치에 상응해 단계적으로 북한 체제의 안전을 보장하고 경제협력에 나선다는 복안이다.

담대한 구상의 추진목표는 일관성 있는 원칙하에 비핵화 협상을 추진하고 북한의 완

---

1 ▲인도주의적 가치를 실현하기 위한 지원, ▲식량 취약국들의 식량 위기 극복 노력을 지원, ▲글로벌 보건 역량 강화, ▲개도국 혁신을 위한 디지털 전환 지원 등이다.

2 2022년 3월 유엔환경총회에서 플라스틱 오염에 관한 신규 국제협약을 제정하기로 했고, 2025년까지 해당 협약을 수립할 계획이다.

3 국가안보실, 『윤석열 정부의 국가안보전략』 (서울: 국가안보실, 2023), p. 44.

전하고 불가역적인 비핵화를 통해 한반도의 지속 가능한 평화와 번영을 추구하는 것이다. 한반도 문제의 직접 당사자인 대한민국의 중추적인 역할을 확보하며 긴밀하고 철저한 한·미 공조하에 비핵화 협상을 추진한다. 추진방식은 포괄적 합의와 단계적 이행으로, 북한의 비핵화와 우리의 상응 조치를 망라한 과감하고 균형적인 포괄적 합의 도출을 모색한다. 북한의 합의 불이행에 대한 안전장치를 마련하는 차원에서 단계적 이행을 추진한다.

북한의 비핵화 대화 복귀를 유도하는 여건을 조성하기 위해서는 북한 핵 위협을 억제(deterrence)하는 동시에 제재 및 압박 등으로 핵 개발을 단념(dissuasion)시키고 대화(dialogue)와 외교(diplomacy) 등을 지속적으로 추진하여 북한의 비핵화 결단을 신속히 추진한다. 정책 추진과정에서 과감한 초기조치와 포괄적 합의 도출을 강조한다. 비핵화 전반을 아우르는 포괄적 합의 로드맵을 도출하는 과정에서 초기조치에 선제적으로 착수한다. 부분적이고 단계적인 합의 후 후속 단계를 논의하는 대신, 비핵화 전 과정을 포괄적으로 먼저 합의하고 이행은 단계적으로 진행한다.

비핵화 이행은 단계적으로 추진하되, 이행 단계를 최소화하여 실질적으로 완전한 비핵화를 실현하여 신속한 비핵화를 추진한다. 실질적 비핵화 단계에 맞추어 ▲인프라 구축, ▲민생개선, ▲경제발전 분야에서 경제적 상응 조치를 제공한다. 북한의 완전한 비핵화 이전까지는 대북제재를 유지하면서 부분적 제재 면제방안 등을 적극 활용한다. 북한의 국제금융기구 가입을 지원하고, 국제사회의 비핵화 과정에서 대북 투자를 유도한다.

'담대한 구상'의 실천방안은 '인프라 구축, 민생개선 및 경제발전' 등의 3대 분야에서 5대 사업을 우선 추진한다. 5대 핵심 사업은 ① 발전 및 송·배전 인프라 지원, ② 주요 항만과 공항 현대화 사업, ③ 대규모 식량 공급과 농업기술 지원, ④ 병원 및 주요 의료 인프라 현대화, ⑤ 국제투자 및 금융지원 프로그램 가동 등이다.

경제의 모든 분야에 걸친 종합선물세트에 가까운 경제협력으로 북한경제 회생의 마중물이 될 수 있다. 구체적으로 '한반도 자원·식량 교환 프로그램(Resources - Food Exchange Program: R-FEP)'을 통해 식량 문제를 해결한다. 유엔 대북제재 대상인 희토류 등 광물자원의 수출을 일정 한도 내에서 북한에게 허용하고, 동 대금을 활용해 국제사회에서 식량, 비료, 의약품 등 생필품을 구입하게 하는 상생 발전의 협력방안이다. 북한의 자원을 활용하고 부족한 식량을 구매할 수 있도록 허용한다. 북한 주민의 민생을 개선하는 시범사업도 가능하다. 정부가 북한 주민의 생존에 필요한 최소한의 식량과 인도주의적 삶의 여건 개선을 위해 적극적으로 나선다는 입장이다.

보건의료 분야는 낙후된 병원을 현대화하고, 안전한 식수 위생을 위해 정·배수장 설치와 함께 민둥산의 산림녹화를 위해 양묘장 현대화 사업 등 거점지역 중심으로 시범사업을 추진한 이후 비핵화 단계에 맞추어 다양한 사업으로 확대할 수 있다. 보건의료와 산림녹화 등은 담대한 구상이 향후 그린데탕트와 접목할 수 있는 부분이다.

II
담대한 구상과 그린데탕트의 연계

1. 그린데탕트란?

그린데탕트(green détente)는 인간의 안전한 삶에 필수적인 환경이나 생태 분야에 해당하는 '그린' 개념과 안보(security) 분야의 긴장 완화에 해당하는 '데탕트' 개념이 혼합된 용어이다. 최근 환경 개념은 단순히 경제적 관점을 넘어서서 성장·산업 등의 분야와 결합하고 있다. 프랑스어로 국가 간의 갈등으로 발생하는 긴장(tension)을 완화하는 의미의 '데탕트'는 갈등관계가 있는 국가 간 상호 인정과 교류협력을 통해 공존을 추구하는 것을 의미한다.

영국 옥스퍼드 사전은 그린데탕트를 제2차 세계대전이 종료된 지 15년이 지난 1960년대에서 1970년대 사이 미국과 소련으로 대표되는 동서냉전(cold war)의 긴장이 일부 완화되어 화해 분위기가 조성되는 상태와 그것을 지향하는 정책을 의미한다고 정의했다. 우리나라의 경우에는 남북 간의 긴장과 갈등이 해소될 기미가 없는 상태에서, 전 지구적 문제인 생태나 환경협력 등 비정치적 주제를 남북이 선제적으로 협의하고 이후 신뢰가 축적되면 정치·군사적인 긴장 완화로까지 확대하고자 하는 구상이라고 할 수 있다.[4]

구체적으로 살펴보면 그린데탕트는 각국이 경제발전을 적극적으로 추진하는 과정에서 발생하는 심각한 환경오염 문제와 기후변화 및 과도한 자원개발 등이 초래한 당사국

---

4 손기웅·강동완·김경술·김미자·최수영·베른하르트 젤리거, 『'그린 데탕트' 실천전략: 환경공동체 및 경제공동체 동시 형성방안』(서울: 통일연구원, 2015), pp.3-19.

간 긴장을 완화하고 상생을 추구하는 정책으로 우리나라에서는 남북환경 및 경제공동체의 중요성을 시사한다. 남북한 간에 정치·군사 등 하드웨어적인 문제는 잠시 유보하고 환경, 기후변화 등 소프트웨어적인 측면에서 접근한다면 한반도의 긴장을 완화하는 데 부분적으로 기여할 수 있을 것이다.

현재 남북한 협상에서 처음부터 정치·군사적인 문제를 의제에 올리면 비핵화라는 경성(硬性) 주제에 막혀서 진전이 어려운 만큼 의제의 순서를 변경하면 대화의 실마리를 찾기가 보다 용이하다. 우선 연성(軟性) 주제인 환경이나 생태적 현안을 협력 의제로 올려서 긴장 완화와 협력 국면으로 나아가 보자는 기능주의적(functionalism) 접근이다. 구조적이고 만성적인 식량난에 고통받는 북한 주민의 먹는 문제 해결을 위한 1차산업 분야의 협력부터 관련 기초 인프라 조성, 비무장지대 접경지역에서의 생태 조사 및 연구 활동, 산림자원 조성, 솔잎혹파리 방제 및 돼지열병과 같은 북한 가축 등의 방역 활동, 임진강 등 강과 하천에 대한 남북의 공동이용과 관리, DMZ 평화 시 및 평화생태공원 조성까지 실로 다양한 제안을 검토할 수 있다.

과거 정부의 기존 협력방안이 경제성장이나 환경생태 등에만 집중된 측면이 있지만, 윤석열 정부가 추진하는 담대한 구상을 기초로 한 그린데탕트는 경제발전과 동시에 이북 주민 삶의 실질적인 질 개선 등 인도적 지원까지 염두에 둔 확장된 정책이라는 평가도 있다.[5]

2. 남북한 기후공동체

남한과 북한은 지리적으로 기후공동체이다. 지리적으로 인접한 남북한은 환경과 기후의 상호 영향을 받는다. 2020년 북한에 쏟아진 집중호우로 인해 접경지역에도 대규모 침수피해가 발생했다. 북한의 산림이 부족해짐에 따라 야생멧돼지 등이 먹이를 찾아 남하했고, 이는 아프리카돼지열병 전파의 원인이 되었다.

2081~2100년에는 현재 대비 한반도 연평균 기온이 최소 2.6℃에서 최대 7℃까지 상승하고, 연평균 강수량도 최소 3%, 최대 14%까지 상승할 것이라는 전망이 있다.[6] 현재 대

---

5 민주평화통일자문회의, "상임위원회 회의 발제문" (2022.6.23.).

6 김도현·김연희·김진욱·김태준·문혜진·변영화·변재영, 『한반도 기후변화 전망보고서 2020』 (서울: 국립기상과학원 미래기반연구부, 2020), pp. 14-21.

한민국은 기후변화에 대한 대응 수준이 높지 않다. 1차 에너지 비중이 2.3%이고 재생에너지 비중도 높지 않아 '2021 기후변화지수(CCPI)' 61개국 중에서 53위에 불과하다.

북한은 매년 반복되는 자연재해로 식량안보에 위험이 될 수 있다는 인식은 하고 있으나 경제적 어려움으로 적극 대응하지 못하고 있다. 특히 북한은 과거 산림정책의 실패로 홍수, 가뭄 및 산사태 등 대규모 자연재해가 반복되고 있다. 자연재해를 방지하기 위해 2013년에는 30년 동안의 중장기 국가산림전략인 '산림건설총계획(2013-2042)'을 수립하고 산림녹화에 나서고 있으나 예산 부족으로 뚜렷한 성과를 거두지 못하고 매년 유사한 피해가 발생하고 있다.[7] 전력 부분의 효율도 매우 낮아 에너지 시설의 교체를 추진하고 있지만 경제적 어려움으로 교체 속도가 매우 느리다. 풍력발전을 통해 총 전력 수요의 15%를 충당하려는 계획을 추진하고 있으나 역시 진행이 원활하지는 않다.[8]

2020년대 북한의 환경오염 실태는 1970년대 후반기 경제개발에 주력하던 남한과 유사한 것으로 추정된다. 평양과 남포 및 함흥 등 대도시 인근은 공장에서 흘러나오는 대기오염과 수질오염이, 농촌 지역에서는 연료 부족에 따른 산림 황폐화가 심각하다. 코로나 확산에 따른 주민 통제는 북한의 기아·보건 및 생태계 위기를 심화시켰다.

필자가 과거 북한을 방문한 경험으로 볼 때 북한은 평양과 비평양으로 구분된다. 평양은 계획된 쇼윈도(show window)처럼 잘 관리되어 환경오염이 심하지 않은 것처럼 보였다. 하지만 비평양 지역은 이야기가 다르다. 북한은 명승지나 지정된 산림 등 국가보전구역은 남한과 비교해도 비교적 잘 관리하고 있지만 해당 관리범위를 조금만 벗어나면 그린(green)의 개념을 적용하기 어려울 정도로 환경 문제가 심각한 수준이다.

북한은 2021년 7월 처음으로 유엔(UN)에 자발적국별보고서(Voluntary National Review: VNR)를 제출했다. 북한은 2021년 7월 개최된 유엔 고위급정치포럼(High-level Political Forum: HLPF)에서 보고서를 발표했는데, 이는 2015년 유엔총회에서 2030년까지 달성하기로 결의한 의제인 '지속가능발전목표(Sustainable Development Goals: SDGs)' 이행상황을 각국이 자발적으로 검토하여 유엔에 제출하는 제도의 일환으로 작성된 자료이다. 구체적

---

7 전동진·김익재 외, 『북한의 산림복원과 기후변화가 물관리 취약성에 미치는 영향과 정책 방향 연구(Ⅲ)』(세종: 한국환경연구원, 2021), pp. 1-33.

8 권준범, "[기획] 북한, 재생에너지 새 시장 될까?," 『에너지신문』, 2018년 9월 19일, https://www.energy-news.co.kr/news/articleView.html?idxno=55268 (검색일: 2023년 12월 28일).

인 수치의 정확성 여부를 떠나 북한이 최초로 직접 제공했고 북한의 현장을 파악하는 중요한 지표로 평가된다.

북한은 보고서 서문에서 "2021년 조선민주주의인민공화국의 자발적국별보고서는 우리가 유엔 고위급정치포럼에 제출한 첫 보고서이며, MDGs(밀레니엄개발목표)에 이어 SDGs(지속가능발전목표)를 달성하기 위한 우리 정부의 정책 및 노력, 과제, 우선순위 계획 등을 내용으로 하고 있습니다."라고 밝혔다.

북한은 "우리의 지속가능발전목표 계획은 정부의 최우선 과제들에 부합하는 17개의 목표, 95개의 세부목표, 그리고 132개의 지표로 구성되어 있습니다."라며 총 80개의 통계치를 제시했다. 이 보고서는 유엔의 경제, 환경 전문가로부터의 전문적인 교육과 자료 지원을 받아서 작성되었으며, 종래 북한에서 생성하고 발표하는 사회총생산 등의 거시경제 통계체계가 아니라 국내총생산(GDP) 등 자본주의 시장경제에서 사용되는 보편적인 거시경제 통계체계에 의한 경제통계가 다수 수록되어 있다.

북한의 VNR 보고서를 주목하는 이유는 그린데탕트에 대한 북한의 관심을 추론해 볼 수 있는 근거가 되기 때문이다. 보고서의 핵심 내용은 총 17가지 분야를 포괄하고 있고, 과거 북한이 무엇을 해왔고 미래에 어떤 목표를 추진할지에 대해 기술했다. 주요 분야는 주민 생활 향상, 식량자급, 건강 복지, 노동계층, 젠더(gender) 문제, 식수 및 위생, 에너지, 지속 가능한 경제, 자급자족 경제시스템, 대중참여, 환경개선, 지속 가능한 생산과 소비, 기후변화 대응, 해양개발, 산림보호, 사회주의 시스템 개혁 및 국제사회와의 파트너십 구축 등이다.

북한은 산림녹화 실패 등으로 급격한 기후변화에 취약한 지역으로, 갑작스러운 가뭄과 폭우 및 혹서와 추위 등에 따른 농업생산량의 변동, 농업기반시설의 파괴, 토양 및 수자원 유실 등에 직접적으로 노출되어 있다. VNR 보고서에서는 특히 각국이 기후변화에 따라 빈번하게 발생하는 자연재해로 인한 광범위한 피해를 최소화하기 위해 '국가재난감축전략 2019-2030(National Disaster Reduction Strategy: NDRS)'을 마련한 것과 동시에 급격한 기후변화와 기후재난의 피해를 최대한 줄이기 위한 대응조치를 국가전략에 통합 시행함으로써 유엔기후변화협약(UNFCCC) 및 파리협정(Paris Agreement)을 충실히 이행한다는 점을 강조했다.

북한은 국제사회의 기후변화 대책에 적극적으로 참여하고 공동대응한다는 차원에서 온실가스(greenhouse gas: GHG) 배출 감축 계획을 2016년에 1차로 제출했고, 2021년 2차로 제출한 수정 계획안에서는 2030년까지 국가자발적기여(Nationally Determined Contributions: NDCs)목표를 3,600톤(15.6%)으로 제시했다. 기후변화는 북한에 반복되는 자연재해를 일으킬 뿐만 아니라 지속 가능한 식량 생산과 회복력에 부정적인 영향을 미치는 만큼 북한이 앞으로도 관심을 가질 것으로 예상되나 계속적인 경제난으로 실제 실효적인 조치를 취할지는 여전히 미지수이다. 북한의 기후변화 관련 정책은 우리의 그린데탕트 구상이 접목할 수 있는 토대가 될 것이다.

III
신(新)통일미래구상과 자유로운 한반도

1. 신(新)통일미래구상

1953년 한국전쟁이 정전되고 70년이 지나고 있는 상황에서 상당수의 국민이 한반도 분단을 기정사실로 간주하고 살고 있다. 국토가 분단된 국가에서 통일국가를 형성해야 하는 과제는 국가와 국민의 현재와 미래의 삶과 직결된 중대한 문제임에도 불구하고, 남북한 분단이 장기화되면서 통일은 당장에 시급한 과제에서 멀어져 가고 있다.

윤석열 정부는 국민의 이완된 통일인식을 새롭게 각인하고 보다 발전된 비전을 제시하기 위해 중장기 발전 구상으로서, "신(新)통일미래구상(가칭)"을 제시하고자 한다. 신(新)통일미래구상은 민주주의 국가의 핵심가치인 자유, 인권, 소통 및 개방 등 보편적 가치와 덕목의 실현을 추구하며, 자유민주적 평화통일의 기반을 구축하기 위한 새로운 방안을 제시하려고 한다. 이를 위해 민·관이 균형 있게 참여하는 협업 플랫폼인 '통일미래기획위원회'를 구성하여 각계각층의 다양한 의견을 경청하고 정부의 통일정책에 대한 공감대를 확대해 나갈 계획이다. 아울러 우리의 통일미래 비전에 대한 국제사회의 적극적인 지지를 확보하기 위한 노력도 진행할 예정이다.

정부의 공식 통일방안인 '민족공동체통일방안'[9]도 2024년에 30주년을 맞이하는 사이에 그동안 변화된 국제정세와 남북 역학관계 등 주변 통일 환경변화를 종합적으로 반영하여 새롭게 발전시켜 나가고자 한다. 정책 수립 단계에서 사회적 통일 대화 등 민간의 다양한 제언 등 각계 의견을 적극 수렴하여 국민의 눈높이에 맞는 정책을 수립하고자 한다.

통일부는 2023년 1월 대통령 업무보고에서 '신(新)통일미래구상'의 수립을 보고했다. 정치·군사, 국제, 경제, 인도·인권 및 사회문화 등 5개 분야에서 총 35명의 위원으로 2월 28일 통일미래기획위원회가 출범했다. 구상(안)의 수립을 논의하기 위해 위원회 내 각급 회의를 18회 개최했다. 통일미래기획위원회 제1차 전체회의를 개최(3.15.)했고, 5개 분과에서 각 2회씩 총 10회를 개최(3, 4월)했다. 위원장단 회의를 월 1회씩 총 4회 개최(4, 5, 6, 8월)했다. 신구상 작성을 위한 특위 회의를 2회 개최(3, 4월)했고, 통일부-통일미래기획위원회 원탁회의(5.3.)를 개최했다.

신통일미래구상은 "자유롭고 평화로우며 한반도의 모든 구성원들이 더 나은 미래를 누리는 것"을 비전으로 담아야 하며, 이를 위해 ▲통일을 위한 올바른 남북관계 정립 ▲북한의 긍정적 변화와 개혁개방 촉진 ▲체계적인 통일미래 준비를 꼽았다.

'통일을 위한 올바른 남북관계'란 '분단을 안정적으로 관리하는 것을 넘어 자유민주주의 통일이라는 목표를 향해 나가는 남북관계'이다. "튼튼한 안보를 바탕으로 당당하고 원칙 있는 남북관계를 정립할 때 흔들림 없이 통일로 나아갈 수 있는 길이 열릴 것"이라는 입장이다. '북한의 긍정적 변화'는 한반도 구성원 모두가 안심하고 평화로운 삶을 영위할 수 있도록 북한의 올바른 선택을 촉구하고 유도해 나가는 과제이다. '북한 비핵화'는 최종 정책목표로서 가장 중요한 정책목표 중 하나이다.

'체계적인 통일 준비'는 "정부는 물론 각계각층 국민 모두가 통일 의지를 결집하고 국제사회가 기꺼이 힘을 보탤 수 있도록 보다 체계적이고 지속 가능한 통일 준비의 노력이 필요할 것"이라는 의미이다.

권영세 전 통일부 장관은 2023년 5월 3일 회의에서 '당면한 상황이 녹록치 않은데, 장미빛 미래를 논할 때가 아니며 당장 남북이 마주 앉을 방안부터 찾는 게 우선이라는 의견을 듣고 있다'고 하면서도, 통일의 주체이자 상대인 북한과 그간의 합의를 이행하고 발

---

9 1994년 8월 15일 김영삼 정부는 자주·평화·민주 기본원칙을 토대 '화해·협력 → 남북연합 → 통일국가 완성' 단계를 거치는 점진적 통일방안을 발표했으며, 이는 현재까지 우리 정부의 공식적인 통일방안이다.

전시키기 위한 방안에 대해서는 특별히 언급하지 않았다. 권 장관은 '국제정세가 급변하고 북한은 핵 개발과 도발을 멈추지 않고 있으며 국민들의 통일인식은 점점 약화되고 있다'는 점을 위기상황으로 제시하고, 신통일미래구상은 ▲위기를 기회로 만드는 구상 ▲오랜 생명력을 가지는 구상 ▲국민과 세계가 함께 돕는 구상이어야 한다고 강조했다.[10]

김영호 전 통일미래기획위원회 위원장(현 통일부 장관)은 회의에서 '신통일미래구상은 자유·평화·남북 공동번영의 세 가지 핵심적 가치 실현을 목표로 자유·평화·통일의 새로운 패러다임을 모색하고 있다'고 말했다. 특히 '자유는 외교 정책과 대북정책, 통일정책의 핵심적 내용이 되어야 할 가치'라고 하면서 '자유로운 국가들 사이에서 평화적 관계, 안보 공동체가 형성되고 있다. 신통일미래구상은 이런 국제적인 흐름에 동참하는 동시에 자유의 확대를 통해 남북한 사이에 심화되고 있는 안보 딜레마를 해소하는 방안으로 모색해 나가겠다'고 밝혔다.

또한 '북한 주민들이 자유를 누릴 수 있도록 우리와 국제사회가 힘을 실어주는 것이 한반도 평화와 번영을 위해 중요하다'며 '해킹 등 사이버범죄에 동원되는 북한의 유능한 IT 인재들이 자유로운 여건에서 평양의 실리콘밸리를 만들어 남북이 공동번영할 수 있는 길을 열어나갈 수 있도록 하는 방안'도 제시하겠다고 강조했다.

이 밖에 참석자들은 통일 환경의 급격한 변화에 따라 통일정책의 패러다임 전환이 필요하다는 데 공감하고, 신통일미래구상에 담길 핵심 내용으로 ▲한·미 정상 공동성명에 명시된 '한반도 모든 구성원을 위한 더 나은 미래'와 '자유롭고 평화로운 통일한반도' 비전을 담아야 한다고 정리했다.

2. 자유롭고 평화로운 한반도

'신통일미래구상'은 민주주의 핵심가치인 자유, 인권, 평화, 번영, 개방 등의 가치 구현에 중점을 두었다. 구체적인 정책 방향으로는 ▲통일지향적 공존관계 정립, ▲비핵화와 지속 가능한 평화정착, ▲인권 등 보편가치 구현, ▲상생의 협력구조 정착, ▲개방과 소통의 열린 한반도, ▲동북아 평화·번영의 선도적 역할 등을 검토하고, 앞으로 정책을 구체

---

10 "권영세 장관 "신통일미래구상, 20~30년 지속 가능해야"," 『KTV 국민방송』, 2023년 5월 3일, https://www.ktv.go.kr/content/view?content_id=675904 (검색일: 2023년 5월 4일).

화하여 각 분야의 추진 시범사업도 발굴하기로 했다. 통일부는 통일미래기획위원회가 제시한 '신통일미래구상'의 초안을 토대로 ▲청년 대화, ▲전문가 대화, ▲각계 간담회, ▲통일미래 공모전 등 다양하고 포괄적인 의견수렴 절차를 진행하겠다고 밝혔다.[11]

'신통일미래구상'은 기존 통일정책과 비교해서 다음과 같은 차별성을 갖는다. ▲보편가치에서 헌법정신과 보편가치가 구현되는 통일미래 비전을 구체화했다. 특히 남북관계 특수성이라는 민족담론에서 국제적 보편성을 갖는 가치담론으로 전환을 의미한다. ▲자유민주적 기본질서에 부합하는 북한 변화를 명확히 지향한다. ▲분단상황의 관리를 넘어 적극적 통일 준비 추진의지를 천명한다.

통일미래 비전은 ▲모두가 자유를 누리는 한반도, ▲모두가 안심하는 평화로운 한반도, ▲모두가 풍요롭고 세계와 함께 번영하는 한반도이다. 3대 정책 방향은 ▲가치기반의 통일지향적 남북관계 정립, ▲북한의 긍정적 변화 촉진, ▲체계적 통일미래 준비이다. 6대 정책과제는 ▲(자유1) 분단고통 해소와 북한인권 증진, ▲(자유2) 문호개방 확대와 자유왕래 실현, ▲(평화1) 북한 비핵화와 한반도 평화 제도화, ▲(평화2) 동아시아의 평화와 번영 선도, ▲(번영1) 남북공동경제발전과 세계경제와의 연계 강화, ▲(번영2) 글로벌 복합위기 공동대응과 지속가능발전 추구 등이다.

---

11 2023.5.23.~7.31. 참여 인원 총 1,440명
- 대규모 토론회, 중규모 간담회, 특강, 설문조사, 공모전 등 대면/비대면 방식 병행
- 5.23. 2030 청년대화(청년 90명 참가)
- 5.26.~6.13. 통일교육 선도대학 특강(총 5회, 158명)
- 6.13.~6.21. 국립통일교육원 특강(총 2회, 116명)
- 6.2.~6.22. 각계 간담회(총 6회, 116명, 종교·교육·경제·법제·시민사회·언론)
- 6.27. 전문가 대화(북한연구학회 회원 79명 참가)
- 6.9.~7.21. 통일미래공모전(총 329명 참가, 278점 응모)
- 6~7월, 국립통일교육원 원내교육생 설문조사(552명)
- 국제협력대화 2023.6.5.~6.11. 미국지역 방문

IV

신통일미래구상의 논의와 담론

1. 배경

한반도가 분단되어 남북한이 다른 체제 속에서 살아온 지도 벌써 78년이 되었고, 2045년이 되면 분단은 100년이 된다. 분단 이후 한반도는 상이한 이념과 이질적인 체제로 인해서 화해와 협력보다는 대립과 갈등의 연속이었다. 남북은 동족상잔의 전쟁을 치렀고 이산의 아픔을 경험하면서 서로를 불신하고 적대시하며 살아왔다.

그동안 정부는 분단을 극복하고 한반도에 평화통일을 정착시키기 위해 다양한 통일방안을 대내외에 제시했다. 1987년 민주화의 흐름 속에 출범한 노태우 정부는 국제사회의 냉전 해체 등 새로운 국제사회의 흐름에 부응하여 '민족자존과 통일번영을 위한 특별선언 (7·7 선언)'을 전격적으로 발표했다. 당시 동구권의 자유화 물결은 개혁과 개방, 교류와 협력, 국제화와 세계화의 담론으로 확장되었고, 7·7 특별선언도 이러한 시대적 흐름을 반영한 결과이다.

1980년대 말을 전후하여 급변하는 대내외 시대와 상황의 변화는 남북 간의 다양한 접촉과 교류를 이끌어냈다. 마침내 역사적인 '남북 사이의 화해와 불가침 및 교류협력에 관한 합의서'(남북기본합의서)가 채택됐다. 또한 '한반도의 비핵화에 관한 공동선언'(비핵화 공동선언)을 포함한 굵직한 합의가 이뤄지는 등 남북관계는 새로운 일대 전환기를 맞는 듯했다.

하지만 이러한 합의는 남북한 상호 다른 그림을 그리면서 큰 성과를 거두지는 못했다. 냉전 해체 이후 새로운 패러다임이 필요하다는 인식하에 7·7 선언을 발표했지만, 직접적인 당사자였던 북한의 거부로 분단 해결과 평화통일이라는 핵심과제를 해결하는 데 한계를 보였다.

7·7 선언은 급변하는 국제정세를 반영하여 남북관계와 분단체제의 기본 틀을 새롭게 바꾸었던 획기적인 정책이었다. 냉전 종식의 자유, 평화, 민주, 복지의 4원칙에 기반해 새로운 남북한 사회문화 정치경제의 공동체를 이룩함으로써 민족자존과 통일번영의 새 시대를 열겠다며 남북관계의 새로운 장을 펼쳤지만, 분단을 극복하고 통일의 실현이라는 숙

원 사안을 해결하지는 못했다. 30년이 지난 지금 7·7 선언 체제는 기본원칙의 계승과 함께 새로운 시대적 상황에 부응하는 발전적인 변화를 모색해야 할 시기를 맞고 있다.

북한의 개혁과 개방은 교류와 협력으로, 통일정책은 대북정책으로, 그리고 통일은 평화로 담론이 왜곡되고 변경됨으로써 기존의 7·7 선언은 동북아 국제정치와 분단 한반도의 냉엄한 현실을 제대로 반영하지 못하고 있다. 통일은 과거 민족주의에 젖어 있는 구시대의 전유물로 인식되고, 북한의 핵미사일 능력 고도화로 한반도의 강대강 대치 구도는 고착화되고 있다.

7·7 선언 이후 북한의 세습 독재체제는 붕괴하지 않고 3대 세습을 유지하기 위해 핵개발로 저항함으로써 당초 구상했던 한반도 평화정착에 어려움을 겪지 않을 수 없었다. 지난 30년간 남북관계는 교류와 협력의 긍정적인 순간도 있었지만, 갈등과 불신에 따른 소모전이 적지 않았다. 화해 협력이 항상 상호 신뢰구축으로 이어지지는 않았다. 북한은 자유와 번영을 버리고 평화를 외면해 왔다. 북한은 민족공조의 명분을 내세워 대한민국의 경제지원 등을 받았으나 자신들의 요구가 관철되지 않으면 주기적으로 군사도발을 자행했다.

그동안 여러 차례의 남북정상회담이 개최되고 개성공단과 금강산관광이 진행되었지만, 현재 국가에 닥친 심각한 도전은 한반도 전체를 짓누르고 있는 핵무기의 위협이다. 북핵이라는 정치적 수단 앞에서 경제협력이라는 수단은 무력화되었으며 기능주의적 대북접근은 좌초될 수밖에 없었다. 결과적으로 북한 비핵화를 실현하지도 못했고 평화통일도 달성하지 못하고 분단 100년을 향해 나아가고 있다.

오늘날 우리가 살고 있는 이 시기는 21세기 신냉전의 흐름과 북핵 위기를 반영한 새로운 전략적 패러다임과 정책의 제시가 필요한 시점이다. 대한민국 국민 5,100만 명은 자유민주주의 체제, 북한 주민 2,500만 명은 전체주의 독재체제 아래에서 민족이 분단된 채 살아가고 있다. 북한 주민도 동포로서 대한민국 헌법 제4조에 규정된 자유, 인권, 개방 및 복리 등 자유민주적 기본질서를 구체적으로 누릴 권리가 있다.

자유민주적 기본질서에 입각한 평화통일이 21세기의 화두가 되어야 한다. 통일은 동질적 정치체제를 평화적으로 만들어 가는 과정이다. 독일의 철학자 임마누엘 칸트(Immaneul Kant)는 그의 저서 『영구평화론』에서 세계평화가 가능하기 위해서는 모든 국가가 전쟁을 함부로 결정할 수 없는 공화정이어야 한다고 주장했다. 미국 국제정치학자 마이클 도일(Michael Doyle)이 주장한 '자유민주주의 국가끼리는 서로 전쟁을 하지 않는다'라는 자유민주평화론(Democratic peace theory)은 지난 150년의 국제정치사에서 입증되었다.

정권이 바뀌고 시대가 변화해도 불변하는 원칙과 가치를 앞세운 새로운 정책 기조가 필요하다는 것이 지난 30여 년 대북통일정책의 교훈이다. 한 대통령의 임기보다 광범위하고 장기적인 안목의 시간을 갖고 담대하게 정책을 추진해야 할 시점이다. 확증편향의 양극화로 인한 국내 이념적 분열을 아우를 통찰적이고 미래지향적인 통일방안의 수립이 시급하다.

2. 현재 상황과 통일 환경의 변화

첫째, 현재 대한민국은 새로운 세대의 등장과 통일 환경의 변화를 목도하고 있다. 2023년 한국은 MZ 세대의 대두와 함께 새로운 통일 주체의 등장을 경험하고 있다. 새로운 미래통일 주체는 청년세대로서, 현재 한국 인구의 약 1/3을 차지하고 있다. '민족공동체통일방안'이 발표된 1994년 이후 출생한 한국인의 인구비율은 약 28%이고, 한국의 청년층이라고 볼 수 있는 15~34세의 인구비율은 약 29%이다.

오늘날 세대 간 통일인식의 공감대가 사라지고 있다. 2022년 기준 통일이 필요하다는 20대는 39.1%에 그치고 있고, 60대 이상은 66.3%를 기록하고 있다. 비슷하게 MZ세대 혹은 20·30대는 다른 세대보다 통일의 필요성을 현저히 낮게 느끼는 세대라고 볼 수 있다. 청년세대의 경우 20대 18.4%가 한반도 문제에 무관심하고, 55.7%는 한반도의 평화적 공존을 선호한다고 밝혔다.

같은 민족이어서 통일해야 한다는 의견은 2007년 50.6%에서 2022년 42.3%로 감소했고, 이에 반해 남북 간 전쟁 위협에서 벗어나기 위해 하루 빨리 통일을 해야 한다고 답한 비율은 2007년 19.2%에서 2022년 31.6%로 유의미한 증가세를 보였다. 이는 북한의 핵실험과 미사일 발사 도발로 인해 전쟁 위협이 증가했고, 국민은 안보 관점에서 통일의 필요성을 인식한 것으로 해석된다.

둘째, 현재 대한민국의 국내 정치와 통일 환경이 변화하고 있다. 2023년 한국의 국내 정치 상황은 새로운 도전에 직면해 있다. 민족공동체라는 한민족의 정서적 울타리에서 공정하고 자유로운 정권교체가 정치발전을 공고히 할 것이라는 전망과 달리 최근 한국의 국내 정치는 이념적으로 그리고 정서적으로 양극화(bipolarization)가 심화했고, 보수와 진보 진영 간 대화와 타협이 날이 갈수록 쉽지 않다.

국내 정치 갈등의 심화는 대북정책에서 매우 두드러졌다. 보수와 진보 정권이 모두 동의할 수 있는 높은 차원의 비전을 제시하려는 노력을 기울이기보다 대북 강경과 온건 정책을 되풀이했다. 대북정책에 대한 이분법적 관점은 보편적 인권을 적용하는 데서도 차이를 보였다. 국내 정치 갈등이 북한에 대한 태도를 대립적으로 규정짓고, 이에 영향을 받은 국민이 통일의 필요성에 대해 냉소적이고 회의적 시각을 갖게 되면서, 과거의 통일정책은 이러한 환경변화를 반영하여 재편할 필요가 제기되고 있다. 통일에 대한 국민적 관심과 수요를 부활시키는 노력부터 분단상황을 정확히 인식하고 이를 타개할 방법까지 광범위한 공감대를 형성하기 위한 노력이 필요하다.

셋째, 현재 대한민국을 둘러싼 안보환경이 변화하고 있다. 2023년 한국이 당면한 국제정세는 큰 변화를 보이고 있다. 7·7 선언이 발표되고 35년의 세월이 흐르면서 한반도를 둘러싼 대내외 환경도 급변하고 있다. 미국은 1980년대 이후 중국의 개혁과 개방 정책을 지지하면서 경제협력을 확대했다. 하지만 중국의 패권정책이 국제정치의 레드라인을 넘어섰다고 판단하여 최근 들어 디커플링을 가속화하고 있다. 향후 군사안보는 물론 경제 분야에서 미·중의 전략 경쟁은 보다 심화될 것으로 예상된다.

북한은 2006년 1차 핵실험 이후 5차례의 추가 실험을 통해 핵 능력을 꾸준히 고도화했고, 이를 실전에 사용할 수 있는 각종 미사일 등 다양한 투발 수단도 개발해 왔다. 2017년 말을 기점으로 핵무력 완성을 선포했으며, 2022년에는 핵무력 법제화까지 완성함으로써 비핵화의 가능성은 작아지고 있다. 2023년 북한은 핵무기의 기하급수적 증가와 함께 핵무기의 선제적 사용까지 시사하고 있다.

3. 신통일미래비전의 목표

첫째, 신통일미래비전은 '자유·평화·번영의 통일미래 공동체'이다. 통일은 어렵고 힘든 길이지만 결코 포기해서는 안 될 우리의 목표이기도 하다. 분단 100년은 없어야 하고, 2045년은 남북한이 통일로 하나 된 통일 한국의 시대여야 한다. 통일을 통해 우리가 더 큰 성장과 발전을 이룰 동력을 확보할 수 있고, 지역과 세계의 안정, 평화, 그리고 번영에도 더 많은 역할을 할 수 있기 때문이다. 우리가 꿈꾸는 통일 한국은 "남북한이 하나 된 글로벌 모범국가"가 되어야 한다. '자유·평화·번영의 미래 공동체' 비전이 실현되고, 이를 남과 북의 주민이 모두 누리는 국가가 미래의 통일 한국이다. 국제규범에 맞추어 자유화·민주화·개방화·산업화·시장화 등을 지향하여 2035년에는 북한의 변화와 발전을 모색해야 한다.

둘째, 신통일미래비전은 국민 모두가 자유를 구가하는 국가이다. "글로벌 모범국가"는 모든 국민이 자유를 구가하는 국가가 될 것이다. 남과 북을 가리지 않고 통일 한국의 국민이라면 누구나 자기의 신념과 이상을 자연스럽게 펼치고 말할 수 있고, 자신이 지지하는 정당과 정치세력을 선택할 수 있어야 할 것이다. 이러한 정치적 자유는 결코 포기할 수 없는 우리의 역사이자 정체성이기도 하다.

통일 한국은 문화적 다양성이 존재하는 국가가 될 것이다. 자신과 다른 의견이 있을 수 있다는 것을 누구나 인정하고 타인의 의견을 존중하는 다양성의 사회를 가진 나라, 그것이 우리가 꿈꾸는 통일 한국이다. 정치·사회적 소수세력을 탄압하지 않고, 진영논리에 따라 편을 가르지 않으며, 여러 의견과 지혜가 통합될 수 있는 통일 한국을 만들어 나가야 한다.

셋째, 신통일미래비전은 인류 보편적인 가치의 촉진자 국가이다. 통일 한국은 자유와 인권의 가치를 한반도를 넘어서 지구상의 더 많은 사람이 누릴 수 있도록 노력해 나가야 한다. 통일 한국은 통일과정에서부터 남북한 모두의 인권이 균형되게 증진되도록 노력해 나갈 것이고, 소극적인 피해자 구제의 차원을 넘어 적극적인 감시와 책임규명을 추구해 나가야 한다.

인권 선진국으로서의 통일 한국은 세계적 인권의 보호와 증진에도 관심을 갖는다. 기아와 빈곤으로부터의 해방이라는 최소한의 인권에서 시작하여 정치·사회·경제적 자유와 정의의 실현이라는 더 높은 수준의 인권이 보호될 수 있도록 지원하고 주시해 나갈 것이고, 인권을 중시하는 다른 국가 및 국제기구와의 협력을 통해 세계 곳곳에서 벌어지는 인권의 유린을 조사하고 감시하는 데 앞장설 것이다.

넷째, 신통일미래비전은 전쟁의 위험이 사라지고 국민이 안심할 수 있는 국가이다. 통일 한국은 전쟁의 위험이 사라진 평화지대가 될 것이다. 일시적으로 전쟁의 위험이 없어진 그런 곳이 아니라, 우리의 능력과 지역·국제 차원의 제도를 통해 지속 가능한 평화를 구현한 한반도를 만들어 나가야 한다. 우리는 가능한 한 조기에 남북한 간에 평화체제가 수립될 수 있도록 노력할 것이고, 이를 통해 안정적 공존을 이룬 후 한반도에 지속 가능한 평화를 실현해 나갈 것이다.

한반도에서의 평화는 단순한 전쟁 가능성의 소멸만을 의미하는 것이 되어서는 안 된다. 오늘날 진정한 평화와 안보는 정부가 선언함으로써 실현되는 것이 아니라 국민이 체감할 수 있어야 한다. 통일 한국은 "국민을 안심시킬 수 있는 국가"가 될 것이다. 전쟁과 무력도발 그리고 재해·재난 등 다양한 안보·안전 위협으로부터 국민을 물리적으로 보호할 뿐만 아니라, 국민에게 심리적 안정감을 줄 수 있는 체제를 완비한다.

다섯째, 신통일미래비전은 한반도의 비핵화와 핵 비확산 동참 국가이다. 미래 통일 한국은 완전한 비핵화 국가가 될 것이다. 북한의 핵포기와 비핵화의 실현은 통일 한국의 성립 이전에 해결되어야 할 것이고, 이를 위해 우리는 모든 노력을 기울여 나가야 한다. 북한 비핵화가 실현된 이후 우리는 한반도에서의 비핵화가 지속될 수 있도록 각종 제도적 장치를 강화해 나갈 것이고, 통일 한국은 '핵 없는 한반도'를 바탕으로 성립할 것이다.

우리가 북한 비핵화를 지향하는 가장 큰 이유는 핵무기가 인류의 평화를 위협하는 가장 강력하고 재앙적인 무기이기 때문이다. 북한 비핵화로 인해 한반도 전체가 안전해졌다고 해서 우리의 과제가 끝난 것은 아닐 것이다. 통일 한국은 이러한 점에서 국제 비확산체제를 수호하고, 세계적인 핵 군축을 주창하고 지원해 나가는 그런 나라가 되어야 한다.

여섯째, 신통일미래비전은 성장과 경제적 정의가 실현된 국가이다. 통일 한국은 남북한 모두에게 다양한 번영의 기회를 제공할 것이다. 통일 편익이 분단비용을 압도하는 통일 한국의 실현은 남한의 지속 가능한 경제발전과 함께 북한의 획기적 경제성장을 불러오는 중요한 계기가 될 것이다. 통일 한국은 더 부유해진 한반도와 연결될 것이고, 남과 북의 모든 국민은 경제적 풍요함을 공유할 수 있게 될 것이다.

통일 한국은 건실한 시장경제체제에 기초한 신(新)성장 동력이 충만한 나라, 분배와 성장이 균형된 나라, 세계시장의 개방성과 경제적 상호의존에 입각하여 지역·세계의 공동 발전을 추구하는 나라의 모습을 구현할 수 있어야 한다. 지역·계층 간 차별이나 불이익 없이 모두가 행복할 수 있는 나라, 그곳이 미래의 통일 한국이다. 2035년 통일 한국은 1인당 국민소득 7만 달러의 경제부국으로 도약할 것을 기대한다. 통일 한국은 통일에 따르는 각종 성과를 세계와 함께 공유하는 국가가 될 것이다. 정치적 민주주의의 달성과 융성한 경제의 경험을 세계 각국에 전파하게 될 것이며, 그 산 증거가 바로 통일 한국이 될 것이다.

마지막으로 신통일미래비전은 글로벌 모범국가이다. 통일 한국은 세계에서 지지를 받는 글로벌 모범국가가 될 것이다. 통일 한국은 국가안보·군사안보 중심에서 포괄안보 및 인간안보가 함께 구현되는 나라를 만들어 나갈 것이고, 외적 성장에만 집착하지 않고, 내실 있는 외교·안보·경제·문화적 역량을 구비함으로써 모든 국가가 신뢰하고 존경하는 모범국가 이미지를 구축해 나가야 한다.

남북의 이질감과 경계심을 극복하고 하나가 된 통일 한국은 다양한 이유로 인해 내부적 갈등이나 상호 분쟁 관계에 있는 국가들에게는 최선의 모범사례(best practice)가 될 것이다. 통일 한국은 배제와 갈등을 조장하기보다는 항상 협력과 화합의 중심 역할을 할 것이고, 국경을 넘어선 인류 공통의 자유·평화·번영의 가치를 실현해 나갈 것이다. 소프트파워와 하드파워의 이상적인 결합을 통해 한반도의 꿈이 곧 인도-태평양과 세계의 꿈이 되도록 하는, 선망의 스마트파워를 보유한 국가가 우리가 꿈꾸는 통일 한국의 모습이다.

4. 신통일미래비전 실현 원칙

첫째, 통일미래 비전 실현 원칙은 자유·평화·번영의 핵심가치 신장이다. 미래통일 한국을 실현하기 위해서는 자유, 평화, 번영에 대한 분명한 신념과 가치를 최우선으로 내세울 것이다. 이 세 가지 핵심가치는 개별적으로 존재할 수 있는 것이 아니며, 한 가치의 훼손은 다른 가치에까지 영향을 미친다. 역사는 자유가 없는 평화는 결국 취약한 것이고, 자유를 타협하거나 포기함으로써 얻어지는 평화는 결국 나약한 것에 불과하다는 점을 입증하고 있다.

진정한 평화가 실현되지 않는 상황에서의 경제적 번영 역시 허망한 신기루에 불과할 수 있다. 반대로 번영이 성취되지 않고는 자유의 침해에 대한 유혹이 발생하며, 평화를 이룰 힘 역시 보장하기 어렵다. 세 가지 가치는 상호 긴밀히 연관되어 있다는 점에서 어느 한쪽에 편중되기보다는 모두를 조화시켜 나가며 추구해야 할 것이다.

둘째, 통일미래비전 실현 원칙은 상호 존중 및 힘에 의한 현상 변경 금지이다. 통일 한국을 만들기 위해 '7.4 남북공동성명'에서 '9.19 남북 공동선언'에 이르는 기존의 남북 합의들에 대한 면밀한 검토와 함께 과거 정책들의 긍정적 교훈은 수용하고 현재 시점에서 평가해서 문제점으로 부각된 측면은 수정이 필요하다. 정책의 이어달리기 정신을 계승하되 시대변화에 따른 창조적 재해석 역시 소홀하지 말아야 한다.

자주, 평화, 민족 대단결의 정신은 오늘날에도 상당 부분이 유효하고, 현재에도 그 실현을 위해 노력해야겠지만, 그것이 지니는 배타적 민족주의 역시 경계할 필요가 있다. '자주'는 주권과 국가 자결권의 차원에서 분명 존중되어야 하지만, 이것이 '고립'이나 폐쇄와 동일시되는 것을 경계해야 한다. 통일 한국은 외세의 간섭 없이 이룩되는 것이 타당하나, 동시에 남북 이외 다른 국가의 지지와 협조가 없이는 실현되기 힘들다는 현실적인 요소 역시 고려해야 한다.

셋째, 통일미래비전 실현 원칙은 국민합의와 국제연대 추진이다. 미래의 통일은 우리 사회의 다양한 구성원이 동의가 가능한 방식으로 추진할 것이다. 또한 국제사회가 지지하고 국제적으로 기여하는 통일 방식으로 추진되어야 단기간에 가능할 것이다. 우리 사회 내부에 남북관계와 통일에 대한 인식 차이가 존재하는 상황에서 통일과 분단 극복은 쉬운 과제가 아니다. 하지만 국론의 통일과 합의 없는 추진 역시 사상누각이 될 것이다. 한반도의 평화통일이라는 대의를 위해서 세대 간 지역 간 여론을 수렴하는 공론화 작업을 지속적으로 추진해 나가야 한다.

한반도의 지정학적 위치를 고려하면 우리의 통일과업을 취하기 위해서는 주변국과 연대하지 않을 수 없다. 지난날 한반도의 분단과 전쟁은 국제사회의 충돌과 깊이 연계되어 있던 역사적 상황을 고려할 때 국제연대를 지속적으로 추진해야 한다. 21세기 신냉전 흐름 속에서 단기간에 성과를 달성하기는 어렵겠지만 국제사회를 대상으로 우리의 평화정착 노력 정책을 체계적으로 홍보하고 설득하는 데 주력해야 한다.

5. 신통일미래구상 추진전략

첫째, 신통일미래구상 추진전략은 '유연한 상호주의'에 입각한 '4D 전략'을 복합적으로 구사하는 것이다. 강력한 대북 억제(deterrence)를 바탕으로 북한의 핵무기 개발 포기를 유도하고(dissuade), 대화를 통해 남북한 간의 문제를 해결해 나간다는 '3D' 전략은 흔들림 없이 추진한다. 북한이 핵 개발을 통해 손에 쥐게 될 신기루 같은 이익보다는 비핵화로 인해 얻게 될 수혜가 훨씬 더 클 것이라는 점을 강조한다. '담대한 구상'에 입각한 다양한 보상책은 북한의 정권과 인민에게 밝고 희망찬 미래를 보여줄 것이다.

3D + 발전(Development)을 통한 4D 전략으로 북한의 경제·사회적 발전과 국제사회의 참여를 촉진하고 정상국가화를 모색한다. 유연한 상호주의로 북한의 변화를 위한 유도적 관여에 나선다. 원칙을 견지하면서도 남북 상호 관심사와 차이도 고려하는 실용적 접근이 필요하다. 북한의 선택에 따른 맞춤형 대응전략을 구사해 잘못된 선택에는 단호히 대응하고 자유·평화·번영의 길로 나오면 적극적으로 지원하고 협력한다. 비핵화에 따른 담대한 구상의 출구 이후 미래상을 가시적으로 제시하여 올바른 선택을 견인할 계획이다.

둘째, 신통일미래구상의 추진전략은 남북한 평화공존 및 실체 인정이다. 통일 한국을 평화적으로 이룩하기 위해서는 남북한 상호 간에 상대 정부나 정권을 실질적 대화상대로 인정하고 존중하는 방침과 조치를 수사적 차원이 아닌 실질적 차원에서 구현한다. 정부는 남북한 상호 인정과 존중을 실현할 준비가 언제든 되어 있으며, 북한의 변화에 상응하여 남북 간의 공존을 위한 조치들을 현실화시켜 나간다. 북한이 도발을 중단하고 대화에 응하면 우리는 이를 기꺼이 받아들일 것이고, 우리를 존중하면 우리도 그들에게 예를 표명한다.

남북은 상대방에 대한 비방이나 체제 비판을 가능한 한 자제할 필요가 있으며, 인권 등 인류 보편적 가치를 제외한 부분에 있어서는 북한의 특성을 존중할 의사도 있다. 상호 존중의 단계가 성공적으로 지속되면 일정 시기에 남북이 동시에 상대방을 압박하거나 완전히 배격하는 대상으로 삼는 각종 제도와 법률을 수정 및 폐기하는 방안도 검토할 수 있을 것이다.

셋째, 신통일미래구상의 추진전략은 정치·군사적 긴장 완화와 경제협력의 병행이다. 비핵화와 함께 남북 간의 군사적 긴장 완화 역시 최우선순위로 설정하여 적극적으로 추진한다. 군사적 긴장의 조기 완화 없이는 남북한 간 경제협력 역시 무망하다는 것이 과거의 교훈이었기 때문이다. 정치·군사적 긴장이 시작되면 '담대한 구상'의 연장선상에서 남북한 간 실질적인 경제적 교류·협력과 확실한 군사적 긴장 완화를 균형적으로 연계하여 적극적으로 추진해 나간다. 남북 간의 경제협력에 있어 북한의 선호와 계획을 반영하는 남북공동의 협의 채널 역시 적극 활성화해 나간다.

넷째, 신통일미래구상의 추진전략은 국민적 합의의 존중이다. 대북정책 및 통일정책의 지속 가능한 동력을 유지하기 위해 국민적 숙의와 합의를 바탕으로 추진한다. 특정 정파나 행정부의 이익과 선호가 반영된 것이 아닌, 국민 다수가 원하는 통일방안을 마련하기 위해서는 충분한 사회적 논의가 필요하고, 다양한 의견을 조화시키고 수렴해 나가는 과정이 필요하다. 정부는 이러한 사회적 합의를 중요한 미덕으로 추진할 것이고, 활발한 대국민 소통 통로와 국민적 숙의 장치를 개발해 나갈 것이다. 국민적 합의를 위해서는 무엇보다 대의기관인 국회와의 협력 역시 중요하다. 행정부 단독의 노력이 아닌, 국회와의 협력을 통해 발전된 통일방안을 마련해 나갈 것이고, 이를 통해 행정부 변화와 관계없이 일관되게 추진될 수 있는 통일정책의 기본 틀을 정립해 나간다.

다섯째, 신통일미래구상의 추진전략은 국제적 공조 강화이다. 신통일미래구상을 추진하기 위해 국제사회 및 주변국과 협력하고 공감대를 형성하는 동시에 지원을 적극적으로 유도해야 한다. 북한 비핵화와 남북협력이 일정 단계에 이르면 남북이 국제사회에서 협력하고 공조할 수 있는 여건과 기회를 지속적으로 확대해 나가야 한다. 남북 공동의 희망적인 미래 기획 및 전망을 통해 통일이 가져올 수 있는 잠재적 이득과 비용 부담 등 도전요인을 식별하고, 이를 대처할 수 있는 공동방안을 발전시키는 노력 역시 병행해 나간다.

국제사회와의 협력은 북한 경제개발 분야에서 보다 적극적으로 추진할 계획이다. 정부는 '담대한 구상'의 실현 단계부터 국제기구 및 해외자본과의 협력을 모색할 것이며, 각종 국제기구와의 체계적인 협력을 통해 북한의 대규모 개발을 위한 적기 투자가 이루어질 수 있도록 사전 준비에 주력한다. 경제협력을 남북 차원은 물론 국제적 차원으로 확대함으로써 더 많은 경제발전의 기회를 북한에게 제공하게 될 것이다.

남북한 간 그린데탕트의 추진은 바로 탄소중립의 실천에서 시작될 수 있다. 대기 중 이산화탄소 농도 증가를 막기 위해 사람의 활동에 의한 탄소 배출량을 최대한 감소시키고 탄소 흡수량은 증가시켜 탄소의 배출량이 결국 '0'이 되는 상태를 실현한다. 국토 동질성 회복과 관리 차원에서 한반도 그린데탕트 정책을 추진한다. 북한의 자연환경 개선에 대한 지원도 필요하다. 통일 이후 북한의 황폐화된 산림녹화를 위한 사업을 진행하기보다는 우선 통일 전에 산림협력을 통한 한반도 환경생태 개선, 기후변화 위기대응, 지속 가능한 자연 그리고 생활환경 조성 측면에서의 선제적인 대응도 필요하다.

한반도 국토 공동체의 동질성을 회복함과 동시에 동아시아 지역 및 전 지구 차원에서의 회복력 있는 지속 가능한 생활환경 조성을 위한 협력이 필요하다. 남북을 비롯하여 미국, 일본, 중국, 러시아 등이 참여하는 한반도 협의체를 구성하고, 몽골, 중앙아시아 국가들을 포괄하는 동아시아 지역 차원의 협력체계를 구축한다.

그린데탕트를 위한 동북아 협력체는 정부와 민간이 참여하는 거버넌스 협력체를 지향한다. 평화는 군사적 안보나 경제적인 빈곤으로부터 안전한 사회를 만드는 것은 물론, 새롭게 제기되고 있는 질병, 기후변화 및 환경오염으로부터 안전한 한반도를 만들어 나간다. 철저한 준비를 통해 다가올 미래를 남북 주민이 평화와 번영, 깨끗하고 청정한 환경에서 지속 가능한 삶을 누릴 수 있도록 미리 준비한다.

6. 한반도 그린데탕트 실현

한반도 그린데탕트를 실현하기 위해서는 다음과 같은 정책적 사안을 고려해야 한다. 첫째, 한반도 생태계에서 남북한 단절이 아시아와 인도-태평양 지역에 부정적인 영향을 미칠 것을 인식해야 한다. 둘째, 기후 및 환경 등 다양한 이슈별로 미시적 및 거시적인 협력을 통해 한반도 군사적인 긴장을 완화하고, 민족경제 및 사회문화 공동체 형성을 목표로 해야 한다. 셋째, 한반도를 기반으로 이를 단계적으로 확대하여 주변국이 참여하는 동북아의 생태·환경협력을 도모하고 신뢰관계를 확보해야 한다. 마지막으로 그린데탕트 정책을 정치적 영향을 최소화하는 탄력적인 구조로 전환하고, 국제적인 협력을 통해 작지만 의미 있는 환경목표부터 달성하며, 국제사회의 다자간 협력 틀을 만들어 나간다. 이를 위해 선결조건의 검토가 필요하다.

우선 북한 정권의 수용성을 고려해야 한다. 북한은 에너지 부족을 해결하기 위한 다양한 방안, 수자원 개선 및 높은 영유아 사망률을 고려하여 모자(母子)보건 등 인도적 차원에서 실행하려는 협력 분야에 관심이 높다. 이를 구체화하여 북한에 제안하고, 국내 젊은 세대의 공감을 얻도록 남한 내 관련 각종 일자리 창출과 상호 원원하는 경제협력 등의 상호이익을 강조해야 한다. 남북 경제협력을 통해 북한경제의 자립성을 키우고, 향후 통일비용 등의 경제적 부담을 줄일 수 있다는 국민적 홍보가 수반되어야 한다.

둘째, 기후환경, 재난재해, 미세먼지, 생태 변화 등의 남북협력을 중장기적으로 국제개발협력의 관점으로 끌어오는 것이 중요하다. 남북협의체를 구성하여 코로나19 등 초국경 질병과 기후변화에 따른 빈번한 산불과 가뭄 등에 대한 폭넓은 고민이 필요하다.

셋째, 유엔 대북제재와의 상충 가능성을 최소화해야 한다. 유엔 대북제재는 분야별로 매우 촘촘하게 진행되고 있으므로 인도적 측면의 그린데탕트와의 마찰 가능성을 사전에 분석해야 한다. 마지막으로 현행 남북협력기금 1조 2,000억 원 규모로 수행할 수 있는 경제 및 환경협력은 여건이나 조건 등이 매우 제한적이므로 중장기에 걸쳐 단계적 협력을 추진하고 각종 재원 조달방안을 추가적으로 검토해야 한다. 이를 위해 국민의 공감대를 형성하고 확대해야 한다.

참고문헌

국내문헌

국가안보실. 『윤석열 정부의 국가안보전략』. 서울: 국가안보실, 2023.

민주평화통일자문회의. "상임위원회 회의 발제문" (2022년 6월 23일).

손기웅·강동완·김경술·김미자·최수영·베른하르트 젤리거. 『'그린 데탕트' 실천전략: 환경
    공동체 및 경제공동체 동시 형성방안』. 서울: 통일연구원, 2015.

김도현·김연희·김진욱·김태준·문혜진·변영화·변재영. 『한반도 기후변화 전망보고서
    2020』. 서울: 국립기상과학원 미래기반연구부, 2020.

전동진·김익재 외. 『북한의 산림복원과 기후변화가 물관리 취약성에 미치는 영향과 정책 방
    향 연구(Ⅲ)』. 세종: 한국환경연구원, 2021.

권준범. "[기획] 북한, 재생에너지 새 시장 될까?." 『에너지신문』, 2018년 9월 19일.
    https://www.energy-news.co.kr/news/articleView.html?idxno=55268 (검색일:
    2023년 12월 28일).

"권영세 장관 "신통일미래구상, 20~30년 지속 가능해야"." 『KTV 국민방송』, 2023년 5월 3
    일. https://www.ktv.go.kr/content/view?content_id=675904 (검색일: 2023년 5
    월 4일).

남북 산림협력과
그린데탕트 실현방안

남북 산림협력과
그린데탕트 실현방안

이우균 (고려대학교 환경생태공학과)
김준 (고려대학교 오정리질리언스연구원)
최현아 (Hanns Seidel Foundation Korea)

I

남북 산림협력의 이상과 현실[54]

1. 한반도의 기후환경 현재와 미래방향

　과거 북한은 넓은 산림면적을 자랑했으나 최근에는 자연적인 세대교체(천연갱신)보다 빠른 속도로 산림면적이 감소하는 추세다. 1990년에서 2011년 사이에 산림면적의 약 40퍼센트 정도가 사라진 것으로 분석되고 있다.[2] 유엔식량농업기구(Food and Agriculture Organization, FAO)는 2020년 북한 산림면적이 2010년 624만 2천 ha보다 약 21만 ha

---

1 이우균 외, 『국제기후변화·환경레짐 대응 한반도 환경협력 진화 연구』 (서울: 통일부, 2021)의 내용을 바탕으로 요약·수정하여 작성하였다.

2 Benjamin Katzeff Silberstein, "Deforestation in North Korea continues, new data shows," 38 NORTH, March 24, 2016, accessed September 29, 2023, https://www.nkeconwatch.com/2016/03/24/deforestation-in-north-korea-continues-new-data-shows/

가 준 총 603만 ha로 황폐화가 심화하고 있는 것으로 분석하였으며[3], 글로벌포레스트워치(Global Forest Watch)는 2001년부터 2019년 북한에서 약 23만 3천 ha의 산림이 사라진 것으로 분석하였다.[4] 이러한 상황을 초래한 근본적인 이유는 다양하다. 그중 하나는 1990년대 중반 '고난의 행군'이라고 불렸던 극심한 대기근 이후 시작된 경사지 농업으로 인한 것으로 산림을 개간하여 농경지로 사용하였기 때문이다. 또한 지속 가능한 산림 관리를 위한 지식과 경험, 기술 부족 또한 걸림돌로 작용하고 있다. 경사지 관리 기술 부족으로 인한 토양 침식의 문제도 발생했으며, 홍수는 보다 직접적으로 산림 황폐화와 연결되었다. 결국 지역주민의 생활여건이 악화하는 결과가 발생하였다.

최근 이상기후로 폭우와 강수량 증가로 홍수 빈발과 이로 인한 취약지역 자연재해 빈발이 북한 주민의 생명과 건강을 위협하고 있다. 2021년 북한이 발표한 지속가능발전목표(Sustainable Development Goals: SDGs)의 이행에 대한 자발적국별보고서(Voluntary National Review: VNR)에서도 태풍, 홍수 등 계속되는 기후 관련 자연재해로 인해 큰 피해를 보았으며, 이에 대한 국가재난대응능력 강화를 강조하였다.[5] 기후변화로 인한 북한의 자연재해 피해가 매년 지속적으로 증가하고 있다.

기후변화로 인한 자연재해와 훼손 및 황폐화된 지역에 대한 한반도 차원으로 공동대응이 필요하다. 남북은 한반도 자연자원을 공동으로 보유하고, 관리하는 주체로서 현재의 기후변화 위기 극복을 위한 협력과 연대, 지속 가능한 생태연결이 필요하다. 특히 훼손된 산림생태계복원과 습지보호 등 생물 다양성 증진과 자연자원의 지속 가능한 이용과 한반도 생태계의 연결을 위한 노력과 협력이 요구된다.[6]

3 배영경, "FAO "올해 북한 산림면적, 10년 전보다 21만 ha 줄어"," 『연합뉴스』, 2020년 7월 22일, https://www.yna.co.kr/view/AKR20200722045900504 (검색일: 2023년 9월 29일).

4 배영경, "북한, 19년간 축구장 33만 개 면적 산림 사라져," 『연합뉴스』, 2021년 3월 3일, https://www.yna.co.kr/view/AKR20210303022900504 (검색일: 2023년 9월 29일).

5 DPR Korea, "Voluntary National Review on the Implementation of the 2030 Agenda for the Sustainable Development," *UN Sustainable Development Goals*, June, 2016, accessed September 29, 2023, https://bit.ly/48cxn9L

6 최현아, "지속가능발전목표 이행을 위한 북한의 노력과 협력방안: 국토환경관리를 위한 능력배양사업을 중심으로," 『통일문제연구』 제32권 2호(2020), pp. 95-120.

2. 북한의 국제기후변화 및 환경레짐 참여

2017년 이후 국제사회의 북한에 대한 제재가 강화된 상황에서도 북한은 환경 분야에서 다양한 협력사업을 진행하고 있다. 북한 대표단은 환경 분야 주요 국제회의, 컨퍼런스, 이해관계자 포럼 등에 지속적으로 참여함으로써 기후변화 대응에 필요한 지식과 사례를 논의하면서 북한 자체적 노력과 그 성과에 대해서도 공유해 왔다.

김정은 집권 10년 동안 북한 당국의 환경 분야에서의 대내외 활동을 통한 성과는 2000년대에 비해 매우 크다. 기후변화 위기대응, 사막화방지, 철새 서식지로서 습지보호와 생물다양성보전과 연계한 적극적인 활동을 하고 있으며, 유엔기후변화협약(United Nations Framework Convention on Climate Change: UNFCCC), 람사르협약(Ramsar Convention)과 같은 기후환경 관련 국제 환경레짐 하에서 다양한 국제 환경협력에 참여하고 있다.

2017년에는 국토환경보호성이 정부기관으로 세계자연보전연맹(International Union for Conservation of Nature: IUCN)에 가입하였다. 2018년에는 금강산 생물권보전지역 지정, 문덕과 나선지역의 람사르 습지 지정, 문덕과 금야를 동아시아-대양주 철새이동경로(East Asia-Australasian Flyway: EAAF) 서식지로 지정하였다. 2020년에는 백두산 지역의 UNESCO 세계지질공원 등록을 위한 신청서를 제출하였으며, 2023년에는 람사르 습지로 지정된 '문덕 철새(습지)보호구'를 UNESCO 세계자연유산 잠정목록(tentative list)에 포함하였다[7]

유엔기후변화협약(UNFCCC) 당사국총회 북한 대표단 참석자의 경우, 초기에는 환경 분야 담당자보다는 외교 분야 담당자의 참석이 중심이었으나, 2016년 파리협정 비준 이후에는 외무성보다는 국토환경보호성 담당자가 참석하여 기후변화를 포함한 다양한 환경 관련 의제에 대해 논의하고 있는 것으로 나타났다. 2019년에는 녹색기후기금(Green Climate Fund: GCF)에 국가지정기구(National Designated Authority: NDA)로 국토환경보호성을 지정하고, 국가지정기구[8]에 대한 역량 강화 및 국가기후변화 전략프레임워크 구축을

---

7 Raphaël Glémet, "The 2023 IUCN Situation Analysis on Intertidal Wetlands in the Yellow Sea (PRC, DPRK and RoK)" (Paper presented at the NEAMPAN Webinar 2023: Accelerating Ocean-Based Actions for Sustainable Development, September 13, 2023), p. 8; UNESCO, https://whc.unesco.org/en/statesparties/kp

8 GCF와 해당 국가를 연계해주는 국가기관으로서, 이는 북한이 NDA 설립 및 역량 강화를 통해 지속적으로

위한 GCF 능력배양사업(Readiness project)을 승인받았으나,[9] 국제사회의 제재로 인해 현재 진행은 되고 있지 않다.

국제 환경레짐 하에서 참석한 국제회의를 보면, 철새 서식지 보전, 습지보호와 산림복원을 포함하여 기후위기대응을 위한 협력 확대에 초점이 맞추어져 있는 것으로 나타났다. 2016년부터 2019년까지 총 25건의 회의에 참석한 것으로 나타났으며, 연도별로 보면 2016년 4건, 2017년 5건, 2018년 8건, 2019년 8건으로 참여 횟수가 지속적으로 증가하였다. 초기에는 옵저버(observer)로 참여하여 주로 환경 관련 국제 논의사항에 대한 정보수집과 역량 강화를 중심으로 진행되었다면, 2018년부터는 한스자이델재단(Hanns Seidel Foundation), 세계자연보전연맹(IUCN), EAAF 파트너십 사무국 등 국제기구와 함께 부대행사(side event)를 개최하는 등 적극적으로 북한 당국의 환경 관련 활동과 노력, 그 성과를 공유하고 있다.

| 표 6-1 | 북한 당국 대표단이 참여한 환경 분야 주요 국제회의(2016-2019)

	회의명	장소	관련 부문	비고
2016.03	IUCN 멸종위기종 및 보호지역 훈련 프로그램	중국 베이징	습지	
2016.08	재두루미를 통한 동아시아 습지 생물 다양성 보전 강화 국제워크숍	몽골 울란바토르	습지	
2016.09	황해/서해 조간대 습지 보전을 통한 동북아시아 습지 보전 및 현명한 이용 워크숍	중국 장수성	습지	제10차 세계생태학회 국제습지회의 기간 중 진행
2016.11	동북아시아 자연보전과 접경지역협력을 위한 워크숍	중국 베이징	협력 확대	
2017.01	제9차 EAAFP 파트너 회의(MOP)	싱가포르	습지	

GCF의 기후기금을 활용하고자 하는 의지가 있음을 확인할 수 있다.

9 GREEN CLIMATE FUND, "Readiness Proposal: with the Food and Agriculture Organization of the United Nations (FAO)," NDA Strenthning & Country Programming, 13 December 2019, pp. 1-43.

2017.08	동북아시아 산림 계획 및 조사 분야 협력을 위한 국제워크숍	몽골 울란바토르	산림	
2017.09	북한 환경 보전을 위한 훈련 프로그램 및 워크숍	홍콩 마이포 자연보전 지구	습지	
2017.10	UNESCAP 동북아시아 SDGs 이해관계자 포럼	중국 베이징	협력 확대	
2017.12	황해와 발해만을 포함한 조간대 습지 관리와 보전을 위한 국제 심포지엄	중국 염성	습지	서해 보전을 위한 워킹그룹 구성에 대해 논의
2018.04	기후변화대응 동북아시아 산림경관 복원 및 복원력에 관한 워크숍	중국 베이징	산림	
2018.05	제13차 람사르협약당사국총회 사전 준비회의(Pre-COP)	스리랑카 칠라우	습지	부대행사(side event) 개최
2018.07	서해 보전을 위한 워킹그룹회의	중국 상하이	습지	RRC-EA 습지관리 자 교육과 함께 진 행됨
2018.09	UNESCAP 동북아시아 SDGs 이해 관계자 포럼	몽골 울란바토르	협력 확대	
2018.10	제13차 람사르 당사국총회	아랍에미리트 두바이	습지	사이드 이벤트 개최
2018.10	ESP 아시아총회	인도 데라둔	생태계 서비스	ESP 아시아 정부간 회의 참석
2018.12	제10차 EAAFP 파트너 회의(MOP)	중국 하이난	습지	
2018.12	제24차 UNFCCC 당사국총회	폴란드 카토비체	기후변화	
2019.03	서해 보전 실무그룹(WG) 회의	중국 베이징	습지	워킹그룹 규정 (Term of Reference) 논의

2019.05	SDGs: 도시 및 농촌 지역의 토지 관리	중국 산둥성	농업	핑두시 직업교육 센터에서 축산 관련 연수 포함
2019.09	제25차 국제산림연구기관연합 세계 총회	브라질 쿠르티바	산림	
2019.10	UNESCAP 동북아시아 SDGs 이해 관계자 포럼	러시아 블라디보스토크	협력 확대	
2019.10	동북아시아 물과 에너지 부문 협력을 위한 국제워크숍	러시아 블라디보스토크	물/에너지	
2019.11	IUCN 아시아 지역포럼	파키스탄 이슬라마바드	(해안) 습지	서해보전을 위한 부대행사 개최
2019.12	UNCCD 동북아시아 사막화방지 네트워크 운영위원회	몽골 울란바토르	산림	
2019.12	UNFCCC COP25	스페인 마드리드	기후변화	

출처: 이우균 외, 『국제기후변화·환경레짐 대응 한반도 환경협력 진화 연구』, pp. 38-39.

3. 기후 및 환경 분야 북한의 국제활동

김정은 정권 이후 북한 당국은 환경 관련 국제적 논의의 장에 적극적으로 참여하고 있으며, '정상국가', '보통국가'로서 인식될 수 있는 기후, 환경, 생태 분야 대내외 활동을 적극적으로 참여하고 있다. 해외전문가의 환경 분야 정책 제안에 대해 긍정적으로 받아들이고 있으며, 개발협력보다는 환경·생태 분야 역량 강화에 중점을 둔 사업을 진행하고 있다.[10]

2018년 북한 당국은 유엔기후변화협약(United Nations Framework Convention on Climate Change: UNFCCC) 당사국총회에 참석한 국내 NGO와 국제 NGO와의 협력을 통해 토지황폐화중립(Land Degradation Neutrality: LDN) 사업 계획서를 유엔사막화방지협약(United

---

10 최현아, "김정은 시대 환경 관련 활동과 협력방안: 습지 생물 다양성 보전 대내외 활동 변화를 중심으로," 『통일정책연구』제28권 2호(2019), pp. 63-81.

Nations Convention to Combat Desertification: UNCCD)[11] 사무국에 제출하였다. 당시 국가 연락창구(National Focal Point: NFP)였던 북한 국토환경보호성 대외협조국이 이후에도 UNCCD 사무국, 국내 및 국제 NGO와 관련 논의를 지속적으로 진행하였고, 2019년 12월 몽골 울란바토르에서 진행된 UNCCD 동북아시아사막화방지네트워크(North East Asia Deforestation, Land Degradation and Drought Network: DLDD-NEAN) 운영위원회에서 보다 구체적인 논의가 진행된 바 있다. 현재는 UN을 비롯한 국제사회의 제재로 인해 실제 사업을 이행하고 모니터링 부분이 문제가 되어 사업 진행을 멈춘 상태이지만, 2021년 6월 17일에는 '세계 사막화방지의 날'을 맞아 국토환경보호성 관계자가 북한 당국의 노력을 소개하는 인터뷰를 진행하기도 했다.

| 표 6-2 | UNCCD의 토지황폐화중립(Land Degradation Neutrality) 사업 협력기관

국제기구	UNCCD 사무국 External Relations and Policy
북한 당국 연락창구	국토환경보호성 대외협조국
북한 국제기구 연락담당	주 제네바 북한 대표부(DPRK mission in Geneva)
국제협력기구	국내외 NGO

출처: 이우균 외, 『국제기후변화·환경레짐 대응 한반도 환경협력 진화 연구』, p. 48.

녹색기후기금(Green Climate Fund: GCF)은 선진국들이 제공한 자금을 활용하여 개발도

---

11 "사막화를 방지하기 위한 국제적 노력을 도모하는 국제기구이다. 공식명칭은 '심각한 한발 또는 사막화를 겪고 있는 아프리카 국가 등 일부 국가들의 사막화 방지를 위한 유엔 협약'(United Nations Convention to Combat Desertification in Those Countries Experiencing Serious Drought and/or Desertification, Particularly in Africa)이다. 기후변화협약(UNFCCC), 생물다양성협약(UNCBD)과 더불어 유엔 3대 환경협약이다. 협약이 처음 채택된 것은 1994년 6월 17일이고, 발효된 것은 1996년 12월 26일부터이다. 사무국은 독일 본(Bonn)에 있으며, 회원국은 2011년 1월 기준으로 194개국이다.", "유엔 사막화 방지 협약," *Wikipedia*, 2022월 5월 22일, https://ko.wikipedia.org/wiki/유엔_사막화_방지_협약 (검색일: 2023년 12월 6일).

상국이 온실가스 배출을 줄이고 기후변화로 인한 피해에 적응할 수 있도록 지원한다.[12] 따라서 북한의 산림 황폐화 복구를 위한 지원사업, 블루카본(blue carbon)으로서 중요한 습지보전 사업 등을 진행할 수 있다. 국토환경보호성이 GCF 국가지정기구로 지정되어 있으며, 대외협조국 국장이 연락 담당자로 임명되었다. 그러나 GCF 능력배양사업의 경우 북한 주민에 대한 지원보다는 북한 당국, 연구기관에 대한 광범위한 연수와 관료적 지원에 해당되어 인도적 제재 면제 대상이 될 수 없다는 미국 정부의 반대로 인해 실제 사업은 진행이 되지 않고 있다.[13]

| 표 6-3 | GCF 역량 강화사업 담당

국제기구	GCF Asia-Pacific Division of Country Programming
북한 당국 연락창구(NDA)	국토환경보호성 대외협조국
북한 국제기구 연락담당	주 제네바 북한 대표부(DPRK mission in Geneva)
국제협력 파트너 (프로젝트 이행기관)	FAO

출처: 이우균 외, 『국제기후변화·환경레짐 대응 한반도 환경협력 진화 연구』, p. 51.

기후기술센터네트워크(Climate Technology Centre and Network: CTCN)는 UNFCCC 내 기후기술메커니즘의 이행을 주로 담당하고 있는 기관으로서 Technical Assistance(TA) 사업을 통해 기후기술의 이전을 원하는 국가 및 기관과 기술이전이 가능한 기관을 이어주는 플랫폼 역할을 수행한다. 북한의 경우, CTCN에 총 1건의 기술이전을 요청한 바 있다. 환경전과정평가(Life Cycle Assessment: LCA)를 위한 역량 강화에 대한 기술이전을 2017년에 요청하였다.[14]

---

12 "녹색기후기금," 『Daum 백과』, https://100.daum.net/encyclopedia/view/217XX84000163 (검색일 2023년 12월 6일).

13 David Wainer, "U.S. Halts UN Proposal to Help North Korea Address Climate Risk," *Bloomberg*, April 23, 2020, accessed December 6, 2023, https://bloom.bg/3H5fBcA

14 "Building capacity for the Environmental Life Cycle Assessment (ELCA)," *CTLN*, accessed

| 표 6-4 | CTCN TA(Technical Assistance) 사업 담당

국제기구	CTCN
북한 국가지정기구(NDE)	국가과학기술위원회 (State Commission of Science & Technology)
북한 NDE 책임자	배영현 소장 (Chief of Division of Cooperation with the International Organization)
북한 TA 사업 요청자	김원국 교수 (김일성종합대학교)

출처: 이우균 외, 『국제기후변화·환경레짐 대응 한반도 환경협력 진화 연구』, p. 52.

지구환경기금(Global Environmental Facility: GEF)은 GCF 설립 이전까지 주요한 환경 사업에 대한 재정기구로서의 역할을 수행해 왔다. 북한은 1990년대 말부터 2000년대 초반까지 UNDP와 함께 총 15건의 환경 사업에 대한 자금을 요청하였으며, 생물 다양성 사업 4건, 환경 보존 및 보호 사업 5건, 환경협약 대응 관련 2건, 온실가스 감축 전략, 풍력발전 사업, 환경 민간투자 부문 개발, 환경관리 등에 대해 각 1건의 사업을 수행하였다.

국토환경보호성 산림총국 대외협조처는 산림 분야와 관련하여 대외 협력관계를 담당하고 있으며, 국제산림연구기관연합(International Union of Forest Research Organizations: IUFRO)과의 협력사업을 진행해 왔다. 북한은 2005년부터 IUFRO 회의에 참여하고 있으며, 2016년부터 북한 산림 생태계 복구 및 관리 방안에 대한 본격적인 발표와 논의가 진행되고 있다. 주요 내용은 산림 병해충 피해에 대한 고찰과 대책 수립, 경사지 토지 퇴화와 사방 야계 능력 강화, 산림회복 방안, 종자, 양묘 및 식재 기술 개선 등이다. 특히, 2016년 10월 24일부터 28일까지 중국 베이징에서 열린 제1회 IUFRO 아시아-오세아니아 지역에 참가한 북한 산림연구원 리호철 원장은 IUFRO측에 북한 산림연구에 필요한 자료를 요청하였으며, 2018년 4월 북한 산림총국은 IUFRO에 산림협력사업제안서를 제출하였다.[15]

December 6, 2023, https://bit.ly/3S3LbxI

15 추장민·명수정·김익재·이소라·김충기·최기철·김이진·강호상·김남수·신원태·여민주·최영은·최현아, 『한반도 지속 가능 발전을 위한 북한 환경 연구 로드맵 수립: 북한 환경 실태 기초조사를 통한 미래 친환경

| 표 6-5 | IUFRO 역량 강화사업 담당

국제기구	IUFRO
IUFRO Working Party	Division 1.10.00 - Long term research on forest ecosystem management
북한 당국 연락창구	국토환경보호성 산림총국
북한 국제기구 연락담당	국토환경보호성 산림총국 대외협조처

출처: 이우균 외, 『국제기후변화·환경레짐 대응 한반도 환경협력 진화 연구』, p. 54.

II

그린데탕트 실현을 위한 남북 산림협력[16]

1. 이슈제언

(1) 산림 복구를 통한 식량-물 에너지 넥서스 실현

북한의 산림 황폐지 복구는 직·간접적으로 식량부족에 따른 빈곤 문제, 물 및 에너지 부족에 따른 기본 생활권 위협, 환경 회복력 파괴 등과 같이 국제기구가 관심을 가지고 있는 이슈들과 연계가 있다. 따라서 북한의 산림 황폐지와 관련된 다양한 이슈를 찾아내고, 그 이슈에 적합한 국제기구와 다양한 형태로 협력사업을 추진할 필요가 있다. 황폐지 복구가 북한에서의 식량-에너지-물의 안전성(Food-Water-Energy Security)에 기여할 수 있다는 내용으로 지속가능발전목표(SDGs), 재난위험경감(Disaster Risk Reduction: DRR), 토지황폐화중립(LDN)과 연계한 접근이 필요하다.

통일 한반도 기반 구축』(세종: 한국환경정책·평가연구원, 2019), pp. 1-215.

16 강성진·정태용, 『가보지 않은 길, 가야 할 길: 김정은 북한 경제』(서울: 해남, 2019); 이우균 외, 『국제기후변화·환경레짐 대응 한반도 환경협력 진화 연구』의 내용을 바탕으로 요약·수정하여 작성하였다.

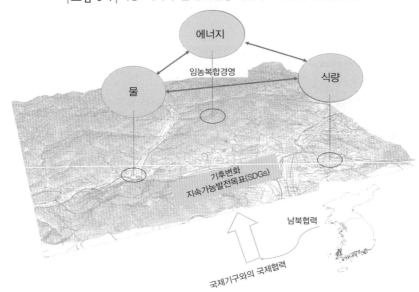

|그림 6-1| 식량-에너지-물의 안전성 측면에서 북한과의 산림협력

에너지

물

식량

임농복합경영

기후변화
지속가능발전목표(SDGs)

남북협력

국제기구와의 국제협력

출처: 강성진·정태용, 『가보지 않은 길, 가야 할 길: 김정은 북한 경제』, p. 296.

북한의 산림환경 복구는 북한 주민의 빈곤퇴치(SDG 1), 굶주림 없게 하기(SDG 2), 깨끗한 물과 위생(SDG 6)을 위해 에너지(SDG 7) 확보와 환경보호에 대한 움직임(SDG 13), 생태계보호(SDG 15) 측면에서 노력하고 있는 것으로 볼 수 있다.[17] 이때 앞 장에서 설명한 국제기구와 협력이 필요하며, 북한 주민의 생활권, 환경권 개선을 위한 산림협력이 검토되어야 한다. 예를 들면서 산림 황폐지 복구를 통한 국제탄소수지 개선을 위한 사업을 GCF, GEF 등의 기후변화 관련 국제기구사업으로 추진할 수 있다.

황폐지 복구가 북한에서의 식량-에너지-물의 안전성에 기여할 수 있다는 내용으로 지속가능발전목표(SDGs), 토지황폐화중립(LDN)과 연계하여 지속가능발전해법네트워크(SDSN), FAO, UNCCD, 유엔아시아태평양경제사회위원회(United Nations Economic and Social Commission for Asia and the Pacific: UNESCAP) 등의 유엔기구 외에 한국이 주도적으로 이끌어 가고 있는 아시아산림협력기구(Asian Forest Cooperation Organization: AFoCO), 독

---

17 최현아·이규창, "기후변화 공동대응 및 탄소중립을 위한 남북 산림환경협력 방안과 법적 과제," 『통일과 법률』 제54호(2023), pp. 104-133.

일정치재단이면서 한국에 지부를 두고 산림 황폐화 및 식량 문제 해결을 위해 북한과의 국제협력을 활발히 진행하고 있는 한스자이델재단 등과 국제협력사업이 가능할 것이다.

환경정책을 넘어서 환경과 경제성장 간의 균형과 조화를 위한 요소까지 포함하는 광범위한 분야로 기후변화 대응(감축, 적응), 환경친화적인 개발과 산업을 위한 정책 등을 포함할 것을 제안한다. 이를 위해서는 그린(green)을 협의의 그린이 아닌 광의의 그린으로 다루어야 한다. 협의의 그린은 환경오염 및 생태파괴 방지, 기후변화와 대응 등과 같이 생태와 환경에 초점을 맞추고 있다면 광의의 그린은 경제개발, 산업활동 등 '비(非, non) 그린' 분야에 대한 녹색화(greening)까지 포함한다.

(2) 산림 복구를 통한 기후변화대응-탄소중립 실현

북한은 2016년 8월 1일 파리협정 비준 후, 2030년까지 온실가스 배출량을 16.4% 이상(국제적 협조가 추진되면 36% 이상) 축소하겠다고 발표했다.[18] 같은 해 10월 북한 당국이 결정한 온실가스 감축 목표를 담은 국가자발적기여(Nationally Determined Contributions: NDCs)를 보면, 온실가스 배출량을 감축하기 위한 방안으로 양묘장 현대화와 조림에서 발전된 기술 도입, 임농복합경영 등 지속 가능한 방식의 산림 관리 및 개발과 관련한 내용이 포함되어 있다.[19]

2. 전략제언

(1) 다자간 국제협력

북한이 대외적으로 관심을 보이고 있는 기후변화, 녹색성장, 지속가능발전목표(SDGs) 등 국제 환경 이슈와 연결한 협력을 고려해야 한다. 시기는 다르지만, 남북한은 기후환경을 포함한 다양한 국제기구에 가입되어 있으므로 남한과 북한이 동시에 회원국인 국제기구와의 다자간 국제협력이 가능할 것으로 판단된다.

---

18 송민경, "북한의 산림 부문 기후변화대응 동향 및 시사점," 『NIFOS 국제산림정책토픽』 제50호(2017), pp. 1-16.

19 DPR Korea, "Intended Nationally Determined Contribution of Democratic People's Republic of Korea," *INDC*, October 7, 2016, accessed September 29, 2023, https://bit.ly/3vokj2u

| 표 6-6 | 환경 분야 남북한 국제기구 및 협약 가입, 참여 현황

주요 국제 환경레짐	분야	가입시기	
		북한	남한
세계자연보전연맹(IUCN)	자연/생물다양성	1963[1] 2017[2]	1985[3]
유엔교육과문화기구(UNESCO)	문화	1974	1950
세계기상기구(WMO)	대기/기후	1975	1956
유엔식량농업기구(FAO)	농업	1977	1949
정부간해양학위원회(IOC)	해양	1978	1961
국제농업개발기구(IFAD)	농업	1986	1978
세계관광기구(UNWTO)	지속 가능한 관광(생태관광)	1987	1957
국제연합(UN)	협력	1991	1991
유엔아태경제사회위원회(ESCAP)	환경협력	1992	1954
유엔기후변화협약(UNFCCC)	대기/기후	1994	1993
생물다양성협약(UNCBD)	자연/생물다양성	1994	1994
동아시아해양환경협력기구(PEMSEA)	해양	1994	2000
아시아태평양지역식물보호위원회(APPPC)	자연/생물다양성	1995	1981
오존층파괴물질에 관한 몬트리올 의정서(Montreal Protocol)	대기/기후	1995	1992
오존층보호를 위한 비엔나 협약(Vienna Convention)	대기/기후	1995	1992
국제식물보호협약(IPPC)	동식물	1996	1952
유네스코 세계문화 및 자연유산 보호협약(World Heritage Convention)	자연/생물다양성	1998	1988
유엔사막화방지협약(UNCCD)	산림	2003	1999
아시아-태평양지역 식물보호협정(Plant Protection Agreement for the Asia and Pacific Region)	자연/생물다양성	2006	1981
람사르협약(Ramsar Convention)	자연/생물다양성	2018	1997
동아시아-대양주 철새이동경로 파트너십(EAAFP)	자연/생물다양성	2018	2006

주 1) 조선자연보호연맹이 국가 NGO로 가입

 2) 국토환경보호성이 정부기관으로 가입

 3) 환경부가 정부기관으로 1985년 최초 가입하였으며, 2006년 국가회원으로 격상되었음

출처: 이우균 외, 『국제기후변화·환경레짐 대응 한반도 환경협력 진화 연구』, pp. 35-36.

남한이 1999년에 가입한 UNCCD에 북한은 2003년에 가입하였는데, 최근 북한에서는 UNCCD와의 협력을 통해 북한 황폐지 복구를 위한 국제협력사업을 적극적으로 추진하는 것으로 알려져 있다. 1949년과 1977년 각각 가입한 FAO는 북한에 지역 사무국을 두고 GCF사업을 적극적으로 추진하고 있는 상황을 고려하여, 우리나라에서도 남한과 북한이 동시에 회원인 국제기구와의 다자간 협력을 적극적으로 추진할 필요가 있다.

(2) 기술은 남북협력, 복구는 국제협력[20]

산림 황폐화가 북한 전역에서 일어나고 있다는 사실은 산림 복구가 장기적이고 단계별로 이루어져야 한다는 것을 뜻한다. 기술적 측면에서 안정적 묘목 공급과 함께 전국·지역·부지 단위의 중·장·단기별 산림 복구가 차질 없이 수행되려면 지역별 적합 복구 수종이 우선 파악돼야 한다. 필자의 연구팀은 북한 산림의 지형·토양·기후, 북한의 요구 수종 등의 조건을 반영해 지역별 적정 수종 지도를 제작한 바 있다. 이 지도에 따르면 가문비나무·소나무·잣나무·잎갈나무·신갈나무·상수리나무 등이 고도 1000m, 경사 10도 미만의 조림가능 조건을 갖춘 총 170만 ha에 조림돼야 하는 것으로 파악되고 있다. 그러나 이는 접근 불가능한 상태에서 위성 영상, GIS의 디지털 공간정보, 기후 시나리오 등을 활용해 제작된 것이어서, 북한 현지 자료를 통해 구체화할 필요가 있다.

북한의 산림 황폐지 복구는 직·간접적으로 식량부족에 따른 빈곤 문제, 물·에너지 부족에 따른 기본 생활권 위협, 환경 회복력 파괴 등과 같이 국제기구가 관심을 가지고 있는 이슈와 연계가 있다. 북한 인구의 41%는 영양 부족 경험이 있고, 경제 규모 대비 자연재해 피해가 세계 3위로 보고되었다. 또 미미한 재난에도 식량 공급이 크게 차질을 받는 등 재난대응능력이 낮은 것으로 평가되고 있다. 이러한 문제를 해결하기 위해 다양한 국제기구가 활동하고 있다. 따라서 우리는 북한의 산림 황폐와 관련된 다양한 국제적 이슈를 찾아내고, 그 이슈에 적합한 국제기구와 협력사업을 추진할 필요가 있다.

유엔 등 국제기구와의 국제협력은 북한의 산림 황폐지 복구를 다양한 국제적 이슈와 함께 해결할 기회를 줄 수 있다. 그러나 자칫 너무 많은 이슈와 연계되면 산림 황폐지 복

---

20 이우균, "[이우균의 한반도평화워치] 황폐화된 북한 산림, 한국이 국제협력 통해 복구 주도해야," 『중앙일보』, 2020년 10월 13일, https://www.joongang.co.kr/article/23892557#home의 내용을 재정리하여 작성하였다.

구라는 본연의 목적에서 벗어날 수 있다. 또 협력사업 주체별로 이루어지는 복구사업이 일관성을 갖추지 못하고 생태 및 환경적 측면에서 혼란을 유발할 수도 있다. 이러한 혼란을 피하고 북한의 황폐지 복구를 성공적으로 이끌기 위해서는 국제협력사업이 남북한 주도로 이루어져야 한다.

남한은 과거 산림 복구를 성공적으로 수행한 기술·인력·정책·국제협력 등의 경험을 충분히 갖추고 있다. 이러한 남한의 경험과 북한의 요구, 국제기구의 이해 등이 잘 반영돼 성공적 북한 산림 황폐지 복구가 되는 방향으로 남북한 주도의 국제협력사업이 이루어져야 할 것이다. 국제협력이 명분도 찾고, 예산을 국제적으로 마련하는 실리도 챙길 수 있는 길이다.

3. 기술제언

(1) 황폐지 및 복구가능 지역 파악

북한의 황폐지 중 실질적으로 복구조림이 가능한 고도 1,000m 미만, 경사 10도 미만의 면적은 177만 ha로 파악되었으며, 이는 북한에서 발표하는 160만 ha의 조림면적과 유사한 면적이다. 이러한 복구조림가능 대상지에서 A/R CDM 사업 등의 구체적인 산림 복구 협력사업을 기획 및 실행하는 것이 바람직하다.[21]

(2) 지역별 적합 조림수종 선정

북한 황폐지의 환경, 토양, 선호 수종 등을 고려한 적합 수종을 보면, 북부 고산지대를 중심으로 가문비나무, 분비나무, 잣나무, 잎갈나무, 신갈나무 등이 적합한 것으로 파악되었으며, 서동부의 저지대에서는 상수리나무, 곰솔 등이 적합한 것으로 나타났다(그림 6-2). 그리고 소나무는 전체 지역에서 고루 적합한 것으로 나타나고 있다.

---

21 정형섭·박수진 외, "인공위성자료를 활용한 북한 산림현황 분석," (한국측량학회·서울대학교 공동연구 보고서, 한국임업진흥원, 2015), pp. 1-243.

| 그림 6-2 | 북한 황폐지 복구를 위한 적합 수종 공간분포도

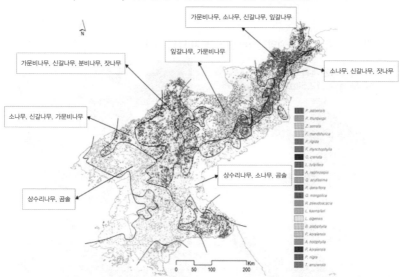

출처: Sle-gee Lee, Hyun-Ah Choi, Hyeji Yoo, Cholho Song, Sungeun Cha, Sang-Won Bae, Yowhan Son, Woo-Kyun Lee, "Restoration Plan for Degraded Forest in The Democratic People's Republic of Korea Considering Suitable Tree Species and Spatial Distribution," *Sustainability*, 10(3) 856(2018), p. 11; 이우균, "북한의 기후변화대응을 위한 산림녹화 방안"(북한의 SDGs달성을 위한 기획 세미나, 서울, 프레스센터 국제회의장, 2018년 3월 14일), p. 24.

(3) 단계별 복구계획

북한의 산림 복구는 단기간에 성과를 볼 수 있는 사업이 아니다. 우리나라도 1960년 대까지 황폐화된 산림을 1972년부터 시작하여 30여 년이 걸린 1, 2, 3차 치산녹화 10개 년 계획을 통해 가시적인 녹화 성공을 거둘 수 있었다. 그리고 안정기에 접어든 지금은 국가 차원의 산림기본계획, 광역지자체 차원의 지역산림계획, 기초지자체를 위한 시·군 단위 지역계획, 그리고 영림구 단위의 산림경영계획 체계로 산림이 관리되고 있다.

북한의 국가 단위의 복구 전략을 담는 복구기본계획(general plan)-지역단위의 복구상 세계획(detail plan)-부지 단위의 복구실행계획(implementation plan)이 연계성을 가지고 수 립되어야 한다(그림 6-3). 북한이 현재 적극적으로 추진하고 있는 산림건설총계획은 국가 단위의 산림 복구전략(기본)계획으로 볼 수 있다. 이 계획이 성공을 거두기 위해서는 산림 건설총계획에서 제시된 목표 및 전략에 부합되는 지역별 상세계획이 이루어져야 하고, 그

상세계획을 부지 단위에서 실제로 실행하기 위한 실행계획이 마련되어야 한다.

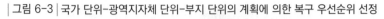

| 그림 6-3 | 국가 단위-광역지자체 단위-부지 단위의 계획에 의한 복구 우선순위 선정

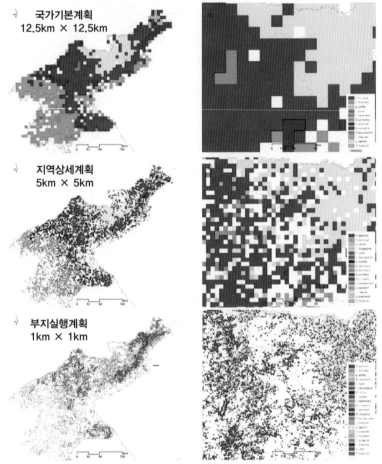

출처: Lee et al., *Sustainability*, p. 12; 이우균, "북한의 기후변화대응을 위한 산림녹화방안", p. 26.

Ⅲ

그린데탕트 실현을 위한 유역 및 시군단위 남북 산림협력 방안

1. 유역 및 시군단위 황폐화와 복구가능 지역 현황

산림 복구는 환경과 실행 효율성 측면에서, 과학적으로는 유역(watershed) 및 경관 (landscape) 단위, 행정적으로는 시군(남한의 기초지자체)단위로 이루어지는 것이 바람직하다. 환경부의 북한 토지피복도와 Sentinel-2 위성영상을 활용하여 북한의 시군 별 산림 황폐화 현황을 분석한 결과는 〈그림 6-4〉와 같다.[22] 일반적으로 평야 지역으로 알려진 서부의 황해북도와 평안남도 지역의 산림면적 감소율이 가장 높은 것으로 나타났으며, 가장 심한 지역의 경우 2009년 대비 2018년의 산림면적이 20%밖에 되지 않는 것으로 나타났다. 이는 식량자원 부족으로 인해 농경지를 점차 산림지까지 확대하면서 산림면적이 감소한 것으로 보인다. 다음으로 북한의 시군 별 조림가능 면적을 분석한 결과는 〈그림 6-5〉와 같다. 조림가능 대상지의 경우, 황폐화 현황과 마찬가지로 서쪽 지역을 중심으로 결과가 나타났지만, 평야 지역이 많이 포함되지 않은 것으로 나타났다. 이는 고도와 경사도가 낮은 지역이 대부분을 차지하는 평야 지역이 조림가능 지역으로 분류되지 않았기 때문이다.

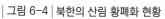

| 그림 6-4 | 북한의 산림 황폐화 현황 | 그림 6-5 | 북한의 조림가능 면적

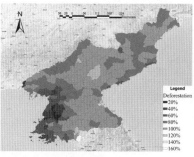 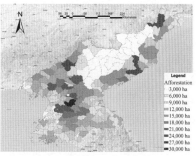

출처: Kim et al., *Remote Sensing*, pp. 10-11. 출처: Kim et al., *Remote Sensing*, pp. 11-13.

---

22 Joon Kim, Chul-Hee Lim, Hyun-Woo Jo, Woo-Kyun Lee, "Phenological Classification Using Deep Learning and the Sentinel-2 Satellite to Identify Priority Afforestation Sites in North Korea", *Remote Sensing*, 13(15)(2021), pp. 1-15.

2. 유역 및 시군단위 A/R CDM과 REDD+ 대상지

위 두 분석 결과를 바탕으로 북한의 A/R CDM 및 REDD+ 사업 대상지를 선정한 결과는 〈그림 6-6〉과 같다. 사업의 진행을 위한 국경과의 거리, 조림이 가능한 면적 등을 종합적으로 고려하여 선정한 결과 평안북도 운산군, 태천군, 구장군, 평안남도 성천군, 자강도 위원군, 동신군 총 6개의 군을 대상지로 선정하였다. 또한 Lee et al.(2018) 연구에 따라 적정 조림수종을 Q. Mongolica, P. Densiflora, P. Koraiensis, P. Jezoensis로 선정하였다.[23]

| 그림 6-6 | 북한의 A/R CDM 및 REDD+ 사업 대상지

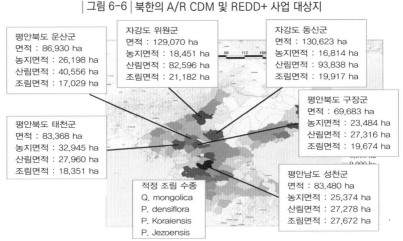

평안북도 운산군
면적 : 86,930 ha
농지면적 : 26,198 ha
산림면적 : 40,556 ha
조림면적 : 17,029 ha

자강도 위원군
면적 : 129,070 ha
농지면적 : 18,451 ha
산림면적 : 82,596 ha
조림면적 : 21,182 ha

자강도 동신군
면적 : 130,623 ha
농지면적 : 16,814 ha
산림면적 : 93,838 ha
조림면적 : 19,917 ha

평안북도 구장군
면적 : 69,683 ha
농지면적 : 23,484 ha
산림면적 : 27,316 ha
조림면적 : 19,674 ha

평안북도 태천군
면적 : 83,368 ha
농지면적 : 32,945 ha
산림면적 : 27,960 ha
조림면적 : 18,351 ha

적정 조림 수종
Q. mongolica
P. densiflora
P. Koraiensis
P. Jezoensis

평안남도 성천군
면적 : 83,480 ha
농지면적 : 25,374 ha
산림면적 : 27,278 ha
조림면적 : 27,672 ha

출처: Kim et al., *Remote Sensing* 및 Lee et al., *Sustainability* 를 토대로 저자 작성.

3. 시군단위 A/R CDM과 REDD 계획

선정한 사업 대상지 중 자강도 위원군의 토지피복도 모습은 〈그림 6-7〉과 같으며, 농경지와 산림의 사이에 개간 산지가 분포하는 것을 확인할 수 있다. 이를 통해 농경지를 확대하는 과정에서 산림지가 파괴되는 것을 알 수 있다. 자강도 위원군의 총 산림면적은 약 82,596ha로 분석되었으며, 복구가 가능한 면적은 21,182ha로 분석되었다. 이를 토대로 30년간 복구사업을 진행한다고 가정했을 때 총비용은 약 1천 5백억 원이 소요되며 연간

---

23 Lee et al., *Sustainability*, pp. 8-9.

50억 원이 소요되는 것으로 나타났다.

| 그림 6-7 | 북한 자강도 위원군 토지피복도

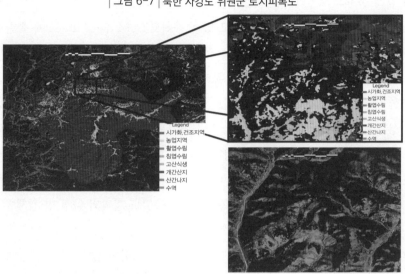

출처: 이우균, "산림협력을 통한 그린데탕트 실현방안" (한국환경연구원·북한환경정보센터·고려대학교 통일융
    합연구원 공동 심포지엄, 서울, 고려대학교, 2023년 5월 25일), p. 108.

결론

북한의 산림 복구는 황폐화의 원인을 해결하는 방안으로 이루어져야 한다. 이러한 측면에서 황폐화의 주된 원인인 식량 및 에너지 부족, 복구로 인한 홍수 및 침수 등의 재단을 해결하는 활동과 함께 산림 복구가 이루어져야 한다. 이러한 면에서 북한의 산림 복구는 물-식량-에너지 넥서스의 국제적 이슈와 연계되고, 이를 통해 국제적 협조를 이끌어낼 수 있다.

기후변화 측면에서 보면, 북한의 산림 황폐화는 탄소흡수원 파괴 및 감소로 인식된다. 이는 북한 차원에서는 탄소중립 달성에 악영향을 끼치는 것이며, 국제적으로도 전지구 탄소수지(global carbon budget)에 부정적 역할을 하는 것으로 인식된다. 또한 북한의 산림 황폐화는 가뭄, 침수 등 기후재난과도 연계가 된다. 따라서 북한의 산림 복구는 기후재난 저감 및 탄소중립 달성이라는 국제적 이슈에 부합되고 기후변화 관련 국제협력이 가능하다.

이와 같은 물-식량-에너지 넥서스, 기후변화 대응 측면에서 보면, 남북한의 한반도는 유사한 환경조건으로 유사한 문제를 겪고 있는 중위도(mid-latitude region)에 속한다는 것에 관심을 둘 필요가 있다. 중위도 지역은 전체 지구 인구의 50% 정도가 사는 곳이며, 낮은 강수량으로 물 부족, 이로 인한 토지 황폐화 및 식량부족의 공통적인 문제를 안고 있다. 이러한 공통의 이슈와 역사적인 관계로 볼 때, 한반도와 중위도 지역은 가뭄 등의 극한 기후 상황에서 물-식량-생태계 넥서스 달성이라는 공통의 목적을 위한 국제협력이 용이할 수 있다. 남한은 과거 50년 동안 황폐산림 및 환경의 복구와 경제발전을 동시에 이룬 압축 성장(compressed growth)을 이룬 나라로서 중위도 지역의 환경 및 경제협력의 선도적 역할을 할 수 있다. 북한과의 산림 복구협력을 중위도 지역의 환경 및 경제발전과 연계시킬 수 있는 것이다.

이러한 면에서 남북 양자 간 협력보다는 중위도를 포함한 많은 나라가 참여하고 있는 국제조직을 기반으로 하는 다자간 협력이 바람직하다.[24] 북한 산림 황폐지 복구는 국제 탄소 수지 개선에 도움이 되는 기후변화 이슈이므로 한국에 본부를 둔 녹색기후기금(GCF)이나 지구환경기금(GEF), 기후기술센터네트워크(CTCN) 등 국제기구 사업으로 추진할 수 있다. SDGs 차원에서는 식량 문제 해결과 연계해 식량농업기구(FAO)·세계식량계획(WFP)·한스자이델재단(HSF) 등과의 국제협력이 가능하다. FAO는 북한에 사무국을 두고 GCF 기금을 통한 역량 강화와 산림 경관 복원 사업 등을 추진하고 있다.

WFP도 한국 내 아시아녹화기구(GAO)와 함께 산림 복구와 식량 생산을 동시에 추구하는 혼농임업(Agroforestry) 사업을 추진한다. 한국에 사무국을 둔 HSF는 식량 문제 해결과 산림 복구를 위해 북한과의 협력사업을 오래전부터 수행하고 있다. 황폐지 복구가 북한의 식량·에너지·물의 안전성에 기여할 수 있다는 점에서 지속가능발전해법네트워크(SDSN)와의 협력도 가능할 것이다. 재난방지를 위해서는 재난 위험 경감에 대한 다양한 사업을 하는 아시아태평양경제사회위원회(UNESCAP), 토지황폐화중립 사업을 하는 사막화방지협약(UNCCD)과의 협력이 가능하다. 한국이 주도적으로 이끄는 아시아산림협력기구(AFoCO)

---

24 이우균, 앞의 인터넷 자료.

등과도 근거리 국제협력사업이 가능하다. 북한도 국제기구와의 협력에 적극적이다. 지난해 북한 정부 대표단은 유엔기후변화협약(UNFCCC) 당사국총회(COP25)에 참가해 UNCCD 및 GAO와 파리기후변화협정 이행 차원의 산림 복구 협력 논의를 진행한 바 있다. 파리기후변화 협약이나 SDGs는 선언적 의미로 끝나지 않고, 각국의 이행을 의무 수준으로 요구하고 있다. 또한, 각종 국제협력사업은 파리기후변화협약 및 SDGs에 기여하도록 요구받고 있다. 이러한 상황을 고려해 북한 산림 황폐지 복구를 국제 문제 해결에 기여한다는 명분으로 국제기구들과 실리형 국제협력사업으로 추진할 필요가 있다.

실리형 측면에서 보면, 기술은 남북한 협력으로, 재원은 기후변화, SDGs, DRR 등 이슈와 연계하여 국제협력으로 이끌어 내는 것이 그린데탕트 실현을 가능하게 할 것이다. 한반도 내에서의 남북협력은 지형이 복잡한 한반도의 조건과 시·군 단위로 일선 행정이 이루어지는 행정조직을 고려하면 시·군 행정단위에서 유역을 기반으로 하는 마을 단위의 실행단위로 이루어질 수 있다. 남한의 산림 복구는 UN 원조금에 기반한 중앙정부의 강한 행정력과 토지기반의 농림업을 수행하는 마을 단위의 실천력이 거버넌스를 이루었기에 성공적이었다. 따라서 국제적 이슈와 연계한 국제적 지원이 유역을 기반으로 하는 마을 단위에서 활용될 수 있도록 하는 남북한의 기술협력과 이를 위한 정책이 필요하다.

1. 국내문헌

강성진·정태용 외. 『가보지 않은 길, 가야 할 길: 김정은 북한 경제』. 서울: 해남, 2019.

배영경. "북한, 19년간 축구장 33만개 면적 산림 사라져." 『연합뉴스』, 2021년 3월 3일. https://www.yna.co.kr/view/AKR20210303022900504 (검색일: 2023년 12월 6일).

배영경. "FAO "올해 북한 산림면적, 10년 전보다 21만ha 줄어"." 『연합뉴스』, 2020년 7월 22일. https://www.yna.co.kr/view/AKR20200722045900504 (검색일: 2023년 12월 6일).

송민경. "북한의 산림부문 기후변화대응 동향 및 시사점." 『NIFOS 국제산림정책토픽』, 제50호(2017): 1-16.

이우균. "북한의 기후변화대응을 위한 산림녹화방안." 『북한의 SDGs달성을 위한 기획 세미나』. 서울, 프레스센터 국제회의장, 2018년 3월 14일.

이우균. "산림협력을 통한 그린데탕트 실현방안." 『한국환경연구원·북한환경정보센터·고려대학교 통일융합연구원 공동 심포지엄』. 서울, 고려대학교, 2023년 5월 25일.

이우균. "[이우균의 한반도평화워치] 황폐화된 북한 산림, 한국이 국제협력 통해 복구 주도해야." 『중앙일보』, 2020년 10월 13일. https://www.joongang.co.kr/article/23892557#home (검색일: 2023년 12월 6일).

이우균 외. 『국제기후변화·환경레짐 대응 한반도 환경협력 진화 연구』. 서울: 통일부, 2021.

정형섭·박수진 외. "인공위성자료를 활용한 북한 산림현황 분석." 한국측량학회·서울대학교 공동연구 보고서, 한국임업진흥원, 2015: 1-243.

최현아·이규창. "기후변화 공동대응 및 탄소중립을 위한 남북 산림환경협력 방안과 법적 과제." 『통일과 법률』, 제54호(2023): 104-133.

최현아. "지속가능발전목표 이행을 위한 북한의 노력과 협력 방안: 국토환경관리를 위한 능력배양사업을 중심으로." 『통일문제연구』, 제32권 2호(2020): 95-120.

최현아. "김정은 시대 환경 관련 활동과 협력방안: 습지 생물 다양성 보전 대내외 활동 변화를 중심으로." 『통일정책연구』, 28(2)(2019): 63-81.

추장민 · 명수정 · 김익재 · 이소라 · 김충기 · 최기철 · 김이진 · 강호상 · 김남수 · 신원태 · 여민 주 · 최영은 · 최현아. 『한반도 지속 가능 발전을 위한 북한 환경 연구 로드맵 수립: 북한 환경 실태 기초조사를 통한 미래 친환경 통일 한반도 기반 구축』. 세종: 한국환경정책 · 평 가연구원, 2019.

"녹색기후기금." 『Daum 백과』, https://100.daum.net/encyclopedia/view/217XX84000163 (검색일: 2023년 12월 6일).

"유엔 사막화 방지 협약." *Wikipedia*, 2022월 5월 22일. https://ko.wikipedia.org/wiki/ 유엔_사막화_방지_협약 (검색일: 2023년 12월 6일).

2. 북한문헌

DPR Korea. "Intended Nationally Determined Contribution of Democratic People's Republic of Korea." *INDC*, October 7, 2016. Accessed September 29, 2023. https://bit.ly/3vokj2u

DPR Korea. "Voluntary National Review on the Implementation of the 2030 Agenda for the Sustainable Development." *UN Sustainable Development Goals*, June, 2016. Accessed September 29, 2023. https://bit.ly/48cxn9L

3. 외국문헌

Glémet, Raphaël. "The 2023 IUCN Situation Analysis on Intertidal Wetlands in the Yellow Sea (PRC, DPRK and RoK)." Paper presented at the NEAMPAN Webinar 2023: Accelerating Ocean-Based Actions for Sustainable Development, September 13, 2023.

GREEN CLIMATE FUND. "Readiness Proposal: with the Food and Agriculture Organization of the United Nations (FAO)." *NDA Strenthning & Country Programming*, 13 December 2019.

Kim, Joon, Chul-Hee Lim, Hyun-Woo Jo and Woo-Kyun Lee. "Phenological Classification Using Deep Learning and the Sentinel-2 Satellite to Identify Priority Afforestation Sites in North Korea." *Remote Sensing*, 13(15)(2021): 1-15.

Lee, Sle-gee, Hyun-Ah Choi, Hyeji Yoo, Cholho Song, Sungeun Cha, Sang-Won Bae, Yowhan Son and Woo-Kyun Lee. "Restoration Plan for Degraded Forest in The Democratic People's Republic of Korea Considering Suitable Tree Species and Spatial Distribution." *Sustainability*, 10(3)856(2018): 1-15.

Silberstein, Benjamin Katzeff. "Deforestation in North Korea continues, new data shows." *38 NORTH*, March 24, 2016. Accessed September 29, 2023. https://www.nkeconwatch.com/2016/03/24/deforestation-in-north-korea-continues-new-data-shows/

Wainer, David. "U.S. Halts UN Proposal to Help North Korea Address Climate Risk." *Bloomberg*, April 23, 2020. Accessed December 6, 2023. https://bloom.bg/3H5fBcA

"Building capacity for the Environmental Life Cycle Assessment (ELCA)." *CTCN*, Accessed December 6, 2023. https://bit.ly/3S3LbxI

「UNESCO」 https://whc.unesco.org/en/statesparties/kp

한반도 기상이변과
효율적인 남북한 기상협력 방안

한반도 기상이변과
효율적인 남북한 기상협력 방안

남성욱(고려대학교 통일융합연구원장)

I
서론

북한의 기상재해는 어제오늘의 일이 아니다. 모든 국가가 지구온난화에 따른 기상이변으로 폭우와 홍수 및 가뭄 등을 경험하지만 대응에 따라 피해는 천양지차다. 선진국들은 평소 기상이변을 예측하여 물관리 대책을 추진하고 가뭄과 고온에 따른 물 조달 대책을 추진하는 것은 국가의 핵심정책이다. 하지만 저개발국이나 빈곤에 시달리는 국가들은 예산 부족과 미흡한 대응체계로 기상이변이 발생할 때마다 큰 피해를 당한다. 북한도 기상이변에 따라 심각한 피해를 입는 후자의 국가다.

과거 사례는 차치하고 최근 3년간인 2020~2022년에도 북한에 기상재해가 빈발하였다. 평소에도 홍수와 가뭄, 해일 및 태풍 등의 요인으로 피해가 발생하지만, 2020년에는 7~9월 동안에 발생한 장마 이후에 B급 태풍 '바비'와 '마이삭'이 두 차례나 북한 내륙을 관통하였다.[1] 황해도 곡창지대에서는 농작물이 침수되고[2] 함경남도 해안가 수산사업소 인근 지역에도 큰 피해가 발생하였다.[3] 농작물 감수 피해는 물론이고 산사태로 인한 주택 전파 등 시설 붕괴가 잇달았다. 가뜩이나 코로나바이러스 발생과 유엔의 대북 경제제재 등으로 이중고를 겪는 상황에서 북한 내륙과 해안을 중심으로 설상가상 심각한 자연재해가 발생하였다.

특이한 점은 태풍을 비롯한 기상재해가 예보되는 상황에서 북한 기상기구의 대응이었다. 태풍이 예보됨에 따라 조선중앙TV는 태풍이 북한지역으로 접근하던 8월 25일에는 모두 17회, 26일에는 37회에 걸쳐 태풍 관련 보도와 특집 방송들을 편성해 재해 방송 비중을 최고조로 높였다. 조선중앙TV는 24시간 긴급재난 방송체제로 전환하여 전례 없이 신속하고 현장감 있게 태풍 정보를 전달해 주목을 끌었다.[4]

태풍 상륙 이틀 전부터 태풍 대비 특집 방송체제로 전환하고 조선중앙TV 취재진은 기상수문국을 찾아가 태풍의 예상 이동 경로를 자세히 전달했다. 태풍이 발생하는 원인과 크기, 태풍 '바비'의 특징을 자세히 설명하는 프로그램을 내보냈다. 과거와 달리 중국과

---

1 북한은 2020년 8월 제8호 태풍 '바비' 상륙 이후 관영 조선중앙TV를 통해 거의 실시간으로 기상 상황을 보도하는 등 기민하게 대응하였다. 제9호 태풍 '마이삭'의 영향으로 함경도, 강원도 등에 피해를 입은 데 이어 9월 7~8일 제10호 태풍 '하이선'까지 예보되자 조선중앙TV는 특집 방송을 편성하고 관련 소식을 전했다.

2 태풍 '바비'의 영향으로 피해가 발생한 황해남도 옹진군, 강령군, 연안군, 벽성군, 과일군, 재령군 등 북한의 주요 곡창지대가 주로 방송에 등장했다. 조선중앙TV는 박봉주 당중앙위원회 부위원장과 김덕훈 내각 총리가 황해남도 여러 지역을 방문했다고 보도했다. 8월 28일에는 김정은 위원장의 황해남도 태풍 피해 지역 방문 소식을 중점적으로 전달했다. 노동신문은 9월 28일 "김정은 위원장은 태풍 8호에 의한 피해 규모가 예상했던 것보다 적다"며 "걱정이 태산 같았는데 이만한 것도 천만다행이라는 생각이 든다"고 보도하였다.

3 김정은 위원장은 2020년 9월 5일 태풍 '마이삭'으로 피해가 발생한 함경도 지역을 시찰한 뒤 노동신문에 공개서한을 발표했다. 평양의 노동당원 1만 2000명을 차출해 '최정예 수도 당원 사단'을 꾸려야 하니 자원해달라는 내용이었다. 김정은은 "기본 건설 역량과 인민군 부대들이 이미 강원도와 황해남북도의 피해 현장들에 전개돼 있다"며 "함경남북도의 피해 복구를 지원하는 문제를 수도의 당원 동지들에게 터놓기로 했다"고 했다. 이 같은 김정은의 호소에 북한이 30만 평양시 당원이 호응했다며 구체적 숫자를 밝힌 것은 이례적이다. 김명성, ""함경도 태풍 피해 복구" 김정은 명령 하루만에 평양서 30만명이 자원," 『조선일보』, 2020년 9월 8일, https://www.chosun.com/politics/north_korea/2020/09/08/GGZDJJMCKZC7HHYIENCRGSRRWE/ (검색일: 2023년 12월 21일).

4 조선중앙TV는 보통 평일 오후 3시에 방송을 시작해 오후 10시 30분이면 방송을 종료한다.

일본 등 아시아 각국에서 발생한 태풍 피해 소식도 상세하게 전달했다. 특집 방송에서는 실시간에 가까운 태풍 이동 경로와 지역별 피해 상황을 보도함으로써 태풍에 대한 주민들의 경각심을 높이고 태풍 피해를 최소화할 수 있도록 사전준비를 철저히 할 것을 당부하는 내용이 주를 이뤘다.[5]

　북한 재난방송은 2019년 태풍 '링링'을 기점으로 획기적으로 변화하기 시작했다. 당시 북한의 태풍경보 방송에선 최초로 조선중앙TV의 취재원이 기상수문국을 방문해서 태풍의 예상 진로를 알려주는 등 새로운 형식의 프로그램이 등장했다. 비록 2020년처럼 취재진이 피해 현장에 직접 나가거나 24시간 긴급재난 방송체제를 가동하는 등의 변화는 아니었지만, 재난방송 효과를 높이기 위해 다양한 변화를 시도했다.[6] 2019년 새로운 시도가 있었으나 태풍 관련 특집 방송의 횟수는 2020년처럼 많지 않았다. 2019년 태풍 '링링' 관련 예보방송은 링링이 접근하던 9월 6일 3회, 태풍의 직접적 영향권 안에 든 9월 7일에는 23회, 태풍이 물러간 9월 8일에는 7회로 모두 33회에 그쳐 2020년 108회와는 큰 차이를 보였다. 북한에서 긴급 재난방송체제를 가동했다는 것은 기상예보의 중요성이 그만큼 강조되었기 때문이다.[7]

---

5 "태풍은 북서태평양에서 활동하는 열대 저기압으로 중심 부근에서의 최대바람 속도가 17.2m/s 이상이며 한 해 평균 26회 정도가 발생합니다. 일반적으로 태풍은 태풍 중심의 반경이 300km 이하일 때 소형, 300~500km이면 중형, 500~800km는 대형, 800km 이상은 초대형 태풍으로 부르고 있습니다. 현재 태풍-8호의 영향으로 25일부터 27일 사이에 서해안과 자강도의 여러 지역, 동해안의 일부 지역에서 폭우를 동반한 많은 비가 내리고 북부 내륙의 일부 지역을 제외한 대부분 지역에서 센바람이 불 것으로 예견되는 조건에서 태풍 피해 막이 대책을 철저히 세우는 것만이 인민들의 생명과 재산을 지키고 사회주의 경제건설의 성과를 보위할 수 있습니다." 『조선중앙TV』, 2020년 8월 25일.

6 생방송이 거의 없는 북한으로서는 이례적인 보도였다. 방송원이 비바람에 몸이 흔들리며 생생한 상황을 전하는 모습을 30분가량의 시차를 두고 내보냈다. 모든 방송을 사전 녹화하고 검열과 재검토를 거쳐 편집해 내보내는 북한 방송체제에서 생방송은 사실상 불가능하다. 이철희, "北의 태풍특보[횡설수설/이철희]," 『동아일보』, 2020년 9월 4일, https://www.donga.com/news/Opinion/article/all/20200904/102786780/1 (검색일: 2023년 12월 21일).

7 노동신문은 "앞으로 9월에 북서태평양상에서 태풍이 계속 발생할 것으로 예견된다"면서 "자연재해 방지를 위한 대책을 계속 강하게 세워나가자"라고 강조했다. "북한, 자연재해 방지 대책 거듭 주문…"9월 태풍 계속 발생할 것"," 『DAUM 뉴스1』, 2023년 9월 6일, https://v.daum.net/v/20230906063415968 (검색일: 2023년 12월 21일).

북한 기상 당국은 신속하고 시의적절한 조선중앙TV의 재해 대응 보도 등으로 자연재해 위기관리 능력이 상당 부분 개선됐다는 자체 평가를 하고 있다. 북한 기상수문국은 태풍과 폭우에 대한 기상예보를 정확히 하기 위해 지휘체계를 더욱 강화해 나가고 있다.[8] 이후 9월 28일 황해남도 피해지역을 방문한 김정은 위원장은 "자연재해에 대응하기 위한 국가적인 위기관리 체계가 바로 서가고 위기 대처 능력이 현저히 개선돼가고 있다"고 긍정 평가했다.[9] 하지만 북한의 기상예보 수준은 1975년 가입한 세계기상기구(WMO) 회원국 중에서 후진국 수준이다. 노후화된 기상관측 장비로 인해 북한의 기상예보 수준은 정확성이 떨어지고 있다. 남한의 기상청에 해당하는 기상수문국은 지난 2001년부터 기상예보에 컴퓨터를 활용하기 시작했지만 예보 적중률은 30% 내외에 그치고 있다.[10] 김정은 시대인 2010년대 이후 획기적인 예보 개선 대책 마련으로 예보 적중률은 50%에 도달하는 것으로 추정된다.

본고는 2012년 김정은 집권 이후 재난에 대비하는 북한의 기상예보 대응 시스템을 평가하고[11] 효율적인 남북한 협력방안을 제시하고자 한다. 한반도를 공유하고 있는 남북한은 상호 기상 및 생태계에 많은 영향을 주고받고 있다. 지구온난화에 대응·극복하기 위해 국경을 초월하는 기상 분야의 협력은 시간이 갈수록 필요성이 높아지고 있다. 자연재해와 기후변화에 대응하기 위한 남북한 기상협력은 정치·이념의 차이를 넘어 한반도의 국토환경을 보호하고, 미래세대의 안전과 풍요를 위해 시급히 진행되어야 한다.

---

8 『조선중앙통신』, 2020년 9월 7일.

9 『노동신문』, 2020년 9월 29일.

10 "북한의 기상예보체계," 『NK테크』, http://www.nktech.net/inform/nkt_briefing/nkt_briefing_v.jsp?record_no=50 (검색일: 2023년 12월 22일).

11 이승욱·이대근·임병환, "최근 10년(2007~2016년) 북한의 기상기후 연구 동향-기상과 수문지를 중심으로-," 『대기』 제27권 4호(2017), pp. 411-422. 북한의 기상기후 연구 동향을 파악하기 위해 최근 10년간 (2007~2016년) 발간된 기상과 수문지 총 40권을 분석하였다.

북한의 기상 정책과 자연재해

1. 북한의 기상기구와 정책

　지구온난화로 인해 2012년 지구의 평균 지표 온도는 1880년대에 비해 0.85℃나 상승했고, 이로 인해 1990년대부터 대규모 자연재해가 발생하기 시작했다. 한반도 역시 지구온난화의 문제가 발생했다. 1981년부터 2010년까지 측정된 연평균 기온은 남한과 북한 각각 12.5℃와 8.5℃이며 한반도의 연평균 기온은 11℃이다. 연평균 온도 상승의 경우 남한은 1.1℃로 북한이 1.4℃보다 더 낮았지만 1880년부터 2012년 동안 전 세계의 평균 상승온도인 0.85℃보다 약 2배 높은 속도로 기후 온난화가 진행되고 있다. 남한과 북한 그리고 한반도 전역의 미래 온도를 대표농도경로(Representative Concentration Pathway: RCP) 기법을 사용하여 분석한 결과 시나리오별로 증가 추세의 정도는 있지만 모든 시나리오에서 온도가 상승하며 이에 따른 자연재해도 더욱 빈번하게 발생할 것으로 예측되었다.[12]

　특히 남한은 경제성장을 위한 화석연료 사용 급증과 도시화로 인해, 북한은 급격한 산림 훼손으로 인해 한반도의 기후변화 폭은 세계 평균보다 심각한 상황이다. 북한은 전체 산업 중에서 농림업 비중이 남한보다 월등히 높기 때문에 한반도 기후변화로 인한 피해도 늘어나고 있다. 북한 기상수문국 발표에 따르면 1918년에 비해 2000년 북한의 겨울철 기온은 4.9℃, 봄철 기온은 2.4℃ 높아지면서 자연재해의 발생 빈도가 높아졌다. 3~5월 산불이 급증하고, 북·중·러 접경지역과 백두산 일대에 시베리아 송충이로 인한 산림 피해가 확대되었다. 여름철 집중호우 횟수는 증가하여, 최근 5년간 장마철 평균 강수량은 평년 대비 1.5배인 850mm 이상을 기록했다.[13]

　북한은 기상 정책을 농업·환경 분야로 간주해 정무원 농업위원회 산하 '기상수문국 (State Hydro-Meterological Administration: SHMA)'에서 기상업무를 수행하고 있다. 해방 직후

12　이경희, "기후변화와 한반도 평화," 『평화담론』 (2021), pp. 1-11.

13　국립기상연구소, 『남북 기상협력의 사회·경제적 효과분석에 관한 연구』 (서울: 국립기상연구소, 2009).

인 1946년 7월 설립된 기상수문국[14]에서는 주로 기상 관측과 예보 분야를 비롯해 주민들에게 일기예보를 제공한다. 남한의 기상청에 해당하는 기상수문국은 그 명칭에서도 알 수 있듯이 강수 관리를 위한 기관으로 만들어졌다. 이 기관은 1946년 농림국 산하로 발족해서 운영되다가 1961년 국토환경성으로 소속을 변경했다가 기상의 중요성이 강조됨에 따라 1995년 독립부처로 승격됐다. 북한은 농업 관개시설이 열악하고 전력 생산의 40%를 수력 발전에 의존하기 때문에 기상수문국의 업무는 강수 관리에 치중됐다.[15] 주민을 위한 날씨 예보 서비스는 후순위로 밀리면서 예보 능력은 당연히 뒤처질 수밖에 없었다.

북한 기상수문국은 1975년 유엔 산하 세계기상기구(WMO)에도 가입하여 국제기관과의 교류·협력을 이어오고 있다.[16] 기상수문국 산하에는 중앙예보연구소, 기상수문기계연구소, 수문연구소, 기상연구소, 중앙기상수문해양자료보급소, 시·군 기상관측소 등 27개의 기상관측소가 있다. 남한의 기상청이 총 45개의 기상대를 운영하고 있는 것에 비하면 북한의 국토 면적과 복잡한 산악지형을 고려할 때 관측소의 수는 증가되어야 한다.[17] 2020년 기준으로 북한에는 186개의 기상관측소가 있다. 기상관측은 해당 국가의 기상장비 발달 수준에 좌우될 수밖에 없다. 기상관측소의 장비가 수동식이어서 기상자료가 실시간으로 본부에 송신되지 않는 등 북한의 기상 설비는 남한의 1990년대 후반 수준이다. 정확한 기상예보를 하려면 인공위성자료가 필수적이다. 북한은 2개의 회선을 통해 인공

---

14 1946년 7월 10일 북조선임시인민위원회는 농림국 산하에 기상수문국의 전신인 중앙기상대를 설립하였다. 중앙기상대는 1952년 9월에 내각 직속 기관으로 되었다가, 1961년 3월 기상수문국으로 개편되었다. 기상수문국은 기상, 해양, 강하천·바다의 상태, 환경오염 실태를 체계적으로 조사·연구하여 관련 대책을 마련하고, 각종 예보와 경보를 정확히 발표함으로써 이상기후 현상으로 인한 자연재해로부터 주민들의 생명과 재산을 보호하는 기능을 수행한다. 장관급 기관으로 직원 수는 약 3천여 명이다. 지진은 인민보안성, 항공기상은 민용항공총국이 담당한다. 조직은 5개국, 6개 소속기관, 12개 지방청, 186개 기상관측소, 8개 해양관측소를 두고 있다. 기상청, "남북 기상협력 추진 경과 및 계획" (남북 기상협력 자문위원회 보고자료, 2018년 11월 28일).

15 1948년 2월 26일 북조선 인민회의 제4차 회의에서 김일성은 "농사시험장과 기상관측소와 같은 연구기관들에서는 농업, 임업, 수산업을 발전시키기 위한 과학기술적 문제들을 깊이 연구하여 그 성과를 빨리 생산에 받아들이도록 하여야 할 것"이라고 언급하였다. 과학원, 『조선지리전서』(평양: 과학백과사전출판사, 1990).

16 북한은 1978년 11월에 정부간해양학위원회(IOC)에 가입하였다. 이후 1980년 국제수문학계획(IHP) 및 1987년 11월 남극조약에 가입하였다.

17 기상청 기후과학국 한반도기상기후팀, 『북한의 기상·기후 연구 동향』(서울: 기상청, 2012).

위성자료를 받고 있으나 통신 시스템이 워낙 낡아서 자료전송 속도가 느리고 필요한 인공위성 기상관측자료를 모두 받아볼 수 없다.[18]

1990년 8월 기상수문국은 정지위성과 궤도위성으로부터 기상자료를 수신할 수 있는 기상위성수신소를 준공하여 보다 신속하고 정확한 중장기 기상예보가 가능해졌으며 농업 및 수산업, 해운·항공 부문의 일기예보 서비스도 강화하였다고 발표했다. 기상수문국은 다른 나라들과 기상, 수문, 해양, 환경오염 자료, 남극탐험사업 관련 자료 등을 교환하고, 세계기상기구를 비롯한 국제기구들과 과학기술 교류, 공동연구, 공동 관측 등의 사업을 진행하여 선진기술의 습득, 과학기술인재의 양성 및 기술의 현대화를 도모하고 있다. 기상수문국은 기상관측과 예보를 전담하는 조직으로, 산하에 기상위성수신소와 지방기상청, 기상관측소 등이 있다. 또한 중앙기상예보연구소와 수문연구소 등 여러 개의 연구소가 있어 기상관측 및 예보와 관련한 연구를 진행한다. 김일성종합대학과 평양고등기상전문학교, 기상전문대학 등에서는 기상인력을 배출한다.

한편 북한에서 자연재해를 관리·감독하는 조직은 '국가비상재해위원회'다.[19] 국가비상재해위원회는 자연재해에 대한 사전 대비, 재해 피해의 종합 및 피해 복구사업을 총괄하는 기관이다. 기관 산하에 비상설기구인 '중앙큰물피해방지연합지휘부'가 구성되어 홍수 피해 대책 마련 및 복구사업의 통일적인 지휘체계가 마련되었다. 또한 기상당국은 직접적인 피해를 방지하기 위해 조직과 제도를 강화하고, 근본적인 해결을 위해 기후변화와 관련한 국제질서에도 동참하고 있다. 북한은 1994년 '유엔기후변화협약(UNFCCC)'을 비준한 것을 시작으로 2005년에는 지구온난화 규제와 방지를 위한 '교토의정서'를 비준하였고, 2012년에는 신기후체제인 '파리협정'을 체결·비준했다. 이어 국가 온실가스 감축량을 제시하고, 그 방법으로 63억 그루의 나무를 심는다고 발표했다.

---

18 세계기상기구의 아비나쉬 타이야기 기후관리 국장은 2003년에 이어 8년만인 2011년 3월 18~25일간 북한을 방문하여 북한 기상수문국 책임자와 면담을 했다. 세계기상기구 본부는 스위스 제네바에 있다. 최원기, "[인터뷰: 세계기상기구 국장] "북한 기상예보 시설 70-80년대 수준"," 『VOA』, 2011년 4월 11일, https://www.voakorea.com/a/article-------70-80--119620284/1340313.html (검색일: 2023년 12월 24일).

19 위원장은 강일섭이다. 국가비상재해위원회는 2023년 3월 기준 통일부가 발표한 '북한 권력기구도'에는 나와 있지 않다.

2. 북한의 자연재해와 피해 현황

북한의 기상이변에 따른 농업재해는 평균 3~4년에 한 번씩 발생한다. 일부 재해는 곡물 생산량의 최대 30% 내외의 피해를 가져오고 있다. 7~8월 홍수와 가뭄은 심각한 피해를 가져온다. 하지만 무분별한 산림 벌채와 낙후된 배수시설 등으로 홍수에 취약한 탓에 피해가 불가피하다. 북한의 대부분 산지는 평소 특별 국유림을 제외하고는 70도 경사지까지 밭을 개간한 민둥산이기 때문에 비가 많이 내릴 경우 토사가 쉽게 흘러내린다. 500㎜ 이상의 비가 단기간에 집중적으로 온다면 침수와 토사 유출로 곡창지대에 피해가 발생한다.

1991~2023년간 북한의 기상재해는 총 43회가 발생하여 연평균 1.25회 수준이다. 특히 7~8월에 홍수, 태풍, 가뭄에 의한 재해가 집중되었다. 2000년대 이후 10년간(2003~2012년) 기상재해 총 사망자 수는 1,672명으로 연평균 56명 수준이다.

| 표 7-1 | 최근 10년간(2003~2012) 북한의 기상재해 사망자 수

일시	재해	사망자 수(명)
2004년 7월 24일	집중호우	24명
2005년 6월 30일	집중호우	193명
2006년 7월 12일	집중호우	276명
2007년 8월 7일	집중호우	610명
2010년 9월 2일	태풍	20명
2011년 6월 23일	집중호우	30명
2012년 7월 18일	집중호우	88명
2012년 8월 28일	태풍	59명

출처: 세계재해정보센터 『CRED』 https://www.cred.be, 『EM-DAT』 https://www.emdat.be

10년간 총 이재민은 1,605만 4,026명으로 연평균 53만 5,134명이다. 총 피해액은 약 236억 달러로 연평균 8억 달러 수준이다. 기상재해로 인한 북한의 사회경제적 손실은 국민총생산(GDP)의 8% 수준에 달할 정도로 엄청나다.[20] 결국 안정적인 농업생산을 유지하

---

20 Lu Riyu, 『그린데탕트 기상분야 남북협력 방안 연구』 (Beijing: Institute of Atmospheric Physics, Chinese

기 위해서는 기상재해를 최소화하는 안정적인 물관리체계의 구축이 선행되어야 한다. 지구온난화에 따라 기상이변이 빈번해지는 것은 불가피하다. 재해를 최소화하는 체계적인 대응능력을 구축하는 것이 중요한 국가과제가 되었다.

| 표 7-2 | 최근 북한의 자연재해 실태 (2010~2023)

연도	재해 상황	조선중앙통신 보도와 유엔인도조정국(OCHA) 보고
2010	7월 홍수, 9월 곤파스 태풍 150㎜ 강수	3만 ha 면적의 작물 피해
2011	6월 태풍 메아리, 장마, 집중호우(6.23, 7.11), 태풍(8.7)	황해남북도 평남, 함남 피해
2012	7월 가뭄 피해, 평안남북도 집중호우(7.18), 태풍(8.28)	양강, 자강, 함경도 이재민 300만 명 발생 189명 사망
2013	4월 봄 가뭄, 초여름 가뭄	보리, 벼 작황에 부정적 영향
2014	5월 중순까지 봄 가뭄 * 2015년 5월까지 최장 18개월 가뭄의 시작	수십 년 만에 가뭄
2015	7월 초순까지 봄 가뭄, 이후 가을 가뭄, 황해남도 집중호우(8.4~5)로 피해 발생 나선시 집중호우(8.22~23)	100년 만에 가뭄, 나선시 40여 명 인명 피해 발생 *이재민 1만 5천 명
2016	함경북도 태풍 피해	138명 사망, 이재민 6만 8천 명
2017	6월 황해남북도 지역에 가뭄 비상사태 선포	
2018	7월 평년보다 11도 높은 고온 피해 발생, 8월 말 강원도와 황해남북도 홍수 피해 발생	1만 1천여 명의 이재민 발생, 1만 7천 ha 곡창지대 피해 발생
2019	태풍 '링링'과 가뭄 피해 발생	아프리카 돼지 열병 발생
2020	태풍 3개 피해 발생, 홍수 피해 발생	이재민 발생
2021	가뭄 피해 발생	2020년 피해 재발에 총력
2022	황해북도 호우 피해, 태풍 발생	당국, 민방위부 동원
2023	8월 강원도 안변지역 200정보 침수 태풍 카눈 피해 발생	김정은 현지지도, 자연재해방지 능력 강조

출처: OCHA·Athony Burke, "2019 DPR Korea Needs and Priorities," *OCHA*, March (2019) 및 북한 노동신문, 조선중앙통신, 조선신보, 언론보도 등 북한 자료를 토대로 저자 작성.

Academy of Science, 2015).

북한 기상예보의 체계와 한계

김정은 위원장은 2014년 6월 최고지도자로서는 최초로 기상수문국을 방문하여 "기상사업이 현대화, 과학화되지 못한 결과 오보가 많다"고 지적하고 "기상수문국 사업을 근본적으로 개선하라"고 지시했다.[21] 김정은이 집권 후 기상수문국을 방문한 것은 여름 수해 피해 방지를 위한 목적으로 보인다. 2015년 6월 조선중앙통신은 기상수문국이 지난 1년 동안 과학화, 현대화를 추진해 기상예보의 정확도를 높였다고 보도했다.[22] 북한 스스로 '김정은 시대의 자랑찬 창조물'이라고 극찬하는 미래과학자거리가 평양 신시가지에 조성되자 2016년 북한의 행정기관 중 처음으로 기상수문국이 이곳에 입주했다. 이후 기상수문국은 자동기상관측장치를 개발하고 실시간으로 기상상태를 관측하는 체제를 갖추었다고 선전했다. 아마도 기상수문국이 첨단 신도시인 미래과학자거리에 입주한 것은 기상관측의 중요성을 인식한 김정은 위원장의 지시로 이뤄졌을 가능성이 높다.

---

21 김정은이 이번 방문에서 기상관측사업의 현대화, 과학화를 강조했으며 "기상 관측과 예보사업을 잘해야 이상기후 현상에 의한 재해로부터 인민들의 생명과 재산을 보호하고 농업과 수산을 비롯한 인민경제 여러 부문들에서 자연피해를 제때에 막을 수 있다"고 언급했다고 전했다. 또한 "기상수문사업은 나라의 경제사업 전반에 직접적인 영향을 주는 매우 중요한 사업으로 연구사, 예보원들의 책임성을 높이는 것과 함께 과학기술 역량을 튼튼히 꾸려야 한다"며 세계 각국과의 과학기술 교류사업의 필요성에 대해서도 강조했다. 이와 함께 '기상관측설비들의 현대화'와 관련한 '은정 깊은 조치'를 취했다고 전해 김정은이 새로운 설비의 도입을 지시했음을 시사했다. 『조선중앙통신』, 2014년 6월 10일.

22 북한 기상수문국이 지난 1년 동안 과학화, 현대화, 정보화 사업을 추진해 기상예보의 정확성을 높였다고 조선중앙통신이 2015년 6월 8일 보도했다. 특히 "최근 집중적인 연구 분석으로 여름철 소낙성 강수와 특대형 폭우예보능력을 개선하고 수치일기예보와 지방의 예보 능력을 강화해 종전보다 기상 예보의 정확성을 훨씬 높였다"고 전했다. 또한 "예보원과 물관리자 사이의 응답조종방식에 의한 현대적인 대동강 실시간 큰물예보 체계와 갈수기 주요 하천, 저수지들의 물량평가, 예보계산체계를 새롭게 확립해 물관리를 보다 과학적으로 할 수 있게 했다"고 설명했다. 통신은 "바다바람과 물결상태를 수역별로 예보할 수 있는 해상예보방법을 혁신해 고깃배의 어장진출에 기여했으며, 기상수문국과 각 도 기상수문단위들과의 자료통신을 정보화했다"고 덧붙였다. 특히 "최근 100년래의 왕가뭄 현상분석자료와 대동강유역에서의 생활용수, 관개용수 보장을 위한 물리용 대책 등을 인민경제 여러 부문에 통보해주고 있다"고 했다.

한편 기상수문국의 예보시스템은 김정은의 현지지도 이후 신속하게 변화하고 있다. 연이은 태풍 소식에 기민한 대응을 보이고 있는 북한은 2020년 이후 휴대전화 가입자들에게도 실시간 기상정보를 제공하는 체계를 개발했다고 선전했다.[23] 현재 북한 기상수문국에서 예보하는 대중기상봉사체계는 주요 지점들에 대한 현재 날씨, 단기 예보, 중기 예보, 먼바다와 가까운 바다에 대한 예보와 실시간으로 갱신되는 동·서·남해상 예보, 위성으로 찍은 태풍의 위치와 이동 경로 등 10여 가지의 기상정보가 제공된다.

주요 도시의 최고 및 최저기온, 평년 최고 및 최저기온 정보, 일·월별 강수량 정보 등이 그래프와 분포도 형식으로 제공된다. 농업부문 기상봉사체계에서는 주요 지점들의 기상·태풍 예보뿐만 아니라 토양 온도, 언땅 깊이, 서리 시작 날짜 등이 제공되고 농작물 생육에 따르는 시기별 기상 조건과 농업기술적 대책에 대한 정보도 접할 수 있다. 해양부문 기상봉사체계에서는 해양활동에 필요한 각 도별 단기, 중기 해상예보자료들과 물 온도, 염도, 해류, 바닷물 높이 등을 제공한다. 북한은 현재 날씨를 비롯해 태풍, 해상, 기온, 강수량 관련 정보를 제공하는 휴대폰용 애플리케이션(앱) '날씨'(2.0)도 개발해 보급하고 있다.[24]

| 표 7-3 | 북한 기상정보 서비스 프로그램

프로그램명	제공서비스	비고
날씨 2.0	인트라넷용 기상 및 재해경보	경보의 대상과 종류, 재해피해 예상 시간, 지역 등을 화상자료와 함께 제공
날씨 3.0	휴대전화용 기상정보	
농업 1.5	휴대전화용 농업기상 정보	시기별, 지역별 상세 농업기상자료 제공
대기오염예보	대기상태, 오염원 측정정보	지역별 순간 대기오염 농도 및 예측치를 농도분포지도로 제공

출처: KDB미래전략연구소 한반도신경제센터, "북한 기상정보서비스의 최근 동향," *Weekly KDB Report*, (2021. 4. 19)를 토대로 재작성.

---

23 북한 선전매체 '메아리'는 2020년 9월 7일 "기상수문국 기상정보교류소의 연구 집단이 이동통신망을 이용하여 실시간적인 기상정보를 가입자들에게 제공하는 손전화(휴대전화) 기상봉사체계를 개발하였으며 대중기상봉사체계와 농업부문, 해양부문, 교통관광부문의 전문기상봉사체계로 이루어져 있다"고 보도했다.

24 이 앱은 15분 간격으로 정보를 업데이트해 전달하며 2019년 12월 개발했다고 매체는 전한 바 있다. 다만 15분 간격으로 제공되는 자료는 관측보다는 단순 예보로 알려졌다.

기상예보의 생명은 정확성과 적시성이다. 남북한 기상당국은 모두 예보의 정확성과 적시성의 오차 때문에 주기적으로 여론의 지적 대상이 된다. 기상관측 위성과 슈퍼컴퓨터를 갖춘 남한의 기상청도 일기예보의 정확도를 놓고 '오보청'이라는 비판의 대상이 되기도 한다. 날씨에 대한 국민들의 높은 관심이 예보가 정확하지 않을 때 실시간으로 분출되는 측면이 강하다. 북한 역시 기상관계자들이 직면하는 예보의 어려움은 다음과 같은 표현에서 적나라하게 표출된다.[25]

"일기예보사업은 매일 사람들 앞에서 시험을 치르는 것과 같은 그런 사업이라고 볼 수 있습니다. 사람들은 흔히 예보가 정확히 맞았을 때보다도 틀렸을 때를 더 많이 기억하게 되고 그래서 칭찬보다도 욕을 더 많이 얻어먹는 것이 우리 사업입니다." (기상수문국 심명옥 공훈예측원, 2020년 5월 18일 조선중앙TV)[26]

기상예보의 어려움에도 불구하고 대외적으로 기상수문국은 자신들의 일기예보 정확성이 90% 이상이라고 주장하고 있다.

"예보는 기간에 따라서 초단기예보, 단기예보, 중기예보, 장기예보로 나눌 수 있습니다. 매일 저녁 텔레비전에 나오는 것이 단기예보입니다. 지금 우리나라(북한)의 단기예보 정확성은 90% 이상이라 할 수 있습니다. 우리는 전국적으로 수백 개의 기상관측소를 운영하면서 예보에 절실히 필요한 기압, 기온, 바람, 습도, 강수량을 포함한 많은 지면기상요소들을 실시간으로 측정하고 있습니다." (기상수문국 실장 강철준, 2020년 5월 18일 조선중앙TV)[27]

---

25 "사실 기상예보 하는 저의 처남댁이 기상예보 연구소 연구원이거든요. 오늘 뭐 평양 지방에서 비가 얼마나 오겠다. 이제 이렇게 예보해 놓고 아침에 일어나자마자 밖에 뛰어나가요. 나가보면 땅은 안 젖었는데 이제 그 먼지에 비가 한두 방울 떨어져서 떨어진 거 있으면 밖에서 소리 질러요. 만세! 하고. 그 정도 이제 그... 이게 잘못하면요, 생활총화 때 이제 비판받고 시말서를 써야 하거든요.", 통일전망대, "[북한이궁금해] 날씨를 맞혀라 틀리면 생활총화," 『MBC』, 2020년 5월 30일, https://imnews.imbc.com/replay/unity/5791411_29114.html (검색일: 2023년 12월 21일).

26 조선중앙TV 보도; 통일방송연구소, "[평양 핫라인] 북한은 수해방송 어떻게 하나?," 『MBC』, 2020년 8월 13일. https://imnews.imbc.com/newszoomin/newsinsight/5872621_29123.html (검색일: 2023년 12월 21일).

27 위의 인터넷 자료.

하지만 북한 당국자가 주장하는 90%의 예보 적중율이 어떤 기준의 정확도인지는 확인이 어렵다. 지난 2014년 김정은 위원장은 기상수문국의 종합예보실, 국내통신실, 국제위성통신실 등을 돌아보며 기상관측의 중요성을 강조했다. 기상수문국은 김정은의 지시 이후 당국으로부터 컴퓨터와 측정장비 등 과학 설비를 집중적으로 지원받아 예보의 정확성을 높였다고 한다. 기상수문국이 일기예보를 내보내는 과정 중에서 특이한 점은 전문가들의 종합토론이다. 전국의 관측소에서 측정한 실시간 기상 데이터의 컴퓨터 분석만으로 일기예보를 하는 게 아니라 전문가 토론이라는 최종단계를 하나 더 거치는 것이 남한과 다른 부분이다.

> "우리 국에서는 일기예보에서 오보를 극복하고 정확성을 보장하는데 중점을 두고 사업을 진행하고 있습니다. 우선 정밀도가 높아진 전국의 실시간 관측자료, 수치일기예보자료, 레이더 자료를 비롯해서 가능한 방대한 기상자료들을 짧은 시간에 분석하기 위해서 여러 대학 과학연구단위, 교원연구사들과 힘을 합쳐서 수치일기예보자료 종합분석체계를 비롯해서 수십 개의 프로그램을 개발 도입해서 예보의 정보화 수준을 더욱 높였습니다. 또한 예보연합토론을 도입하여 자료분석을 강화하고 매일 예보평가를 진행하고 기술총화를 조직하는 것을 비롯해서 공정체계를 개선해서 예보의 정확성을 보다 높여나가고 있습니다." (기상수문국 차장 방순녀, 2020년 5월 18일 조선중앙TV)[28]

북한 기상수문국은 2020년 과학적이고 체계화된 폭우와 우박수치예보, 태풍경로예보 방법을 연구 도입하고 사전 대비를 위한 기상재해 경보체계를 확립했다고 북한 매체가 보도했다.[29] 이와 동시에 기상정보봉사와 기상상식봉사를 다양화하는 연구를 심화시키고 국가적인 위기관리체계 수립을 위해 재해 발생 조기예보, 조기경보, 대중통보의 신속성 보장에서 성과를 거뒀다고 선전했다. 또한 미세먼지, 대기질, 기온변화 및 대기습도를 비롯한 기상정보봉사의 다각화를 실현하고 기후, 수문, 해양상태를 정상적으로 감시하고 정보를 신속히 통보해주기 위한 사업에 박차를 가하고 있다고 주장했다. 기상수문국 산하 중앙기상예보대 예보원·연구사들은 종전보다 기상상태를 신속히 예보하는 '초단기예보' 체계를 구축하여 정확성을 제고하고자 노력했다. 또한 미세먼지와 대기질을 비롯하여 제공

---

28 위의 인터넷 자료.

29 북한 대외용 매체인 '메아리'는 2020년 9월 21일 "인민경제 모든 부문, 모든 단위에서 변화되는 일기조건에 제때에 대처할 수 있도록 알려주는 봉사체계를 마련했다"고 소개했다.

하는 기상정보를 다각화하고, 휴대전화용 기상정보 프로그램도 개선하는 등 기상 서비스 강화에도 주력하고 있으나 한계는 장비 부족이다.[30]

일기예보에서 남한은 과거 데이터를 바탕으로 객관적인 기준에 따라 분석한 정보를 중시하는 반면 북한은 예보관들의 경험과 직관에 따른 판단도 높이 평가한다. 기상수문국의 가장 큰 어려움은 장비 부족이다. 기상청은 "기상관측을 하는 데 주효하게 쓰이는 슈퍼컴퓨터와 기상 위성 등이 북한에는 없다. 평양 등을 제외하면 아직도 사람들이 직접 온도를 재는 등 기상관측을 하는 등 일상적인 수준의 예보만 가능할 것"으로 예측했다.[31] 전반적인 날씨 흐름은 파악할 수 있지만, 자체 기술만 갖고는 '어느 지역에 몇 ㎜ 비가 내리겠다'는 식의 예보는 한계가 있다.[32]

지금 전 세계는 컴퓨터화된 기상 장비와 곳곳에 세워진 기상관측소를 거미줄처럼 연결해 실시간으로 기상자료를 취합, 분석하고 있다. 특히 가뭄과 홍수 같은 자연재해에 대비하려면 전국적으로 기상관측소가 있어야 한다. 정확한 기상관측을 위해서는 북한 고유의 데이터를 활용한 보다 특화된 북한 예보 수치 모델이 있어야 되고 예보관의 기본역량이 필요하다. 현재 북한에서 수집되고 있는 데이터는 세계기상기구(WMO)에서 3시간 간격으로 보내주는 기초 데이터에 상당 부분 의존한다. 정확한 예보를 내기에는 자료가 부족해 최근에는 대한민국의 천리안 위성 관측 데이터도 참고한다고 한다. 북한의 경우는 장비가 낡아 지방의 군 단위의 경우에는 홍수 등 국지적인 기상예보가 힘든 실정이다. 기상예보를 제대로 하려면 첨단장비 못지않게 기상자료를 해석하는 우수 인력도 중요하다.

---

30 노동신문은 2020년 9월 21일 '고심어린 탐구로 주타격 전방에 활력을 더해 준다' 제목의 기사를 통해 국가과학원과 기상수문국의 간부 및 과학자들의 '활약'을 보도했다. 정아란, "자연재해 민감한 북한, 기상재해경보체계 확립…신속예보중시," 『연합뉴스』, 2020년 4월 21일, https://www.yna.co.kr/view/AKR20200421058800504 (검색일: 2023년 12월 22일).

31 기상청, "남북 기상협력 추진 경과 및 계획" (남북 기상협력 자문위원회 보고자료, 2018년 11월 28일).

32 "북한은 휴전선 남쪽에서 보내는 대북 확성기 방송에 대해 극도의 신경질적인 반응을 보였는데 그 이유 중에는 의외로 날씨 예보도 있다. 북한은 방송 내용이 거짓선동을 위한 가짜뉴스라며 군인과 주민들을 교육했다. 하지만 남한에서 들리는 날씨 예보가 기상수문국의 예보보다 더 믿을 만한 것이었기에 날씨 방송에 대한 신뢰는 자연스럽게 다른 내용에 대한 신뢰로 옮겨가게 되었다. 확성기 방송으로 "인민군 여러분, 오늘 오후에 비가 오니 빨래 걷으세요"라고 하면 북한군 부대에서 실제로 빨래를 걷었다고도 한다." 차상민, "[날씨이야기]북한의 기상청," 『동아일보』, 2020년 5월 9일, https://www.donga.com/news/Society/article/all/20200509/100968908/1 (검색일: 2023년 12월 22일).

북한의 기상인력 수준은 낮지 않으나 장비 부족으로 인력의 활용이 제한을 받고 있다.

북한은 2011년 4월 평양을 방문한 세계기상기구(WMO)에 낡은 기상 장비 교체와 함께 국제적인 기상관측자료들을 제공해 달라고 요청했다. 북한은 기상예보 개선을 위해 다음과 같은 네 가지 제안을 했다. △농업에 직접적인 영향을 미치는 기상재해를 막기 위한 지원, △기상예보에 필요한 장비 등 기술적 지원과 관측자료 지원, △가뭄 등 기상관측에 필요한 지원 등이다. 북한 기상수문국은 2019년에도 세계기상기구(WMO)에 △수문감시, △홍수예보, △조기경보시스템, △기후서비스 분야에 대해 기술지원 요청을 하였다. 북한이 정확한 기상예보를 하려면 낙후된 기상관측 장비를 교체하는 것이 급선무다. 대북 기상장비 지원은 세계기상기구(WMO)의 입장에서는 매우 어려운 문제다. WMO는 유엔 산하 국제적인 기상협력 기구로 기상관측자료를 제공하고, 기후변화 등 중장기 기후 상태를 예측하고 연구하는 업무를 담당한다. 따라서 WMO는 어떤 특정 국가의 기상관측 장비가 노후화되었다고 해서, 예산이나 신형 장비를 제공하지는 않는다. 중국은 2019년 북한에 기상관측장비를 제공했다고 한다. 핵과 중장거리 미사일 개발 등으로 유엔안보리의 대북 제재를 받고 있는 북한의 요청에 대해 세계기상기구 회원국들이 나서서 공개적으로 지원을 하는 것은 어렵다.

Ⅳ

효율적인 남북한 기상협력방안

1. 기상협력의 의미

남북한은 '호흡공동체'라 할 만큼 같은 대기 영향권에 있다. 북한지역에 한파가 몰아닥치면 곧바로 남한에도 찬 바람이 몰려온다. 장마가 시작되면 한반도 전체가 영향을 받는다. 하지만 남북한은 기상정보 교류가 전무함에 따라 기상예보에 어려움이 적지 않다. 남북한이 기상 데이터와 기상 기술을 서로 교환한다면 남북한은 미세먼지와 날씨 예보의 정확도를 높일 뿐만 아니라 기상재해의 피해도 크게 줄일 수 있을 것이다. 북한의 기상 기술 수준을 끌어올리면 한반도에서의 기상재해 피해를 연간 7,000억 원가량 줄일 수 있다는 연구 결과도 있다.[33] 남북한 기상협력을 통하여 파급되는 경제·사회적 효과는 "남북 기상협력을 통하여 예상되는 남한과 북한의 기상예측 능력 향상으로 인해서 남한과 북한의 자연재해 피해 규모의 감소 규모"로 정의할 수 있다. 남북한 기상협력은 정치·군사적 고려사항에서 비교적 자유롭고, 이미 생산된 동아시아 기상정보를 2차 가공하여 지원할 수 있으므로 경제적 손실 등 '퍼주기 논쟁'에서 비교적 자유롭다. 인도적 차원에서 공유할 수 있기 때문에 정치권의 거부감이 크지 않다. 북한은 거의 매년 기상재해로 인한 심각한 인명 피해와 식량난이 반복되고 있어 예보 능력 개선을 통해 생명보호와 재해경감을 할 수 있다. 상생의 기상협력은 우리나라의 예보 정확도를 향상하고 북한 기상관측자료의 품질 제고 및 국내 관측망 개선에도 효과를 거둘 수 있다. 요컨대, 중장기적으로 비정치적 분야인 기상협력을 통한 남북한 간 화해 협력에 기여할 수 있다.

2. 남북 기상협력의 성과와 한계

기상청은 중앙관상대 훈령 제122조에 따라 1979년부터 북한에 대한 단기·주간 예보를 생산하고 있다.[34] 기상청 직제와 시행규칙에 "북한지역에 대한 기상서비스"를 명시하여 업무 추진의 법적 근거를 확충하였다.[35] 정부는 1973년 이래 WMO GTS를 통한 기상정보를 공유하고 있다. 2007~2011년간 북측에 기상청 슈퍼컴 생산 수치예보자료를 전송하였다. 2000년 6·15 남북정상회담 시 평양~서울 간 공항 기상정보를 공유하였다. 2007년 금강산 관광지구와 개성공단에 자동기상관측장비 및 황사관측장비 각 1조를 설치하여 운영하였으나 2008년 이후 가동이 중지되었다.

남북한 간에 기상협력을 위한 접촉은 다음과 같다. 2004년 건설교통부 주관의 임진강 수해방지실무협의회 제3차 회의, 통일부 주관의 2004년 남북 해운협력 제2차 실무접촉

---

33 기상청 국립기상연구소, 앞의 글.

34 단기는 오늘~모레, 3시간 간격 시계열 및 그래픽 예보. 예보 구역은 27개 지점(시계열) 및 북한 전 지역(그래픽). 예보요소는 하늘 상태, 강수 유무, 강수확률, 강수량, 적설 기온, 최고 및 최저기온 습도, 풍향과 풍속(평양, 중강진, 해주, 개성, 청진, 함흥). 주간 +3일~+7일까지 날씨(평안남북도, 황해도, 함경남북도). 기상청, "북한 예보 현황 및 개선 방향," 2016.

35 기상청과 그 소속기관 직제(대통령령) 제10조(예보국) ③항 6의 2. 북한지역에 대한 기상서비스. 기상청과 그 소속기관 직제 시행규칙(환경부령) 제6조 ④항 7. 북한지역의 중단기 예보의 분석 생산 및 통보.

에서 일부 기상협력 관련 사항이 논의되었다. 이후 건설교통부 주관의 2005년 제1차 임진강 수해방지 실무접촉에서는 고상복 기상수문국 부국장이 북한측 수석대표로 참석하여 기상 분야가 남북한 간에 본격적으로 논의되었다. 2007년에는 기상청 주도로 남북 기상협력 실무접촉이 이뤄졌다. 이후 2008년 2월 2차 회의를 개최하기로 합의하였으나 남북관계 변화로 성사되지 못했다.

2007년 보건복지부가 주도하는 남북보건의료·환경보호협력분과위원회 제1차 회의가 개최되어 남북한이 백두산 화산 공동연구 사업을 적극 추진하기로 합의하였다. 이후 2011년 기상청이 주도하고 민간전문가가 참여하는 백두산 화산 남북전문가 회의가 개최되었다. 2018년에는 산림청 주관의 남북 산림협력분과회담이 개최되어 남북한 산불방지 및 사방 사업 등의 협력에 합의하였다. 요약하면 타 부처가 주도하고 기상청이 참여하는 남북회담이 2회, 타 부처가 주도하고 기상청이 미참여하는 남북회담이 3회 개최되었다. 이러한 기상협력을 통하여 △북한지역에 대한 예보서비스 개선, △동아시아 화산재 확산 예측모델 개발 및 현업화, △북한 기상관측자료 품질 강화 및 북한기상 연보 발간, △남북 기상협력 관련 다수의 연구사업 진행 등 주요성과를 거두었다.

기상청은 2009년 5월부터 북한 기상전담팀을 구성하여 체계적인 북한예보 생산체계를 구축하고 있다. 7월 들어 남북교류 및 국가안보의 기상 연계성이 부각됨에 따라 북한지역에 대한 예보를 확대 시행하기 시작했다. 북한 27개 도시의 단기예보와 5개 광역에 대한 중기예보[36]를 제공하였다. 북한의 핵실험 및 미사일 발사 등 위기관리 대응을 위한 실황 및 예보는 관계기관에 별도 지원하고 있다. 북한이 기상청 기상정보시스템에 접속해 북한 기상예보 자료를 미사일 발사 결정에 활용하고 있다는 언론의 추측 보도가 나왔다.[37] 이후 실질적 예보 수혜자 및 과도한 서비스의 문제점 점검 등을 통해 북한지역 상세 예보 자료의 제한 필요성이 대두되었다.

하지만 기상정보의 공유성 측면에서 미사일 발사의 자료로 활용될 가능성 등 일부의 우려가 과도하다는 측면도 배제할 수 없다. 국제적으로 일반적인 예보와 예상일기도 등은 공공데이터로 무료 개념이 확립되어 있다. 기상청이 제공하는 북한 기상예보가 아니더라

---

36 +3일～+7일 12시간 간격, +8일~+10일 1일 간격 텍스트, 예보구역: 5개 광역구역, 예보요소: 날씨, 신뢰도, 최고기온, 최저기온(5개 지점).

37 2016년 2월 15일. 외부에서 접근하여 정보를 빼내 간 흔적이 없고 해킹은 원칙적으로 차단된다.

도 인터넷, 모바일 웹(Web) 및 앱(App)을 통해 북한을 포함하여 세계 어느 곳이라도 손쉽게 취득이 가능하다. 북한 전역에 대한 다양한 종류의 예상일기도, 수치모델 디지털 자료도 국외 사이트를 통해 검색과 다운로드가 가능하다. Wunderground, WeatherOnline 온라인 사이트에서는 유럽중기예보센터(European Centre for Medium-Range Weather Forecast: ECMWF)[38], 미국, 영국, 캐나다 등이 제공하는 예상 기상도를 검색할 수 있다.[39] 따라서 남한이 발표하는 북한 기상예보는 이미 공개된 정보 수준으로 북한 미사일 발사 기초자료로 사용된다는 주장은 북한의 도발이 가속화됨에 따라 불가피한 측면도 있다.

3. 바람직한 남북 기상협력 방안

남북 기상협력은 북한의 니즈(needs)를 파악하고 남북이 접점을 찾는 노력이 매우 중요하다. 북한의 정확한 기상 수요는 북한과 국제기구와의 접촉에서 인지할 수 있다. 북한의 기상수문국이 국제기구나 중국 등에 각종 요구를 하고 그로 인해 북한의 기상 분야 발전에 크게 기여할 수 있는 분야에 대해 조사하는 것이 필요하다. 북한은 2001년부터 WMO에 주로 관측, 통신, 수치예보와 관련된 기상장비나 소모품 지원을 지속적으로 요청해왔다. 북한 기상 기술의 과학화와 현대화에 대한 각종 협력을 요청한 만큼 세부적인 조사가 필요하다. 특히 북한과 중국 간에는 2012년 김정은 집권 이후 긴밀한 협력이 이뤄졌다. 특히 수치예보를 비롯하여 예보의 정확도를 높이기 위한 협력이 진행되었고 재난 피해를 줄이기 위한 공동협력사업도 함께 추진되었다.[40]

---

38 전 세계에서 가장 발전된 기상예보 모델 중 하나로 평가된다. 대부분 북반구를 대상으로 사용된다.

39 많은 곳에서 기상예보가 이뤄지고 있는 까닭에 전 세계 기상학자들은 다양한 컴퓨터 모델을 사용하고 있다. 미국 기상청의 기상예보는 국립환경예보센터(National Centers for Environmental Prediction: NCEP)에서 수행한다. NCEP는 정확한 기상예보를 하기 위해 매일 여러 가지 서로 다른 컴퓨터 모델을 가동한다. 그중에는 단기예보 또는 장기예보를 위한 것들도 있고, 전 지구나 반구 예보를 하는 것들이 있는가 하면, 지역예보를 하는 기관들도 있다. 그들 모델 중에는 수학의 비중이 매우 높은 컴퓨터 모델들도 있다. UKMET(United Kingdom meteorology offices, 영국 기상청) 모델은 전 북반구에 대하여 예보한다. "기상예보 모델의 예로는 어떤 것들이 있는가?," 『DAUM 백과』, https://100.daum.net/encyclopedia/view/114XX32400600 (검색일: 2023년 12월 22일).

40 대북협력민간단체협의회, 김현 외, 『남북 공동 기후변화 대응을 위한 인도적 대북협력 전략 구상』 (경기: 인간사랑, 2023).

| 표 7-4 | 북중 간 기상협력 사례

일자	제목	주요 내용	출처
2013.11.01	북한 기상수문국 방문기	시설취재	인민망
2014.05.15	중국기상국장이 북한 기상수문국장 일행 접견	협력강화를 위한 의견 교환	중국기상보
2014.10.22	북한 기상예보원 중국 국가기상센터 방문	예보업무의 발전방안 협의	중국기상보
2016.06.01	중국 국가기상센터 전문가 북한 기상수문국 방문	양측의 예보 기술 교류 협력 추진	중국기상보

출처: 인제대 대기환경정보연구센터,『남북 기상협력 중장기 전략 및 방안 연구』, 2020.

　　북한이 관심을 가질 것으로 예상되는 남북 기상협력의 우선순위는 다음과 같은 요건을 충족시켜야 한다. 첫째, 북한이 남북 기상협력의 필요성을 인지할 수 있는 분야, 둘째, 이행이 용이하면서도 실용적인 분야, 셋째, 주변 정세 변화에 영향을 적게 받으면서 지속적으로 수행할 수 있는 분야, 마지막으로 인도적 차원에서 효과를 발휘할 수 있는 분야 등이다.[41]

V
결론

　　2012년 김정은 집권이후 북한 기상당국은 각종 위성 자료와 과학기술을 활용한 기상관측과 예보, 측정설비 발전, 환경감시망 구축 등 종합적이고 정확한 관측과 예보를 강조하고 있다. 신속하고 정확한 기상정보 전달을 강조하면서 2020년에는 태풍 '마이삭'의 북

41　명수정 외,『한반도 기후변화 대응을 위한 남북협력 기반 구축 연구 Ⅲ』(세종: 한국환경정책평가연구원, 2013), pp. 501-502.

상 상황을 조선중앙TV를 통해 생방송으로 송출하였다.[42] 북한은 매년 태풍과 가뭄, 홍수, 집중호우 및 이상고온 때문에 식량난 심화, 기간시설 파괴 등의 큰 피해를 보고 있다. 지난해만 해도 심각한 가뭄과 한반도를 강타한 태풍 '링링' 등으로 수확 철 큰 타격을 입었다. 기상이변에 따른 자연재난 위험이 갈수록 커지고 있음에도, 첨단 관측장비 미비, 외국과 기상협력 부족 등으로 자연재해에 선제적 대응이 어려운 실정이다. 이 때문에 낙후한 기상정보체제의 개선은 북한의 식량자원 생산을 비롯한 산업 전반과 직결되는 문제로 인식된다. 북한의 중앙방송은 기상수문국이 저수지 유량 등 기후·수문·해양 상태를 확인하고 그 정보를 신속히 통보하는 사업도 추진 중이며, 새로운 지하 수자원 분포도를 농업부문에 제공해 가뭄이 발생할 경우 지하수 이용을 돕고 있다고 보도했다.

남한은 북한의 기상을 정확히 파악하는데 한계가 있다.[43] 북한이 1975년에 세계기상기구(WMO)에 가입했으나 국제협력에는 체계적으로 참여하지 않고 있다. 기상정보를 민감한 군사 정보로 여기다 보니 외부에서 북한 기상관측정보를 평가하는 것은 어렵다. 관측소나 장비의 수준 등을 고려할 때 세계적인 기준을 적용해서 북한의 날씨 예보 능력이 크게 향상되었다고 보기는 어렵다. 북한의 기상예보는 자체 정보를 토대로 세계기상기구(WMO)에서 제공하는 정보에 의존한다. 장비의 노후화 등으로 정확도가 떨어질 뿐 아니라 지구온난화 시대에 기상이변을 예측하는데 어려움이 적지 않다.

2023년 기상청이 남북 기상협력 자문위원회를 폐지하였다. 일부에서 기후위기 시대 재해 규모 저감에서 중요하고 시급한 남북 기상협력 정책 기능이 축소되지 않을까 우려하는 지적도 되었다. 남북관계가 경색됨에 따라 기상협력에 관심이 축소되었다. 남북 기상협력을 본격적으로 추진하는데 다양한 장애가 있다. 하지만 지구온난화라는 글로벌 이슈를 해결하는데 남북이 적극적으로 나서야 하는 점은 이론의 여지가 없다. 남북한 기상협력을 신속하게 추진하기 위한 다양한 고민이 필요한 시점이다.

---

42 김종선·류민우, "북한의 자연재해 대응을 위한 기상예보 및 관련 기술에 대한 분석," 『북한연구학회보』 제13권 2호(2009), pp. 95-121.

43 우리 공군은 "기상단이 생산한 고급 북한 기상정보는 북한군의 작전 수행과 미사일 발사 가능성 등을 판단하는 데 중요한 자료로 활용될 것"이라고 설명했다. 기상단은 기상관측·예보 범위를 한반도 전역으로 넓힌 것을 토대로 미래전장인 우주 영역에 관한 기상예보 시스템을 준비하고 있다. 기상단은 현재 이를 위한 연구를 진행 중이며 2017년 우주 기상팀을 만들고 단계별로 우주 기상대를 창설할 계획이다. 이 사업에는 약 80억 원의 예산이 소요될 것으로 공군은 보고 있다.

1. 국내문헌

국립기상연구소. 『남북 기상협력의 사회·경제적 효과분석에 관한 연구』. 서울: 국립기상연구소, 2009.

기상청. "남북 기상협력 추진 경과 및 계획." 『남북 기상협력 자문위원회 보고자료』, 2018년 11월 28일.

기상청. "북한 예보 현황 및 개선 방향." 2016.

김명성. ""함경도 태풍 피해 복구" 김정은 명령 하루만에 평양서 30만명이 자원." 『조선일보』, 2020년 9월 8일. https://www.chosun.com/politics/north_korea/2020/09/08/GGZDJJMCKZC7HHYIENCRGSRRWE/ (검색일: 2023년 12월 21일).

김종선·류민우. "북한의 자연재해 대응을 위한 기상예보 및 관련 기술에 대한 분석." 『북한연구학회보』, 제13권 2호(2009): 95-121.

대북협력민간단체협의회, 김현 외. 『남북 공동 기후변화 대응을 위한 인도적 대북협력 전략 구상』. 경기: 인간사랑, 2023.

명수정 외. 『한반도 기후변화 대응을 위한 남북협력 기반 구축 연구 III』. 세종: 한국환경정책평가연구원, 2013.

이경희. "기후변화와 한반도 평화." 『평화담론』, (2021): 1-11.

이승욱·이대근·임병환. "최근 10년(2007~2016년) 북한의 기상기후 연구 동향-기상과 수문지를 중심으로-." 『대기』, 제27권 4호(2017): 411-422.

이철희. "北의 태풍특표[횡설수설/이철희]." 『동아일보』, 2020년 9월 4일. https://www.donga.com/news/Opinion/article/all/20200904/102786780/1 (검색일: 2023년 12월 21일).

정아란. "자연재해 민감한 북한, 기상재해경보체계 확립…신속예보중시." 『연합뉴스』, 2020년 4월 21일. https://www.yna.co.kr/view/AKR20200421058800504 (검색일: 2023년 12월 22일).

차상민. "[날씨 이야기]북한의 기상청." 『동아일보』, 2020년 5월 9일. https://www.donga.com/news/Society/article/all/20200509/100968908/1 (검색일: 2023년 12월 22일).

최원기. "[인터뷰: 세계기상기구 국장] "북한 기상예보 시설 70-80년대 수준"." 『VOA』, 2011년 4월 11일. https://www.voakorea.com/a/article-------70-80--119620284/1340313.html (검색일: 2023년 12월 24일).

통일방송연구소. "[평양 핫라인] 북한은 수해방송 어떻게 하나?." 『MBC』, 2020년 8월 13일. https://imnews.imbc.com/newszoomin/newsinsight/5872621_29123.html (검색일: 2023년 12월 21일).

통일전망대. "[북한이궁금해] 날씨를 맞혀라 틀리면 생활총화." 『MBC』, 2020년 5월 30일. https://imnews.imbc.com/replay/unity/5791411_29114.html (검색일: 2023년 12월 21일).

KDB미래전략연구소 한반도신경제센터. "북한 기상정보서비스의 최근 동향." *Weekly KDB Report*, (2021. 4. 19).

"기상예보 모델의 예로는 어떤 것들이 있는가?." 『DAUM 백과』, https://100.daum.net/encyclopedia/view/114XX32400600 (검색일: 2023년 12월 22일).

"북한, 자연재해 방지 대책 거듭 주문..."9월 태풍 계속 발생할 것"." 『DAUM 뉴스1』, 2023년 9월 6일. https://v.daum.net/v/20230906063415968 (검색일: 2023년 12월 21일).

"북한의 기상예보체계." 『NK테크』, http://www.nktech.net/inform/nkt_briefing/nkt_briefing_v.jsp?record_no=50 (검색일: 2023년 12월 22일).

2. 북한문헌

과학원. 『조선지리전서』. 평양: 과학백과사전출판사, 1990.

3. 외국문헌

Lu Riyu. 『그린데탕트 기상분야 남북협력 방안 연구』. Beijing: Institute of Atmospheric Physics, Chinese Academy of Science, 2015.

OCHA·Athony Burke, "2019 DPR Korea Needs and Priorities." *OCHA*, March (2019): 1-37.

『CRED』, https://www.cred.be/

『EM-DAT』, https://www.emdat.be/

부록

조선민주주의인민공화국 환경보호법

조선민주주의인민공화국 자연보호구법

조선민주주의인민공화국 대기오염방지법

조선민주주의인민공화국 물자원법

조선민주주의인민공화국 산림법

조선민주주의인민공화국 기상법

조선민주주의인민공화국 기상수문법

조선민주주의인민공화국 환경보호법

주체75(1986)년 4월 9일 최고인민회의 법령 제5호로 채택
주체88(1999)년 3월 4일 최고인민회의 상임위원회 정령 제488호로 수정보충
주체89(2000)년 7월 24일 최고인민회의 상임위원회 정령 제1676호로 수정
주체94(2005)년 4월 19일 최고인민회의 상임위원회 정령 제1083호로 수정보충
주체100(2011)년 3월 22일 최고인민회의 상임위원회 정령 제1482호로 수정보충
주체100(2011)년 8월 23일 최고인민회의 상임위원회 정령 제1825호로 수정보충
주체102(2013)년 4월 27일 최고인민회의 상임위원회 정령 제3292호로 수정보충
주체103(2014)년 10월 22일 최고인민회의 상임위원회 정령 제192호로 수정보충
주체108(2019)년 3월 19일 최고인민회의 상임위원회 정령 제2625호로 수정보충
주체110(2021)년 4월 30일 최고인민회의 상임위원회 정령 제610호로 수정보충

|제1장 환경보호법의 기본

제1조 (환경보호법의 사명)

조선민주주의인민공화국 환경보호법은 환경관리, 자연환경의 보존과 조성, 환경오염 방지에서 제도와 질서를 엄격히 세워 조국산천을 더욱 아름답게 만들며 인민들의 건강을 보호증진시키고 그들에게 문화위생적인 생활환경과 로동조건을 지어주는데 이바지 한다.

제2조 (용어의 정의)

이 법에서 용어의 정의는 다음과 같다.

1. 환경이란 사람의 생존과 발전에 영향을 주는 자연환경과 생활환경을 말한다. 여기에는 대기환경, 물환경, 토지환경, 야생동식물환경, 지하자원환경, 산림환경, 바다환경, 자연보호구환경, 명승지환경, 문화유적환경, 도시환경, 농촌환경 같은 것이 속한다.

2. 환경오염이란 인간활동에 의하여 환경의 구성요소와 상태가 질적으로 나빠지는 현상을 말한다. 여기에는 대기오염, 물오염, 토양오염, 바다오염, 방사성오염과 소음, 진동, 악취, 전자기파, 자외선으로 인한 부정적인 영향 또는 후과 같은 것이 속한다.

3. 환경파괴란 공해나 자연파괴를 비롯하여 환경상태가 나빠지는 현상을 말한다.

4. 환경비상사고란 환경의 질적 또는 물리화학적 상태가 돌발적으로 불리하게 변화되어 사람들의 건강과 재산에 피해를 줄 수 있는 위험한 정황을 말한다.

제3조 (환경보호와 경제발전의 결합원칙)

환경보호는 항구적으로 틀어쥐고 나가야 할 전국가적, 전인민적인 사업이며 나라의 경제를 지속적으로 발전시켜 나가는데서 나서는 중요한 요구의 하나이다.

국가는 현실발전의 요구에 맞게 환경보호와 경제발전을 밀접히 결합시키고 환경보호에 유리한 경제정책과 조치들을 취하며 환경보호부문에 대한 투자를 계통적으로 늘이도록 한다.

제4조 (환경의 과학적 관리원칙)

환경을 과학적으로 관리하는 것은 국가의 환경보호정책을 실현하는데서 나서는 근본담보이다.

국가는 나라의 전반적인 환경실태를 정확히 조사장악한데 기초하여 과학적인 환경보호전략과 환경보호계획, 환경보호기준을 세우고 환경관리사업을 현실발전의 요구에 맞게 발전시켜 나가도록 한다.

제5조 (환경보호대책의 선행원칙)

생산과 건설에 앞서 환경보호대책을 철저히 세우는 것은 환경보호사업에서 나서는 중요요구이다.

국가는 기관, 기업소, 단체에서 환경보호대책을 먼저 세우고 생산과 건설을 진행하며 환경보호를 위한 물질기술적 수단을 끊임없이 현대화하도록 한다.

제6조 (전인민적인 환경보호관리원칙)

환경보호는 나라와 인민, 후대들을 위한 숭고한 애국사업이며 인민대중자신의 사업이다. 국가는 전체 인민이 조국강산과 향토를 사랑하며 나라의 환경을 더 잘 보호관리하는 사업에 자각적으로, 적극적으로 참가하도록 한다.

제7조 (환경보호책임제, 관리담당제의 실시)

국가는 나라와 환경을 더 잘 보호하고 개선하기 위하여 부문별, 지역별, 단위별에 따르는 환경보호책임제와 관리담당제를 실시한다.

인민경제부문별 중앙기관과 각급 인민위원회, 기관, 기업소, 단체는 자기 부문과 지역, 단위의 환경보호실태를 제때에 정확히 장악하고 개선대책을 세우며 담당구역을 책임적으로 관리하여야 한다.

제8조 (환경보호분야의 과학연구사업원칙)

국가는 환경보호분야의 과학연구기관들을 튼튼히 꾸리고 환경관리와 자연환경의 보존과 조성, 환경오염방지사업에서 나서는 과학기술적 문제를 풀기 위한 연구사업을 강화하며 가치있는 과학연구성과들을 환경보호사업에 적극 도입하도록 한다.

제9조 (환경보호분야의 교류와 협조)

국가는 환경보호분야에서 다른 나라, 국제기구들과의 교류와 협조를 발전시킨다.

제10조 (법의 적용대상, 해당 법규의 적용)

이 법은 기관, 기업소, 단체와 공민에게 적용한다.

우리나라에 들어온 다른 나라 또는 국제기구의 상주대표기관, 외국투자기업, 외국인에게도 이 법을 적용한다.

이 법에서 규제하지 않은 사항은 해당 법규에 따른다.

제2장 환경관리

제11조 (환경관리의 기본요구)

환경을 과학적으로, 전망성있게 관리하는 것은 나라의 환경을 보호하고 개선하기 위한 중요방도이다.

내각과 중앙국토환경보호지도기관은 현실발전의 요구에 맞게 과학적인 환경관리체계를 세우고 끊임없이 개선하여야 한다.

제12조 (국가환경보호전략의 작성, 시달)

내각과 중앙국토환경보호지도기관은 국가의 환경보호정책과 전국적인 환경실태에 기초하여 환경보호사업의 발전방향, 도달목표, 실행방도 같은 것을 밝힌 국가환경보호전략을 작성하여 해당 중앙기관과 인민위원회에 제때에 시달하여야 한다.

제13조 (환경보호계획의 작성, 수행)

국가계획기관과 국토환경보호기관, 도시계획설계기관, 해당 기관, 기업소, 단체는 환경보호 계획을 인민경제계획과 국토건설계획, 도시건설계획에 반영하여 세우며 어김없이 수행하여야 한다.

제14조 (필요한 정보자료의 보장)

중앙국토환경보호지도기관은 국가환경보호전략과 국가환경보호계획의 작성을 위하여 해당 기관, 기업소, 단체에 자원상태, 인구수, 경제발전전망, 개발 및 건설실태, 환경실태, 위성사진, 지도 같은 필요한 자료를 요구할수 있다.

기관, 기업소, 단체는 중앙국토환경보호지도기관이 요구하는 자료를 제때에 보장하여야 한다.

제15조 (환경보호계획의 수행정형총화)

내각과 해당 중앙기관, 인민위원회는 환경보호계획수행정형을 인민경제계획과 국토건설계획, 도시건설계획수행정형과 결부하여 정상적으로 장악하고 총화하여야 한다.

제16조 (국가환경보호기준의 제정 및 시달)

중앙국토환경보호지도기관은 대기, 물, 토양환경 기준과 오염물질배출기준, 소음, 진동기준 같은 국가환경보호기준을 과학적으로 정하고 현실발전의 요구에 맞게 개선하여 생태환경보호사업에 적극 활용할 수 있도록 하여야 한다.

새로 정하거나 수정보충한 국가환경보호기준은 내각의 승인을 받아 해당 기관, 기업소, 단체에 시달한다.

제17조 (지역환경보호기준의 제정)

해당 인민위원회는 관할지역환경의 특성을 고려하여 국가환경보호기준에서 정하지 않은 지표에 대하여 지역환경보호기준을 따로 정하거나 국가환경보호기준에서 이미 정해져있다 하더라도 그것보다 더 엄격한 지역환경보호기준을 정할 수 있다. 이 경우 중앙국토환경보호지도 기관의 합의를 받아 등록하여야 한다.

제18조 (환경보호기준의 준수)

기관, 기업소, 단체는 환경보호기준을 엄격히 준수하여야 한다.

국토환경보호기관은 기관, 기업소, 단체 또는 해당 지역의 환경보호기준준수정형을 정상적으로 료해하며 기준을 초과한 대상이나 지역에 대하여서는 정해진 기간안에 개선대책을 세우고 집행하도록 하여야 한다.

제19조 (환경감시체계수립, 환경상태장악)

중앙국토환경보호지도기관은 전국적인 환경감시측정망설치계획과 환경감시측정지도서를 작성하여 지방인민위원회와 해당 기관에 내려보내며 환경감시측정사업을 통일적으로 장악지도하여야 한다.

지방인민위원회와 환경상태를 조사장악하고 연구하는 기관은 중앙국토환경보호지도기관이 시달한 환경감시측정망설치계획과 환경감시측정지도서에 따라 환경감시측정소를 설치하고 자기 부문, 자기 지역의 환경상태를 정상적으로 조사, 장악하여야 한다.

제20조 (중요지역의 환경상태장악대책)

국토환경보호기관과 인민위원회, 해당 기관, 기업소, 단체는 백두산지구를 비롯한 혁명전적지, 혁명사적지와 중요지역들의 환경상태를 수시로 장악할 수 있게 감시 및 조사체계를 정연하게 세우고 생태환경이 파괴되는 현상이 나타나는 경우 즉시 해당한 대책을 세워야 한다.

제21조 (환경실태통계자료의 작성과 제출)

기관, 기업소, 단체는 해마다 자기 단위의 환경감시측정자료, 오염물질배출자료, 환경인증을 받은 자료, 재자원화실태자료, 환경보호기금조성과 리용자료, 오염물질배출보상료, 생태환경보호금납부자료, 환경비상사고에 대응한 자료 등 환경관리와 관련한 통계자료를 구체적으로 작성하여 해당 국토환경보호기관과 통계기관에 내야 한다.
중앙국토환경보호지도기관과 중앙통계기관은 해마다 전국적인 환경실태통계자료를 작성하여 내각에 내야 한다.

제22조 (환경영향평가)

국토환경보호기관이 정한 계획, 개발, 건설대상은 환경영향평가를 의무적으로 받아야 한다. 국토환경보호기관의 환경영향평가를 받지 않은 계획, 개발, 건설대상은 심의, 비준할 수 없다.

제23조 (환경인증제도의 실시)

기관, 기업소, 단체는 환경관리체계를 세우고 환경관리를 규격화하며 환경관리체계와 제품에 대한 환경인증을 받는 사업을 장려하여야 한다.
환경관리체계와 제품에 대한 환경인증사업은 해당 환경인증기관이 한다.

제24조 (환경보호기금과 생태환경보호금, 오염물질배출보상료)

기관, 기업소, 단체는 정해진데 따라 소득의 일부를 환경보호기금으로 계획화하여 자기 단위의 환경 보호사업에 리용하여야 한다.

산업페수, 페기물, 페가스, 먼지같은 환경오염물질을 내보내는 기관, 기업소, 단체는 배출량에 따르는 오염물질배출보상료를, 지하자원을 개발하는 해당 기관, 기업소, 단체는 정해진 생태환경보호금을 납부하여야 한다.

제25조 (환경비상사고에 대한 대책)

기관, 기업소, 단체는 환경비상사고에 대응하기 위한 사전대책을 철저히 세워야 한다.

자기 단위나 지역에서 발생하였거나 발생가능성이 있는 환경비상사고에 대하여서는 국토환경보호기관과 인민위원회를 비롯한 해당 기관에 보고하며 환경비상사고로 피해를 입을 수 있는 단위와 주민지구에 제때에 통지하고 피해를 방지하거나 최소화하기 위한 대책을 세워야 한다.

제26조 (국토환경보호관리월간)

국가는 국토를 아름답게 꾸리고 환경을 보호하는 사업을 전군중적으로 진행하기 위하여 국토 관리총동원기간과 연안, 령해관리월간, 식수월간, 도시미화월간 같은 국토환경보호관리월간을 정한다.

국토환경보호관리월간을 정하는 사업은 내각이 한다.

제27조 (환경정보의 통보)

국토환경보호기관과 도시경영기관은 해당 기관과의 련계밑에 신문, 방송, 출판선전물을 통하여 해당 부문과 지역, 단위의 환경실태자료, 환경보호를 위한 과학기술성과 및 도입자료, 생태환경보호사업에서 나타난 성과 및 편향자료 같은 것을 기관, 기업소, 단체와 공민에게 정상적으로 알려주어야 한다.

제3장 자연환경의 보존과 조성

제28조 (자연환경의 보존과 조성의 기본요구)

자연환경의 보존과 조성은 환경보호사업의 기본요구이다.

기관, 기업소, 단체와 공민은 자연환경을 보존하며 그것을 건강증진과 문화정서생활에 유리하게 꾸리고 잘 보호관리하여야 한다.

제29조 (자연보호구와 특별보호구의 선정)

자연환경의 보호를 위하여 생물권보호구, 원시림보호구, 동물보호구, 식물보호구, 명승지보호구, 수산자원보호구 같은 자연보호구와 특별보호구를 정한다.

자연보호구와 특별보호구를 정하는 사업은 중앙국토환경보호지도기관이 내각의 승인을 받아 한다.

제30조 (자연보호구와 특별보호구에서의 환경보호)

자연보호구, 특별보호구를 관리하는 기관은 동식물의 변화, 지형과 수질의 변화, 기후변동같은 자연 환경의 변화상태를 정상적으로 조사등록하며 그 정형을 중앙국토환경보호지도기관에 통보하여야 한다.

백두산생물권보호구를 비롯한 자연보호구와 특별보호구에서는 자연환경을 원상대로 보존하고 보호관리하는데 지장을 주는 행위를 할 수 없다.

제31조 (자연풍치의 보호)

기관, 기업소, 단체와 공민은 도시와 마을, 도로와 철길주변, 호소와 하천주변의 풍치림을 베거나 명승지와 바다기슭의 솔밭, 해수욕장, 기암절벽, 우아하고 기묘한 산세, 풍치좋은 섬을 비롯한 자연풍치를 손상, 파괴하지 말아야 한다.

국토환경보호기관, 지방인민위원회와 해당 기관, 기업소, 단체는 기본철길, 도로와 잇닿아있는 산들에 수종이 좋은 나무와 지피식물을 많이 심고 가꾸어 수림화, 원림화, 과수원화하며 무립목지를 없애야 한다.

제32조 (혁명전적지, 혁명사적지, 명승지, 천연기념물의 보호)

기관, 기업소, 단체와 공민은 백두산지구를 비롯한 혁명전적지, 혁명사적지, 명승지와 관광지, 휴양지에 탄광, 광산을 개발하거나 환경보호에 지장을 주는 건물, 시설물을 짓는 것 같은 행위를 하지 말며 혁명사적물과 천연기념물, 명승고적을 원상대로 보존하여야 한다.

백두산지구를 비롯한 혁명전적지, 혁명사적지, 명승지와 관광지, 휴양지의 관리운영을 맡은 기관, 기업소, 단체는 환경보호시설을 원만히 갖추고 해당 지역의 자연환경을 지속적으로 보존하고 개선하기 위한 대책을 세워야 한다.

제33조 (땅의 침하방지)

기관, 기업소, 단체는 지하자원을 개발하거나 지하건설을 할 경우 땅이 꺼져 환경이 파괴되지 않도록 해당한 대책을 미리 세워야 한다.

땅이 꺼져 피해를 받을 수 있는 곳에서는 지하수를 뽑아쓸 수 없다.

제34조 (자연생태계의 균형파괴행위금지)

기관, 기업소, 단체와 공민은 야생동식물의 서식환경을 파괴하거나 백두산지구를 비롯하여 해당 지역들에만 있는 희귀종, 특산종과 위기종으로 등록된 동식물을 망탕 잡거나 채취하며 생태계의 보호, 생물다양성의 보존과 지속적 리용에 지장을 주는 행위를 하지 말아야 한다.

국가가 보호증식대상으로 정하였거나 희귀종, 특산종, 위기종으로 정한 동식물은 국토환경 보호기관의 허가없이 잡거나 채취할 수 없으며 습지를 비롯한 동식물의 서식지를 원상대로 보존하고 보호하여야 한다.

자연보호구, 특별보호구에서는 동물사냥, 자원개발, 건설을 할 수 없다.

제35조 (자원개발, 건설에 의한 자연환경의 파괴금지)

기관, 기업소, 단체는 자원을 개발하거나 건설을 하려 할 경우 자원개발과 건설대상의 위치와 특성에 따라 환경보호부문과학기술심의 또는 국가과학기술심의를 받으며 자원개발과 건설을 하는 과정에 환경이 파괴되지 않도록 하여야 한다.

개발 및 건설과정에 파괴된 환경은 원상대로 정리하며 그렇지 않을 경우에는 개발 및 건설과 관련한 승인, 허가 및 기간연장 등을 해줄 수 없다.

제36조 (치산치수)

국토환경보호기관과 도시경영기관, 해당 기관, 기업소, 단체는 산림과 강하천들의 실태를 세밀히 조사장악하고 사방림, 수원함양림 등 산림조성과 사방야계공사, 큰물조절못건설, 하천 정리를 계획적으로 하여 큰물, 폭우, 태풍 등 재해성자연현상이나 그밖의 요인으로부터 발생하는 피해를 철저히 막아야 한다.

제37조 (하천 및 바다, 해안생태환경의 보호)

하천 및 바다를 끼고있는 지역의 국토환경보호기관과 도시경영기관, 해당 기관, 기업소, 단체는 하천정리계획, 도시건설계획, 수산자원조성계획 등에 환경보호계획항목을 반영하고 하천자원, 바다자원을 적극 보호, 증식시키며 하천정리와 연안관리를 계획적으로 하여야 한다.

하천 또는 바다, 해안지역에서 탐사, 개발, 생산, 도시경영, 항행, 관광, 과학연구 같은 활동을 하는 기관, 기업소, 단체는 하천 및 바다, 해안생태환경을 파괴하는 행위를 하지 말아야 한다.

제38조 (문화휴식터건설과 원림, 록지조성)

국토환경보호기관과 도시경영기관, 해당 기관, 기업소, 단체는 공원과 유원지 같은 문화휴식터를 곳곳에 현대적으로 꾸리고 정상적으로 관리운영하며 도로, 철길, 하천, 건물주변과 구획안의 빈땅이나 공공장소에 여러가지 환경보호기능을 수행할 수 있는 좋은 수종의 나무, 화초, 잔디 같은 것을 심어야 한다.

기본철길보호구역밖의 량옆 20m구간의 토지는 국토환경보호기관과 도시경영기관, 해당 기관이 나무를 심고 양묘장으로 리용하며 다른 기관, 기업소, 단체와 공민이 리용할 수 없다.

제39조 (농업생태환경의 보호)

농업지도기관과 농장은 토지정리, 하천정리, 재생에네르기의 개발 및 리용, 풀판조성, 물고기자원조성 같은 것을 생태환경보호의 요구에 맞게 계획적으로 진행하여야 한다.

제4장 환경오염의 방지

제40조 (환경오염방지의 기본요구)

환경오염을 미리 막는것은 공해현상을 없애기 위한 기본조건이다.

기관, 기업소, 단체와 공민은 개발 및 건설, 생산, 경영활동, 생활과정에 배출되거나 발생하는 각종 오염물질과 먼지, 악취, 소음, 진동, 전자기파로 인한 환경오염을 사전에 방지하기 위한 대책을 세워야 한다.

제41조 (가스, 먼지잡이와 공기려과장치의 설치, 운영)

화력발전소를 비롯하여 대기오염물질을 배출하는 기관, 기업소, 단체는 건물과 시설물에 가스, 먼지잡이장치와 공기려과장치를 갖추고 가스나 먼지, 악취 같은 것이 대기중에 류출되지 않도록 하며 로와탕크, 배관같은 시설을 계획적으로 보수정비하여야 한다.

기술검사를 받지 않은 보이라와 대기오염물질배출기준을 초과하는 생산공정은 운영할 수 없다.

제42조 (오염방지시설과 준공검사)

개발 및 건설대상의 오염방지시설과 설비는 기본 공사와 함께 설계, 시공, 조업, 운영하며 환경영향 평가결정의 요구에 부합되게 갖추어야 한다.

오염방지시설과 설비를 갖추지 않은 대상에 대하여서는 준공검사, 생산 및 영업허가를 해줄 수 없다.

제43조 (오염방지시설과 설비의 관리운영)

기관, 기업소, 단체는 에네르기를 적게 쓰면서 정화효률이 높은 오염방지시설과 설비를 갖추고 정상적으로 관리운영하여야 한다.

오염방지시설과 설비는 해당 국토환경보호기관의 승인없이 철거하거나 그 운영을 중지할 수 없다.

제44조 (오염물질의 배출허가)

오염물질을 배출하는 기관, 기업소, 단체는 국토환경보호기관의 오염물질배출허가를 받으며 오염물질배출기준의 요구에 맞게 오염물질을 내보내야 한다.

오염물질배출허가를 받지 않고서는 오염물질을 내보낼 수 없다.

제45조 (오염물질배출정형의 측정, 측정자료의 제출)

기관, 기업소, 단체는 개발 및 건설, 생산, 경영활동과정에 생기는 오염물질의 배출량과 농도, 소음과 진동의 세기를 과학적으로 측정할 수 있는 수단을 갖추고 정상적으로 분석, 측정, 기록하며 계통적으로 낮추어야 한다. 이 경우 측정자료를 위조하는 행위를 하지 말아야 한다.

오염물질의 배출량과 농도, 소음과 진동의 세기를 과학적으로 측정할 수 없을 경우에는 해당 국토환경보호기관에 의뢰하여 측정하여야 한다.

기록된 측정자료는 정확히 보존하며 정기적으로 해당 지역의 국토환경보호기관에 제출하여야 한다.

제46조 (오염물질배출총량에 대한 통제)

중앙국토환경보호지도기관은 주요오염물질의 배출총량에 대한 통제를 위하여 오염물질배출 총량기준을 정하여야 한다. 이 경우 작성된 오염물질배출총량기준은 내각의 승인을 받는다.

기관, 기업소, 단체는 오염물질배출기준을 준수하는 것과 함께 자기 단위에 정해진 오염물질 배출총량기준을 엄격히 지켜야 한다.

오염물질배출총량기준를 지키지 않았거나 국가가 정한 환경보호목표를 달성하지 못한 지역에서는 오염물질의 배출총량을 증가시킬 수 있는 새로운 개발과 건설을 할 수 없다.

제47조 (환경보호기준을 초과하는 설비의 가동금지)

기준을 초과하여 유해가스, 검은 연기를 내보내는 륜전기재와 포장하지 않은 물자를 실어 먼지를 일으킬 수 있거나 어지러워진 륜전기재는 운행할 수 없으며 규정된 기준을 초과하여 소음과 진동을 일으키는 설비는 가동할 수 없다.

사회안전기관은 륜전기재에 대한 기술검사와 운행단속을 엄격히 하며 기준을 초과하여 유해 가스, 검은 연기를 내보내거나 소음, 진동을 일으키는 륜전기재, 먼지를 일으키거나 어지러워진 륜전기재가 운행하지 않도록 하여야 한다.

제48조 (특수기상조건에 의한 대기오염의 방지)

국토환경보호기관과 해당 기관, 기업소, 단체는 배출되는 가스, 먼지, 황사 같은 것이 특수한 기상현상의 영향으로 대기를 심히 오염시킬 수 있을 경우 해당 설비의 가동과 륜전기재의 운행을 조절하거나 중지하는 것과 같은 필요한 조치를 취하여야 한다.

기상수문기관은 특수한 기상현상이 일어날 경우 그에 대하여 국토환경보호기관과 해당 기관에 통보하여야 한다.

제49조 (오물, 오수의 처리)

도시경영기관과 지방인민위원회, 해당 기관, 기업소, 단체는 거리와 마을을 비롯한 주민지구와 공원, 유원지, 명승지, 관광지, 휴양지, 해안가, 해수욕장 같은 문화휴식터, 건설장의 정해진 곳에 각종 오물과 오수처리에 필요한 오물통, 오물장, 오수정화시설, 공동위생실 같은 것을 정해진대로 설치하고 정상적으로 관리운영하여야 한다.

기관, 기업소, 단체와 공민은 오물과 오수를 망탕 버리거나 백두산지구를 비롯한 혁명전적지, 혁명사적지와 도시주민구역, 주요도로 주변에서 불태우지 말며 지정된 곳에 버려야 한다.

오물장에 모아놓은 오물과 오수처리장에 쌓인 침전물은 제때에 실어내가거나 걷어내야 한다.

제50조 (페기페설물, 생활오물의 재자원화)

중앙재자원화지도기관과 기관, 기업소, 단체는 개발 및 건설, 생산, 경영활동과정에 나오는 페기페설물과 도시와 농촌지역, 관광지역을 비롯한 해당 지역에서 나오는 생활오물을 최대한 재자원화하며 이 과정에 유독성물질배출로 인한 환경오염이 발생하지 않도록 환경보호대책을 엄격히 세워야 한다.

제51조 (버림물의 정화)

건물, 시설물을 건설하는 기관, 기업소, 단체는 생활오수 및 산업폐수를 처리할 수 있는 하수도시설, 정화시설을 건설한 다음 상부구조를 건설하여야 한다.

하수도시설, 정화시설을 건설하지 않고서는 다음 단계의 건설을 할 수 없다.

생활오수 및 산업폐수는 오염물질배출기준에 맞게 깨끗이 정화하여 내보내며 정화되지 않은 버림물이 바다나 하천, 호소, 저수지 같은 곳에 흘러들지 않도록 하여야 한다.

제52조 (상수도시설의 보수정비, 먹는물의 려과소독)

도시경영기관과 해당 기관, 기업소, 단체는 상수도시설을 정상적으로 보수정비하고 먹는물의 려과소독을 엄격히 하여 주민들에게 수질기준이 정확히 보장된 먹는물을 공급하여야 한다.

도시경영기관이 정한 취수구와 저수지, 배수구주변의 일정한 지역에서는 공장, 기업소와 건물, 시설물을 건설하는 행위, 살초제, 살충제같은 해로운 화학물질을 치거나 목욕, 빨래, 집짐승방목을 하는 행위, 농사를 하면서 진거름을 뿌리는 행위 같은 것을 할 수 없다.

제53조 (바다, 하천, 호소, 저수지의 환경보호)

우리나라의 령해와 경제수역에서 항행하거나 정박하고 있는 배는 오염방지와 관련한 질서를 지키며 항만, 포구, 갑문, 하천, 호소, 저수지에서 항행하거나 정박하고 있는 배는 기름, 버림물, 오물같은 것을 버리거나 떨구지 말아야 한다.

자원개발기관과 해당 기관, 기업소, 단체는 바다자원을 개발, 리용하거나 해안공사 같은 것을 할 경우 바다환경에 주는 영향을 평가받고 바다오염방지대책을 미리 세워야 한다.

제54조 (배의 오염방지설비)

배운영기관, 기업소, 단체는 배의 오염방지와 관련한 문건, 설비, 수단을 정해진대로 갖추어야 한다.

해사감독기관은 배의 오염방지정형을 정상적으로 감독통제하여야 한다.

제55조 (함, 포구, 갑문, 부두에서의 환경오염방지)

항과 포구, 갑문, 부두를 관리운영하는 기관, 기업소, 단체는 버림물과 오물처리시설을 갖추고 배에서 나오는 버림물과 오물을 규정대로 처리하며 바다, 하천에 떨어진 기름과 오물을 제때에 정화하거나 거두어내야 한다.

항무감독기관은 무역배의 입항신청을 받으면 기름오염 및 난파선제거에 대한 보험담보가 있는가를 확인하고 입항승인을 하여야 한다.

제56조 (정화장, 오물, 공업페설물처리장, 침전지의 건설)

해당 기관, 기업소, 단체는 버림물의 정화장이나 오물, 공업페설물의 처리장을 바다나 하천, 호소, 저수지 또는 먹는물원천을 오염시키지 않을 곳에 꾸려야 한다.

지하자원을 개발하는 기관, 기업소, 단체는 박토장, 버럭장, 저탄장, 연재 및 광재처리장, 침전지를 꾸리고 산림과 하천, 농경지를 오염시키거나 못쓰게 만들지 말아야 한다.

제57조 (화학물질의 생산과 수입, 독성검사)

기관, 기업소, 단체는 농약을 비롯한 화학물질을 생산하거나 수입하려 할 경우 해당 품질감독기관과 검정기관의 독성검사와 환경에 미치는 영향평가를 받고 등록하여야 한다.

독성검사와 환경에 미치는 영향평가에 따라 국가가 사용을 금지시킨 농약을 비롯한 화학물질은 생산하거나 수입할 수 없다.

제58조 (농약의 보관, 리용, 오염된 농산물의 판매, 공급금지)

농업지도기관과 해당 기관, 기업소, 단체는 농약의 보관, 리용을 정해진대로 하여 유기오염 물질이나 중금속같은 독성물질이 대기중에 날리거나 바다, 하천, 호소, 저수지에 흘러들거나 토양속에 축적되지 않도록 하여야 한다.

농약을 비행기로 뿌리려 할 경우에는 중앙국토환경보호지도기관의 승인을 받아야 한다.

토양의 오염도가 허용기준을 초과할 경우에는 그것을 해소시킨 다음 농작물을 심으며 오염된 토양에서 생산한 농산물은 판매, 공급할 수 없다.

제59조 (방사성물질에 의한 오염방지)

방사성물질을 생산하거나 취급하는 기관, 기업소는 방사성기체, 먼지, 버림물, 폐설물의 려과, 정화시설을 갖추고 방사능농도를 배출기준 아래로 낮추어야 한다.

개방상태의 방사성물질을 취급하는 기관, 기업소는 주변환경에 대한 방사성오염준위를 정상적으로 조사측정하고 해당한 대책을 세워야 한다.

제60조 (방사성물질취급)

해당 기관, 기업소, 단체는 방사성물질을 생산, 공급, 운반, 보관, 사용, 폐기하려 할 경우 정해진데 따라 핵안전감독기관 또는 사회안전기관의 허가를 받아야 한다.

핵안전감독기관은 환경을 오염시킬 수 있는 요소들을 정상적으로 조사하고 해당한 대책을 세워야 한다.

제61조 (오염된 물품의 수입금지)

환경보호와 인민들의 건강을 파괴할 수 있는 오염된 식료품, 의약품, 생활용품, 동물먹이같은 것은 우리나라에 들여올 수 없다.

기관, 기업소, 단체와 공민은 식료품, 의약품, 생활용품, 동물먹이 같은 것을 들여올 경우 해당 기관의 검사, 검역을 받아야 한다.

제62조 (환경을 파괴시킬 수 있는 페기물, 설비, 기술의 수입과 생산도입금지)

해로운 물질을 내보내거나 소음과 진동을 일으켜 환경을 심히 파괴시킬 수 있는 페기물, 오존층파괴 물질과 그것이 들어있는 설비, 기술은 중앙국토환경보호지도기관의 합의없이 우리나라에 들여오거나 생산에 도입할 수 없다.

제63조 (공해를 일으키는 건물, 시설물의 이설)

국토환경보호기관과 지방인민위원회, 해당 기관은 공해를 일으키는 공장, 기업소를 도시밖으로 내가고 화물수송도로와 철길을 주민구역밖으로 돌리거나 지하에 넣으며 오염피해를 받는 살림집을 생활환경이 좋은 곳으로 옮겨야 한다.

도시의 중심에는 공해를 일으킬 수 있거나 물동량이 많은 공장, 기업소를 건설할 수 없으며 공해방지 시설을 갖추지 않은 건물, 시설물은 사용할 수 없다.

제64조 (재생에네르기자원의 개발리용)

기관, 기업소, 단체는 환경보호와 경제의 지속적 발전의 요구에 맞게 석탄, 원유와 같은 화석에네르기의 소비를 줄이고 태양열, 지열, 풍력, 조수력같은 재생에네르기자원을 적극 개발리용하여야 한다.

제65조 (재자원화기술의 도입)

해당 기관, 기업소, 단체는 생산과정에 생기는 부산물과 폐기폐설물을 재자원화하기 위한 기술을 적극 받아들여 환경오염을 막고 원료, 자재의 소비를 극력 줄여야 한다.

제5장 환경보호사업에 대한 지도통제

제66조 (환경보호사업에 대한 지도통제의 기본요구)

환경보호사업에 대한 지도통제를 강화하는 것은 국가의 환경보호정책을 정확히 집행하기 위한 중요한 요구이다.

국가는 현실발전의 요구에 맞게 환경보호사업에 대한 지도와 통제를 강화하도록 한다.

제67조 (환경보호사업에 대한 지도)

환경보호사업에 대한 지도는 내각의 통일적인 지도 밑에 중앙국토환경보호지도기관이 한다.

중앙국토환경보호지도기관은 환경보호사업에 대한 지도방법을 바로 세우고 지도방법을 끊임없이 개선하여야 한다.

제68조 (비상설환경보호위원회의 조직, 운영)

자연보호, 환경보호를 위하여 내각과 도(직할시)인민위원회에 비상설환경보호위원회를 조직하고 운영한다.

중앙비상설환경보호위원회와 도(직할시)비상설환경보호위원회는 국가환경보호전략,
환경보호계획의 집행정형을 비롯한 해당 부문과 지역, 단위의 환경보호실태를 정상적
으로 장악하고 총화대책하여야 한다.

제69조 (환경보호사업조건보장)

기관, 기업소, 단체는 환경보호를 위한 감독 및 측정사업과 관련하여 국토환경보호기
관과 해당 기관이 요구하는 자료와 필요한 사업조건을 보장하여야 한다.

국가계획기관과 로동행정기관, 자재공급기관, 재정은행기관은 환경보호에 필요한 로
력, 설비, 자재, 자금을 제때에 보장하여야 한다.

제70조 (환경보호에 대한 과학지식보급)

교육기관과 출판보도기관은 여러 가지 형식과 방법으로 자연과 환경을 보존, 보호하기
위한 과학지식과 상식을 적극 보급하며 환경보호분야에서 이룩한 성과를 널리 소개선
전하여야 한다.

기관, 기업소, 단체는 자기 단위 종업원들과 주민들속에서 환경보호와 관련한 준법교
양과 과학지식보급, 해설선전을 강화하여 그들이 환경보호사업에 자각적으로 주인답
게 참가하도록 하여야 한다.

제71조 (환경보호사업에 대한 감독통제)

환경보호사업에 대한 감독통제는 국토환경보호기관과 해당 감독통제기관이 한다.

국토환경보호기관과 해당 감독통제기관은 기관, 기업소, 단체와 공민의 환경보호와 관
련한 법준수정형을 엄격히 감독통제하여야 한다.

기관, 기업소, 단체와 공민은 단위특수화, 본위주의를 부리면서 국토환경보호기관의
감독통제사업에 지장을 주는 행위를 하지 말며 부문별 감독기관은 국토환경보호기관
의 통일적인 장악과 통제에 복종하여야 한다.

제72조 (관리 및 감독사업에 대한 책임)

환경오염을 발생시켰을 경우 그에 대한 책임은 조사 및 측정결과에 따라 오염을 발생시켰거나 관리분담을 받은 기관, 기업소, 단체 또는 해당 감독통제기관이 진다.

제73조 (신고, 신소와 그 처리)

기관, 기업소, 단체와 공민은 환경을 오염시키거나 파괴하는 행위를 발견하였을 경우 제때에 해당기관에 신고하여야 한다.

환경보호사업과 관련하여 의견이 있을 경우에는 해당 감독통제기관 또는 인민위원회에 신소할 수 있다.

신고 또는 신소를 받은 기관은 정해진 기일안으로 료해처리하여야 한다.

제74조 (개발 및 건설, 생산, 경영활동의 중지, 페업, 몰수)

정해진 오염물질배출기준을 여러 번 초과하였거나 환경을 심히 오염 또는 파괴시킬 위험을 조성시켰거나 오염물질배출총량기준을 초과하였을 경우에는 개발 및 건설, 생산, 경영활동을 중지시킨다.

정상이 무거운 경우에는 페업시키며 해당 시설과 설비를 몰수한다.

제75조 (벌금)

이 법에서 규제한 환경보호질서를 어긴 기관, 기업소, 단체에는 50만~150만원, 개별적 공민에게는 1,000~10만원의 벌금을 물린다.

제76조 (원상복구 또는 변상)

환경을 파괴시켜 인민들의 건강과 국가 또는 사회협동단체, 공민의 재산에 손해를 주었을 경우에는 원상복구시키거나 해당한 손해를 변상시킨다.

변상적용대상과 그에 따르는 변상액은 따로 정한데 따른다.

피해자에게 중대한 과실이 있을 경우에는 변상책임을 지우지 않는다.

제77조 (경고, 무보수로동, 로동교양, 강직, 해임, 철직처벌)

다음의 경우에는 책임있는 자에게 경고, 엄중경고처벌 또는 3개월 이하의 무보수로동, 로동교양처벌을 준다.

1. 환경보호전략, 환경보호계획, 환경보호기준을 바로 작성하지 않아 환경보호사업에 지장을 주었을 경우
2. 환경보호계획을 수행하지 않았을 경우
3. 환경영향평가를 받지 않고 계획을 작성하였거나 개발, 건설을 하였을 경우
4. 재자원화과정에 환경오염방지대책을 세우지 않았을 경우
5. 오염물질배출보상료, 생태환경보호금을 정해진대로 납부하지 않았을 경우
6. 환경비상사고에 대응하기 위한 사전대책을 세우지 않았을 경우
7. 환경부문과학기술심의, 환경영향평가심의, 환경오염물질배출허가를 비롯하여 해당한 승인 또는 합의를 바로 하지 않았을 경우
8. 백두산지구를 비롯한 혁명전적지와 혁명사적지, 주민지구, 문화휴식터에 오물, 오수를 망탕 버려 생태환경보호사업에 지장을 주었을 경우
9. 치산치수사업을 바로하지 않아 국토관리 및 환경보호사업에 지장을 주었을 경우
10. 야생동식물의 서식환경을 파괴하는 비법적인 사냥, 채취, 밀수, 밀매행위를 하였을 경우
11. 도로, 철길, 하천, 건물주변과 구획안의 빈 땅이나 공공장소에 나무, 화초, 잔디 같은 것을 심지 않아 환경을 오염시켰거나 파괴하였을 경우
12. 국가환경보호기준을 초과하는 환경오염물질을 배출하여 대기와 물, 토양을 오염시켰을 경우
13. 환경감시 및 측정수단과 기재를 갖추지 않았거나 측정한 자료를 위조하였거나 제때에 통보하지 않았을 경우
14. 취수구와 저수지, 배수구주변에서 해로운 화학물질을 사용하여 환경을 오염시켰을 경우
15. 항, 포구, 갑문, 부두에서 환경오염방지대책을 세우지 않아 환경오염 및 파괴행위가 발생하였을 경우
16. 농약의 보관, 리용을 정해진대로 하지 않아 생태환경보호사업에 지장을 주었을 경우

17. 방사성물질의 관리를 바로하지 않아 환경을 오염시켰을 경우

18. 인민들의 건강과 생태환경을 파괴하는 물품과 페기페설물, 설비, 기술을 들여오거나 생산에 도입하였을 경우

19. 환경통계자료를 바로 작성하지 않았거나 허위로 된 통계자료를 제출하였을 경우

20. 중지처벌을 받았음에도 불구하고 그것을 어기고 개발 및 건설, 생산, 경영활동을 하였을 경우

21. 그밖에 환경보호질서를 어기는 위법행위를 하였을 경우 앞 항 1~21호의 행위가 정상이 무거운 경우에는 3개월 이상의 무보수로동, 로동교양처벌 또는 강직, 해임, 철직처벌을 준다.

제78조 (형사적 책임)

이 법을 어긴 행위가 범죄에 이를 경우에는 책임있는 자에게 형법의 해당 조항에 따라 형사적 책임을 지운다.

조선민주주의인민공화국
자연보호구법

주체98(2009)년 11월 25일 최고인민회의 상임위원회 정령 제445호로 채택
주체102(2013)년 7월 24일 최고인민회의 상임위원회 정령 제3292호로 수정보충

|제1장 자연보호구법의 기본

제1조 (자연보호구법의 사명)

조선민주주의인민공화국 자연보호구법은 자연보호구의 설정과 조사, 관리에서 제도와 질서를 엄격히 세워 자연환경과 생물다양성을 보호하며 인민들에게 보다 좋은 생활환경과 조건을 마련하여 주는데 이바지한다.

제2조 (자연보호구의 정의)

자연보호구는 자연의 모든 요소들을 자연상태 그대로 보호하고 증식시키기 위하여 국가적으로 실정한 구역이다.

자연보호구에는 생물권보호구, 원시림보호구, 동물보호구, 식물보호구, 명승지보호구 같은 것이 속한다.

제3조 (자연보호구사업에서 이룩한 성과 공고발전원칙)

조선민주주의인민공화국에서는 옳바른 환경보호정책에 의하여 나라의 곳곳에 수많은 자연보호구들이 설정되여 자연환경보호사업과 과학연구 및 교육사업, 인민들의 문화정서생활에 적극 리용하고 있다.

국가는 자연보호구사업에서 이룩한 성과를 공고히 하며 끊임없이 개선발전시켜 나간다.

제4조 (자연보호구의 설정원칙)

자연보호구를 합리적으로 설정하는 것은 그를 거점으로 나라의 자연환경을 보호하고 개선해 나가기 위한 중요조건이다.

국가는 환경보호의 요구에 맞게 자연보호구를 설정하고 그 수를 늘여나가도록 한다.

제5조 (자연보호구의 조사원칙)

자연보호구의 조사를 바로하는 것은 자연보호구에서 모든 자연적인 요소들의 상태를 체계적으로 장악하고 해당한 대책을 세우는데서 나서는 중요요구이다.

국가는 자연보호구에 대한 조사체계를 정연하게 세우고 조사의 과학성, 시기성을 보장하도록 한다.

제6조 (전인민적인 자연보호구관리원칙)

자연보호구관리사업은 전체 인민의 복리를 위한 사업이다.

국가는 인민들속에서 사회주의애국주의교양을 강화하여 그들이 자연보호구를 관리하는 사업에 적극 참가하도록 한다.

제7조 (자연보호구관리의 현대화, 과학화 원칙)

국가는 자연보호구관리부문에 대한 투자를 늘이고 과학연구사업을 발전시키며 이 부문에 앞선 과학기술의 성과를 적극 받아들여 자연보호구관리의 현대화, 과학화 수준을 끊임없이 높여 나가도록 한다.

제8조 (자연보호구부문의 교류와 협조)

국가는 자연보호구부문에서 다른 나라, 국제기구들과의 교류와 협조를 발전시킨다.

제2장 자연보호구의 설정

제9조 (자연보호구설정기관)

자연보호구의 설정은 자연보호구대상을 정하는 중요한 사업이다.

자연보호구를 정하는 사업은 내각이 한다.

제10조 (자연보호구의 설정지역)

자연보호구는 다음과 같은 지역에 정할 수 있다.

1. 원시림이 퍼져있는 지역

2. 동식물종이 집중분포되여 있는 지역

3. 특산종, 위기종, 희귀종동식물이 있는 지역

4. 특출한 자연경관의 다양성으로 이름난 지역

제11조 (자연보호구의 범위설정)

국토환경보호기관과 해당 기관은 자연보호구를 내려오려 할 경우 해당 지역의 경제발전과 인민들의 생활상요구를 고려하여 그 범위를 합리적으로 정하여야 한다.

제12조 (자연보호구설정승인신청서의 제기)

자연보호구를 내려오는 기관의 자연보호구설정승인신청서를 만들어 중앙국토환경보호지도 기관에 내야 한다.

자연보호구설정승인신청서에는 보호구의 이름과 보호대상, 목적, 위치, 면적, 보호구로 정하려는 지역의 특성과 현 상태 같은 것을 구체적으로 밝혀야 한다.

제13조 (자연보호구설정승인신청서의 심의)

자연보호구설정승인신청서를 접수한 중앙국토환경보호지도기관은 자연보호구평가심의위원회를 열고 그것을 정확히 심의하여야 한다.

심의결과 해당 지역을 자연보호구로 설정할 가치가 있다고 인정될 경우에는 내각에 제기하여 승인을 받아야 한다.

제14조 (자연보호구의 등록)

국토환경보호기관과 해당 기관은 자연보호구를 설정한데 대한 내각의 승인을 받았을 경우 그것을 국가자연보호구등록대장에 등록하여야 한다.

등록양식과 방법은 중앙국토환경보호지도기관이 정한데 따른다.

제15조 (자연보호구의 변경)

국토환경보호기관과 해당 기관은 등록된 자연보호구의 이름이나 면적 같은 것을 마음대로 변경하지 말아야 한다.

자연보호구의 이름, 면적 같은 것을 변경하려 할 경우에는 중앙국토환경보호지도기관을 거쳐 내각의 승인을 받아야 한다.

제16조 (자연보호구평가심의위원회의 조직)

자연보호구의 설정과 관련한 평가심의를 위하여 중앙국토환경보호지도기관에 비상설로 자연보호구평가심의위원회를 둔다.

자연보호구평가심의위원회는 국토환경보호기관과 과학, 교육, 문화부문을 비롯한 해당 부문의 전문일군들로 구성한다.

제17조 (자연보호구의 중심구역, 완충구역설정)

자연보호구에는 그 특성에 따라 중심구역, 완충구역 같은 기능구역을 설정할 수 있다. 이 경우 중앙국토환경보호지도기관의 승인을 받아야 한다.

제18조 (생태통로설정)

중앙국토환경보호지도기관은 린접한 자연보호구들사이에 동식물이 자유롭게 이동하거나 퍼져나갈 수 있도록 생태통로를 설정하여야 한다.

제3장 자연보호구의 조사

제19조 (자연보호구의 조사기관)

자연보호구에 대한 조사는 국토환경보호기관이 한다.

필요에 따라 과학연구기관, 교육기관을 비롯한 해당 전문기관도 할 수 있다.

제20조 (자연보호구의 조사사항)

자연보호구에서는 다음과 같은 것을 조사한다.

　　1. 지질, 지형, 토양, 기후 같은 자연지리적 환경의 변화상태

　　2. 동식물의 종류와 구조, 분포상태, 이동정형

3. 특산종, 위기종, 희귀종동식물의 마리수와 분포상태

4. 자연보호구에 나쁜 영향을 줄 수 있는 내외부적인 요인들

제21조 (과학적이며 체계적인 조사)

국토환경보호기관과 해당 기관은 조사수단을 현대화하고 조사방법을 개선하여 자연보호구에 대한 조사를 과학적으로, 체계적으로 하여야 한다.

제22조 (조사자료의 기록)

국토환경보호기관과 해당 기관은 자연보호구에 대한 조사과정에 발견한 과학적인 자료들을 기록부에 정확히 기록하여야 한다.

자연보호구 대한 조사자료는 없애지 말아야 한다.

제23조 (조사구역의 설정 및 기재설치)

국토환경보호기관과 해당 기관은 자연보호구에 대한 조사활동을 위하여 조사구역을 따로 정해놓고 필요한 기재를 설치할수 있다. 이 경우 중앙국토환경보호지도기관의 승인을 받아야 한다.

제24조 (조사정형에 대한 통보)

국토환경보호기관과 해당 기관은 자연보호구에 대한 조사정형을 중앙국토환경보호지도기관에 정기적으로 통보하여야 한다.

조사과정에 자연보호구의 보호와 관련하여 긴급하게 대책을 세워야 할 사유가 발생하였을 경우에는 즉시 알려야 한다.

제4장 자연보호구의 관리

제25조 (자연보호구관리규범 및 관리체계수립)

자연보호구관리를 바로하는 것은 자연보호구안의 모든 보호대상들을 원상대로 보존하고 중식하기 위한 근본방도이다.

중앙국토환경보호지도기관은 자연보호구의 특성에 맞게 관리규범을 바로 정하고 정연한 관리체계를 세워야 한다.

제26조 (자연보호구관리기관)

자연보호구의 관리는 국토환경보호기관과 해당 기관이 한다.

국토환경보호기관과 해당 기관은 자연보호구의 관리분담을 바로 하고 책임제를 강화하여야 한다.

제27조 (자연보호구관리계획)

자연보호구관리기관은 자연보호구관리계획을 세우고 어김없이 집행하여야 한다.

자연보호구관리계획은 5~10년을 주기로 작성하여 중앙국토환경보호지도기관의 승인을 받는다.

제28조 (자연보호구의 표식)

자연보호구관리기관은 자연보호구에 경계표식을 하고 필요한 장소에 표식주, 설명문판, 주의사항판, 안내도 같은 것을 설치하여야 한다.

제29조 (자연피해방지)

자연보호구관리기관은 자연보호구에서 산불을 엄격히 방지하며 자연피해로부터 자연보호구를 보호하기 위한 대책을 빈틈없이 세워야 한다.

제30조 (동식물의 서식조건보장 및 방역)

자연보호구관리기관은 동식물의 서식조건을 잘 보장해주며 예찰 및 방역사업을 정상적으로 하여야 한다.

동물전염병, 식물병해충이 발생하였을 경우에는 그것을 제때에 없애야 한다.

제31조 (동식물의 번식)

자연보호구관리기관은 자연보호구안의 동식물을 계획적으로 번식시켜야 한다.

자연보호구에서 외래종의 동식물은 번식시킬 수 없다.

풍토순화시킨 외래종의 동식물을 번식시키려 할 경우에는 중앙국토환경보호지도기관의 승인을 받아야 한다.

제32조 (금지사항)

자연보호구에서 다음과 같은 행위를 할 수 없다.

    1. 나무를 베는 행위

    2. 동물을 사냥하거나 식물을 채집하는 행위

    3. 약초를 채취하는 행위

    4. 탄광, 광산, 채석장 같은 것을 개발하는 행위

    5. 땅을 파거나 개간하는 행위

    6. 환경을 오염시키거나 자연경관을 파괴할 수 있는 건물, 시설물을 건설하는 행위

    7. 산불을 일으킬 수 있는 행위

    8. 그밖에 자연보호구의 환경을 파괴시키는 행위

제33조 (자연보호구중심구역의 질서)

자연보호구의 중심구역에는 인원의 출입과 건물, 시설물의 건설을 금지한다.

과학연구 같은 목적으로 자연보호구의 중심구역에 들어가려 할 경우에는 중앙국토환경보호 지도기관에 신청서와 함께 활동계획을 내고 승인을 받는다.

제34조 (자연보호구완충구역의 질서)

기관, 기업소, 단체와 공민은 해당 자연보호구관리기관의 승인을 받아 자연보호구의 완충구역에 들어가 과학연구, 실습, 표본채집, 답사, 등산 같은 활동을 할 수 있다.

제35조 (이상현상통보)

기관, 기업소, 단체와 공민은 자연보호구에서 이상현상을 발견하였을 경우 제때에 자연보호 구관리기관에 알려야 한다.

통보를 받은 기관은 즉시 현지에 나가 조사하고 필요한 대책을 세워야 한다.

|제5장 자연보호구사업에 대한 지도통제

제36조 (자연보호구사업에 대한 지도통제의 기본요구)

자연보호구사업에 대한 지도통제를 강화하는 것은 국가의 환경보호정책을 정확히 집행하기 위한 근본담보이다.

국가는 현실발전의 요구에 맞게 자연보호구사업에 대한 지도를 개선하고 통제를 강화하도록 한다.

제37조 (자연보호구사업에 대한 지도)

자연보호구사업에 대한 지도는 내각의 통일적인 지도밑에 중앙국토환경보호지도기관이 한다.

중앙국토환경보호지도기관은 전국의 자연보호구사업을 정상적으로 장악하고 지도하여야 한다.

제38조 (자연보호구사업조건보장)

국가계획기관과 해당 기관, 기업소, 단체는 자연보호구사업에 필요한 로력과 설비, 자재, 자금을 책임적으로 보장하여야 한다.

자연보호구사업에 대한 로력과, 설비, 자재, 자금은 다른 사업에 돌려쓸 수 없다.

제39조 (과학지식보급, 대중교양)

교육기관과 출판보도기관, 해당 기관은 여러 가지 형식과 방법으로 자연보호구에 대한 과학지식보급과 대중교양사업을 널리 진행하여야 한다.

제40조 (자연보호구사업에 대한 감독통제)

자연보호구사업에 대한 감독통제는 국토환경보호기관과 해당 감독통제기관이 한다.

국토환경보호기관과 해당 감독통제기관은 자연보호구사업정형을 엄격히 감독통제하여야 한다.

제41조 (원상복구 및 손해보상)

자연보호구의 보호시설을 파손시켰거나 환경을 파괴하였을 경우에는 원상복구시키거나 해당한 손해를 보상시킨다.

제42조 (행정적책임)

다음의 경우에는 기관, 기업소, 단체의 책임있는 일군과 개별적 공민에게는 정상에 따라 해당한 행정처벌을 준다.

    1. 자연보호구의 보호시설을 파손시켰을 경우

    2. 피해방지대책을 세우지 않아 자연보호구의 보호관리에 지장을 주었을 경우

    3. 동식물의 서식조건보장사업과 방역사업을 잘하지 않아 동식물의 서식에 피해를 주었을 경우

    4. 자연보호구에 승인없이 외래종을 번식시켜 생태계를 파괴시켰을 경우

    5. 자연보호구중심구역, 완충구역의 질서를 어기였을 경우

    6. 제32조의 행위를 하였을 경우

제43조 (형사적책임)

이 법 제42조의 행위가 범죄에 이를 경우에는 기관, 기업소, 단체의 책임있는 일군과 개별적 공민에게 형법의 해당 조문에 따라 형사적 책임을 지운다.

조선민주주의인민공화국
대기오염방지법

주체101(2012)년 7월 11일 최고인민회의 상임위원회 정령 제2520호로 채택
주체102(2013)년 7월 24일 최고인민회의 상임위원회 정령 제3292호로 수정보충
주체109(2020)년 7월 26일 최고인민회의 상임위원회 정령 제359호로 수정보충

|제1장 대기오염방지법의 기본

제1조 (대기오염방지법의 사명)

조선민주주의인민공화국 대기오염방지법은 대기오염의 감시, 대기오염물질의 배출 및 정화, 대기환경의 보호에서 제도와 질서를 엄격히 세워 인민들의 생명과 건강을 보호하고 생태환경을 개선하는데 이바지한다.

제2조 (정의)

이 법에서 용어의 정의는 다음과 같다.

1. 대기오염물질이란 대기를 오염시켜 사람의 건강과 생태환경에 나쁜 영향을 주는 유해로운 물질이다.
2. 대기오염감시란 대기환경 또는 대기오염물질의 배출량과 농도분포, 그 변화상태를 측정하는 사업이다.
3. 대기오염물질배출시설이란 대기오염물질을 대기에 내보내는 시설이다.
4. 대기오염물질정화시설이란 대기오염물질배출시설로부터 나오는 대기오염물질을 정화하는 시설이다.

제3조 (대기오염방지사업에 대한 투자원칙)

대기오염방지사업은 대기환경을 개선하여 인민들의 생명과 건강을 보호하고 그들에게 위생 문화적인 생활환경과 조건을 마련하여 주기 위한 중요한 사업이다.

국가는 대기오염방지사업에 대한 투자를 계통적으로 늘이며 대기오염방지사업을 전망성있게 계획적으로 하도록 한다.

제4조 (대기오염감시원칙)

대기오염감시를 강화하는 것은 대기오염을 막기 위한 선차적 요구이다.

국가는 대기오염감시체계를 정연하게 세우고 감시방법을 개선하여 대기오염감시를 과학적으로 하도록 한다.

제5조 (대기오염물질의 배출 및 정화원칙)

국가는 대기오염물질의 배출기준을 바로 정하고 정화대책을 철저히 세워 대기오염물질의 배출량을 극력 줄이도록 한다.

제6조 (재생에네르기개발과 리용의 장려원칙)

국가는 대기오염과 기후변화를 가져오는 화석연료의 리용을 점차적으로 줄이고 수력과 풍력, 태양에네르기, 지열, 조수력, 생물연료를 적극 개발, 리용하는 것을 장려하도록 한다.

제7조 (전군중적인 대기환경보호원칙)

국가는 인민들 속에서 사회주의애국주의교양과 과학지식보급을 강화하여 그들이 대기환경을 보호하는 사업에 자각적으로 참가하도록 한다.

제8조 (대기환경보호과학연구사업원칙)

국가는 대기오염을 막고 대기환경을 보호하기 위한 과학연구사업을 강화하고 앞선 과학 기술의 성과를 널리 받아들이며 과학연구사업에 필요한 조건을 충분히 마련해주도록 한다.

제9조 (교류와 협조강화원칙)

국가는 대기오염방지분야에서 다른 나라, 국제기구들과의 교류와 협조를 발전시킨다.

제10조 (법의 적용대상)

이 법은 기관, 기업소, 단체와 공민에게 적용한다.

우리나라에 주재하는 다른 나라 또는 국제기구의 상주대표기관, 외국투자기업과 외국인에게도 이 법을 적용한다.

제2장 대기오염의 감시

제11조 (대기오염감시체계의 수립)

국토환경보호기관은 전국적인 대기오염감시망을 형성하고 대기환경에 대한 오염상태를 엄격히 감시하여야 한다.

대기오염감시를 위하여 중앙과 도, 그밖의 필요한 지역에 대기오염감시지점을 설치한다. 지역별로 대기오염도를 측정한 결과는 중앙국토환경보호지도기관에 정기적으로 내야 한다.

제12조 (대기오염감시대상)

대기오염감시대상은 다음과 같다.

1. 대기속에 포함되여있는 대기오염물질의 종류와 농도, 그 오염도를 감시한다.
2. 대기오염원천에서 나오는 대기오염물질의 종류와 농도, 그 오염도를 감시한다.
3. 특수기상현상으로부터 발생하는 대기환경의 오염상태를 감시한다.

제13조 (대기오염감시방법)

대기오염감시는 정상감시, 집중감시의 방법으로 한다.

제14조 (감시지표, 감시지점의 설정)

국토환경보호기관은 대기오염원천의 분포와 배출량에 따라 대기오염감시지표와 감시지점을 합리적으로 설정하고 정상감시를 조직하여야 한다.

오염원천이 변동되는 경우 그에 따르는 감시지표와 감시지점을 제때에 다시 설정하여야 한다.

제15조 (대기오염물질의 배출측정)

기관, 기업소, 단체는 보이라와 공업로 같은 대기오염물질배출시설에서 나오는 대기오염물질의 종류와 농도, 배출량을 정상적으로 측정하고 기록하여야 한다.

측정자료는 국토환경보호기관에 정기적으로 통보한다.

제16조 (대기오염현상에 대한 신고)

기관, 기업소, 단체와 공민은 대기오염물질의 배출로 대기가 심히 오염되어 사람의 생명, 건강과 생태환경이 파괴될 수 있는 현상을 발견하였을 경우 제때에 국토환경보호기관과 해당 기관에 알려야 한다.

신고를 받은 국토환경기관과 해당 기관은 대기오염현상에 대한 조사를 제때에 하고 필요한 대책을 세워야 한다.

제17조 (대기오염현상에 대한 집중감시)

국토환경보호기관은 대기오염원천의 규모가 크거나 대기오염발생률이 높은 지역을 집중감시 대상으로 정하고 대기오염감시를 엄격히 하여야 한다.

제18조 (대기오염감시내용의 기록 및 보고)

국토환경보호기관은 대기오염원천과 대기오염상태에 대한 감시정형을 정확히 기록하고 중앙 국토환경보호지도기관에 보고하여야 한다.

중앙국토환경보호지도기관은 종합된 대기오염감시자료에 기초하여 대기환경을 개선하기 위한 대책안을 세워 내각과 해당 기관에 통보하여야 한다.

제19조 (특수기상현상에 대한 예보)

기상수문기관과 해당 기관은 황사와 산성비, 기온역전과 같은 특수기상현상이 발생하는 경우 방송을 비롯한 여러 가지 수단을 통하여 기관, 기업소, 단체와 공민에게 제때에 알려주어야 한다.

제20조 (대기오염측정수단의 현대화)

국토환경보호기관과 해당 기관, 기업소, 단체는 대기오염감시를 위한 현대적인 측정수단을 갖추고 대기오염감시를 과학적으로 하여야 한다.

대기오염측정수단은 계량검정기관의 검정을 받아야 한다.

|제3장 대기오염물질의 배출 및 강화

제21조 (대기오염물질의 배출기준준수)

대기오염물질배출시설을 운영하는 기관, 기업소, 단체는 정해진 대기오염물질배출기준을 지키며 해당 지방인민위원회는 관할지역의 주요대기오염물질 배출총량이 허용한계를 넘지 않도록 엄격히 통제하여야 한다.

대기오염물질배출기준을 초과하여 대기오염물질을 내보내는 시설은 운영할 수 없다.

대기오염물질의 배출기준은 국가환경보호기준에 준한다.

해당 지방인민위원회는 관할지역대기환경의 특성을 고려하여 국가환경보호기준에서 정한 대기오염물질배출기준보다 엄격한 배출기준을 정할수 있다.

제22조 (건설대상에 대한 환경영향평가)

건설대상을 신설, 확장, 개건하려는 기관, 기업소, 단체는 건설대상에서 발생될 수 있는 대기오염에 대한 환경영향평가를 정확히 하고 환경영향평가문건을 작성하여 국토환경보호기관의 심의를 받아야 한다.

제23조 (대기오염물질정화시설의 설치 및 운영)

기관, 기업소, 단체는 대기오염물질을 내보내는 설비와 생산공정들에 밀폐장치와 배풍장치, 가스, 먼지잡이장치 같은 대기오염물질정화시설을 정해진대로 갖추고 정상적으로 운영하여야 한다.

대기오염물질정화시설을 정해진대로 갖추지 않고서는 생산과 경영활동을 할 수 없으며 국토 환경보호기관의 승인없이 대기오염물질정화시설을 철거하거나 그 운영을 중지할수 없다.

제24조 (대기오염물질의 배출허가)

자동차, 기관선을 제외한 대기오염물질배출시설을 운영하는 기관, 기업소, 단체는 대기오염 물질배출 허가신청문건을 작성하여 국토환경보호기관에 제기하여야 한다. 이 경우 대기오염 물질배출시설의 류형과 특성, 연료 및 원료의 종류와 소비량, 대기오염물질배출량, 정화대책 같은 것을 구체적으로 밝혀야 한다.

대기오염물질배출허가신청문건을 접수한 국토환경보호기관은 문건검토와 현지료해를 정확히 하고 대기오염물질배출허가를 하여야 한다.

제25조 (자동차, 기관선에 의한 대기오염방지)

사회안전기관과 해사감독기관은 자동차와 기관선에 대한 기술검사를 정기적으로 진행하고 자동차의 운행과 기관선의 운항단속을 엄격히 하여 자동차, 기관선에 의한 대기오염을 미연에 방지하여야 한다.

기술검사를 받지 않았거나 기술상태가 불비하여 대기를 오염시킬 수 있는 자동차나 기관선은 운행 또는 운항할 수 없다.

제26조 (연료 및 연료첨가제의 리용)

기관, 기업소, 단체와 공민은 대기오염을 일으켜 사람의 건강과 생태환경에 부정적영향을 줄 수 있는 연료나 연료첨가제를 리용하지 말아야 한다.

제27조 (대기오염을 일으킬수 있는 설비의 제작, 판매, 수입금지)

기관, 기업소, 단체는 대기오염을 일으킬 수 있는 설비를 제작하거나 판매, 수입하지 말아야 한다.

제28조 (선진적인 과학기술의 도입)

기관, 기업소, 단체는 선진적인 과학기술을 적극 받아들이고 설비와 생산공정을 현대화하여 대기오염물질의 배출량을 줄여야 한다.

제4장 대기환경의 보호

제29조 (대기환경보호계획의 작성과 집행)

중앙국토환경보호지도기관은 국가의 환경보호전략에 따라 대기환경을 보호하고 개선하기 위한 대기환경보호계획을 세워야 한다.

지방정권기관과 기관, 기업소, 단체는 대기환경보호계획에 기초하여 지역별, 대상별에 따르는 대기오염방지세부계획을 세우고 어김없이 집행하여야 한다.

제30조 (평양시의 대기환경보호)

내각과 해당 기관은 평양시를 수림화된 도시, 록음이 우거진 공원속의 도시로 꾸려 대기의 정결도를 보장하여야 한다.

평양시에서는 대기오염을 일으킬 수 있는 계획작성과 개발, 건설, 생산 및 경영활동을 할수 없다.

제31조 (대기환경특별보호지역의 설정)

국가적으로 특별히 보호하게 된 지역과 자연환경보호구, 특별보호구, 휴양소, 료양소, 유원지, 관광지, 생활거주지역, 산업지역의 대기환경을 보호하고 개선하기 위하여 필요한 대기환경특별보호지역으로 정한다.

기관, 기업소, 단체와 공민은 대기환경특별보호지역에서 대기환경을 오염시키는 행위를 하지 말아야 한다.

제32조 (대기오염원천의 합리적인 배치)

지방정권기관은 해당 지역의 대기순환상태, 자연정화능력, 자연지리적 조건 같은 것을 고려하여 주민지구와 산업지구를 합리적으로 배치하여야 한다.

유해가스, 먼지 같은 것을 많이 내보내는 공장은 정리하거나 도시와 주민지구 밖으로 내보낸다.

제33조 (나무잎, 오물의처리)

기관, 기업소, 단체와 공민은 거리와 마을, 공원과 유원지, 도로와 철길주변에 생기는 나뭇잎이나 오물 같은 것을 아무데나 모아놓고 불태우는 행위를 하지 말아야 한다.

나무잎이나 오물은 일정한 지역에 실어내가거나 거름을 만들어 리용하여야 한다.

제34조 (석탄리용으로 인한 대기환경보호)

석탄을 연료료 리용하는 기관, 기업소, 단체는 앞선 기술과 현대적인 설비, 생산공정을 적극 받아들여 석탄이 탈 때 내보내는 가스배출량을 줄여야 한다.

제35조 (오존층파괴물질로부터의 대기환경보호)

기관, 기업소, 단체와 공민은 오존층파괴물질과 그것이 들어있는 설비나 제품의 생산, 수입, 판매, 리용을 극력 줄여야 한다.

필요에 따라 오존층파괴물질과 그것이 들어있는 설비나 제품을 생산하거나 수입, 판매, 리용하려 할 경우에는 국토환경보호기관의 합의를 받아야 한다.

제36조 (방사성물질, 유독성화학물질로부터의 대기환경보호)

방사성물질, 유독성화학물질을 취급하는 기관, 기업소, 단체는 정해진 취급질서를 엄격히 지켜 방사성물질, 유독성화학물질이 류출되지 않도록 하여야 한다.

방사성물질, 유독성화학물질은 해당 자격을 가진 성원만이 취급할 수 있다.

제37조 (자연재해, 설비사고로부터의 대기환경보호)

기관, 기업소, 단체는 지진, 화산과 같은 자연재해와 설비사고로부터 발생하는 대기오염을 막기 위한 대책을 제때에 세워야 한다.

자연재해와 설비사고로부터 중대한 대기오염이 발생할 위험성이 있거나 발생하였을 경우에는 대기오염으로 인한 피해를 방지하기 위한 비상대책을 세우고 피해를 입을 수 있는 단위와 주민들에게 제때에 통보하여야 한다.

제38조 (악취로 인한 대기환경의 보호)

지방정권기관과 기관, 기업소, 단체는 정화장, 침전지, 위생시설, 오물장 같은 것을 정해진대로 갖추고 관리를 정상적으로 하여 악취가 발생하지 않도록 하여야 한다.

정화장, 침전지 같은 곳에 쌓인 침전물을 제때에 처리하여야 한다.

제39조 (자연정화능력의 제고)

지방정권기관과 기관, 기업소, 단체와 공민은 산에 나무를 많이 심으며 도시와 농촌의 주민지구, 철길주변, 공원에 잔디를 비롯한 지피식물을 생땅이 보이지 않도록 심어 자연정화능력을 끊임없이 높여야 한다.

제5장 대기오염방지사업에 대한 지도통제

제40조 (대기오염방지사업에 대한 지도)

대기오염방지사업에 대한 지도는 내각의 통일적인 지도밑에 중앙국토환경보호지도기관이 한다.

중앙국토환경보호지도기관은 대기오염방지와 관련한 국가의 정책집행정형을 정상적으로 장악지도하여야 한다.

제41조 (대기오염방지사업의 조건보장)

국가계획기관과 전력공급기관, 로동행정기관, 자재공급기관, 재정은행기관은 대기오염 방지사업에 필요한 전력, 로력, 설비, 자재, 자금 같은 것을 원만히 보장하여야 한다.

제42조 (대기오염방지사업에서의 협력)

중앙국토환경보호지도기관과 사회안전기관, 해사감독기관을 비롯한 관계기관은 대기오염방지사업과 관련하여 적극 협력하여야 한다.

제43조 (대기오염방지사업에 대한 감독통제)

대기오염방지사업에 대한 감독통제는 국토환경보호기관과 해당 감독통제기관이 한다.

국토환경보호기관과 해당 감독통제기관은 대기오염의 감시, 대기오염물질의 배출 및 정화, 대기환경의 보호정형을 엄격히 감독통제하여야 한다.

제44조 (손해보상)

대기오염방지질서를 어기고 대기오염을 일으켜 인명 및 재산상피해를 주었거나 생태환경을 파괴하였을 경우에는 해당한 손해를 보상시킨다.

제45조 (행정적책임)

다음의 경우에는 기관, 기업소, 단체의 책임있는 일군과 개별적 공민에게 정상에 따라 해당한 행정처벌을 준다.

1. 대기오염감시조직과 집행을 바로하지 않아 대기오염방지사업에 지장을 주었을 경우
2. 대기오염물질배출허가를 받지 않고 시설을 운영하여 대기오염방지사업에 지장을 주었을 경우
3. 대기오염물질정화시설을 갖추지 않고 생산과 경영활동을 하였을 경우
4. 대기오염물질배출기준을 초과하여 배기가스를 내보내는 자동차, 기관선을 운행 또는 운항하였을 경우
5. 오존층파괴물질, 방사성물질, 유독성화학물질 같은 대기환경을 오염시킬 수 있는 물질에 대한 관리를 바로 하지 않아 대기환경을 오염시켰을 경우
6. 도시의 중심구역에서 나무잎이나 오물 같은 것을 불태워 대기환경을 오염시켰을 경우
7. 대기오염방지사업에 필요한 전력, 로력, 설비, 자재, 자금을 제때에 보장해주지 않아 대기오염방지사업에 지장을 주었을 경우
8. 이밖에 대기오염방지질서를 어기고 대기환경을 심히 오염시키는 행위를 하였을 경우

제46조 (형사적책임)

제45조의 행위가 범죄에 이를 경우에는 기관, 기업소, 단체의 책임있는 일군과 개별적 공민에게 형법의 해당 조문에 따라 형사적 책임을 지운다.

조선민주주의인민공화국
물자원법

주체86(1997)년 6월 18일 최고인민회의 상설회의 결정 제86호로 채택

주체88(1999)년 1월 14일 최고인민회의 상임위원회 정령 제350호로 수정

주체108(2019)년 7월 11일 최고인민회의 상임위원회 정령 제69호로 수정보충

주체109(2020)년 10월 8일 최고인민회의 상임위원회 정령 제440호로 수정보충

│제1장 물자원법의 기본

제1조 (물자원법의 사명)

조선민주주의인민공화국 물자원법은 물자원의 조사 및 탐사와 개발, 보호, 리용에서 제도와 질서를 엄격히 세워 인민경제발전과 인민생활에 필요한 물을 원만히 보장하는 데 이바지한다.

제2조 (물자원과 그 구성)

물자원은 인민경제발전과 인민생활에 리용할수 있는 일정한 지역에 있는 물이다.

물자원에는 하천, 저수지, 호소에 있는 물과 온천, 약수, 샘, 지열수, 지하초염수 같은 것을 포함한 땅속의 물이 속한다.

제3조 (물자원의 조사 및 탐사, 개발원칙)

물자원의 조사 및 탐사와 개발을 잘하는 것은 물에 대한 수요를 충족시키기 위한 중요 방도이다.

국가는 물자원을 적극 찾아내고 전망성있게 개발하도록 한다.

제4조 (물자원의 보호원칙)

물자원의 보호는 전국가적, 전사회적사업이다.

국가는 물자원보호에 깊은 관심을 돌리며 전체 인민이 물자원보호에 자각적으로 참가

하도록 한다.

제5조 (물자원의 리용원칙)

물자원은 나라의 귀중한 재부이다.

국가는 물자원리용질서를 바로 세우며 물자원을 종합적으로, 합리적으로 리용하도록
한다.

제6조 (물자원부문의 과학연구사업, 기술자, 전문가양성원칙)

국가는 물자원에 대한 과학연구사업을 강화하며 필요한 기술자, 전문가들을 전망성있
게 키우도록 한다.

제7조 (물자원분야의 교류와 협조)

국가는 물자원의 조사 및 탐사와 개발, 보호, 리용분야에서 세계 여러 나라, 국제기구들
과의 교류와 협조를 발전시킨다.

제2장 물자원의 조사 및 탐사와 개발

제8조 (물자원조사 및 탐사, 개발의 기본요구)

물자원의 조사 및 탐사와 개발은 물자원을 장악하고 늘이기 위한 중요한 사업이다.

해당 기관, 기업소, 단체는 물자원의 조사 및 탐사와 개발을 계획적으로 하여야 한다.

제9조 (물자원조사 및 탐사기관)

땅겉면에 있는 물자원의 조사는 기상수문기관이 한다.

필요에 따라 물자원을 관리하는 기관, 기업소, 단체나 해당 과학연구 및 설계기관도 땅
겉면에 있는 물자원을 조사할 수 있다.

땅속에 있는 물자원의 탐사는 중앙지하자원개발지도기관의 승인밑에 전문지하자원탐
사기업소가 한다.

제10조 (물자원의 조사 및 탐사방법)

물자원을 조사 및 탐사하는 기관, 기업소, 단체는 필요한 수단을 갖추고 해당 지역의 물자원을 정확히 조사 및 탐사하여야 한다.

하천, 저수지, 호소에 있는 물자원의 조사자료는 중앙기상수문기관의 심의, 승인을 받아 중앙국토환경보호지도기관에 내며 땅속에 있는 물자원의 탐사자료는 중앙지하자원개발지도기관에 내여 심의, 승인을 받아야 한다.

제11조 (물자원개발계획의 작성)

물자원의 개발계획은 국가계획기관이 세운다.

국가계획기관은 국토건설총계획과 물에 대한 인민경제의 전망적인 수요를 타산하여 물자원 개발계획을 세워야 한다.

제12조 (물자원의 개발승인)

물자원의 개발승인은 대상에 따라 비상설자원개발심의위원회 또는 해당 기관이 한다.

기관, 기업소, 단체는 하천, 저수지, 호소에 있는 물자원을 개발하려는 경우 중앙국토환경보호지도기관에, 땅속에 있는 물자원을 개발하려는 경우 중앙지하자원개발지도기관에 물자원 개발목적과 규모를 밝힌 물자원개발신청서를 내야 한다. 이 경우 해당 자료를 첨부한다.

농촌, 산간지역 등에서 농업생산용, 주민생활용으로 리용하려는 지하수자원이나 용출량이 적어 경제적리용가치가 적은 지하수자원은 지하자원개발승인을 받지 않고 해당 기관에 등록한데 따라 리용할 수 있다.

물자원개발대상에 따르는 구체적인 심의, 승인, 등록질서는 해당 법규에 따른다.

제13조 (물자원의 개발설계)

물자원개발설계의 작성은 해당 설계기관이 한다.

설계기관은 물자원개발설계를 해당 지역의 자연지리적 조건과 물자원조사 및 탐사자료에 기초하여 작성하여야 한다.

제14조 (물자원의 개발기준)

물자원의 개발은 물자원개발설계에 따라 한다.

물자원을 개발하는 기관, 기업소, 단체는 물자원의 개발을 설계대로 하며 시공에서 앞선 공법을 받아들이고 기술규정의 요구를 지켜야 한다.

제3장 물자원의 보호

제15조 (물자원보호의 기본요구)

물자원의 보호는 물의 질과 량을 보존하고 물의 손실을 막는데서 나서는 필수적 요구이다.

해당 기관, 기업소, 단체는 물자원의 특성에 맞게 물자원보호사업을 하여야 한다.

제16조 (물자원의 보호분담)

하천, 저수지, 호소에 있는 물자원의 보호는 중앙국토환경보호기관과 해당 기관, 기업소, 단체가, 땅속에 있는 물자원의 보호는 중앙지하자원개발지도기관과 해당 기관, 기업소, 단체가 한다.

제17조 (물자원의 조성)

국토환경보호기관과 해당 기관, 기업소, 단체는 수원함양림을 조성하고 저수지, 호소, 우물, 굴포 같은 물잡이시설물의 보수와 하천정리를 정상적으로 하며 필요한 물을 조성하여야 한다.

조성된 물은 쓸모없이 흘러보내지 말아야 한다.

제18조 (버림물의 처리)

기관, 기업소, 단체는 정화장, 침전지를 건설하고 버림물을 정상적으로 정화하거나 침전시켜야 한다.

정화되지 않았거나 침전시키지 않은 버림물은 하천, 저수지, 호소에 내보낼 수 없다.

제19조 (큰물의 처리)

해당 기관, 기업소, 단체는 하천, 저수지, 호소에서 장마철에 큰물을 안전하게 처리할 수 있도록 물관리를 하여야 한다.

기상수문기관은 물관리에 필요한 기상수문관측자료와 기상예보자료 같은 것을 제때에 해당 기관, 기업소, 단체에 알려주어야 한다.

제20조 (비상설큰물관리지휘부)

국가는 장마철기간 물관리에 대한 통일적인 지휘를 보장하기 위하여 비상설로 큰물관리지휘부를 조직한다.

큰물관리지휘부조직은 내각이 한다.

제21조 (장마철기간의 물관리)

장마철기간 물관리를 큰물관리지휘부의 지령에 따라 한다.

해당 기관, 기업소, 단체는 큰물관리지휘부의 지령을 제때에 정확히 집행하여야 한다.

체신기관은 큰물관리지휘에 필요한 통신을 보장하여야 한다.

제22조 (물빼기시설물의 운영)

기관, 기업소, 단체는 해마다 큰물로 피해를 받을수 있는 대상들을 장악하고 장마철전으로 대책을 세우며 수문, 양수장을 비롯한 물빼기시설물의 정상적인 운영을 보장하여야 한다.

전력공급기관은 물빼기시설물의 운영에 필요한 전력을 정상적으로 보장하여야 한다.

제23조 (하천의 물흐름에 지장을 주는 행위금지)

기관, 기업소, 단체와 공민은 하천에 물의 흐름에 지장을 주는 물체를 버리거나 시설물을 설치하지 말며 모래, 자갈 같은 것을 쌓아놓지 말아야 한다.

제4장 물자원의 리용

제24조 (물의 절약)

물자원의 리용을 잘하는 것은 물을 절약하고 효과있게 쓰기 위한 기본담보이다.

기관, 기업소, 단체는 물의 랑비를 없애고 그 리용률을 높여야 한다.

제25조 (계획적인 물리용)

물자원의 리용은 물리용계획에 따라 한다.

기관, 기업소, 단체는 필요한 시설을 갖추고 물을 계획적으로 써야 한다.

제26조 (다른 지역 물의 리용)

기관, 기업소, 단체는 해당 지역의 물자원부족으로 인민경제발전과 인민생활에 지장을 줄수있는 경우 다른 지역의 물을 리용할 수 있다. 이 경우 해당 기관의 승인을 받아야 한다.

제27조 (물리용시설의 보수)

해당 기관, 기업소, 단체는 추공, 용수관, 물길을 비롯한 물리용시설을 정상적으로 보수하여 물손실을 없애야 한다.

물손실이 많은 시설물은 리용할 수 없다.

제28조 (용도에 맞는 물의 리용)

기관, 기업소, 단체와 공민은 물을 정해진 용도에 맞게 써야 한다.

먹는물은 도시경영기관의 승인없이 공업용수로 쓸 수 없다.

제29조 (물의 수출승인)

기관, 기업소, 단체는 수질이 좋은 물을 다른 나라로 내보내지 말아야 한다.

필요에 따라 수질이 좋은 물을 다른 나라로 내보내려 할 경우에는 해당 기관의 승인을 받아야 한다.

제30조 (물리용소비기준)

기관, 기업소, 단체와 공민은 물리용소비기준을 초과하지 말며 물을 아껴써야 한다.

제5장 물자원의 조사 및 탐사와 개발, 보호, 리용에 대한 지도통제

제31조 (물자원의 관리에 대한 지도통제의 기본요구)

물자원의 조사 및 탐사와 개발, 보호, 리용에 대한 지도통제를 바로 하는 것은 물자원을 종합적으로, 합리적으로 리용하기 위한 중요담보이다.

국가는 물자원의 조사와 개발, 보호, 리용에 대한 지도체계를 세우고 통제를 강화하도록 한다.

제32조 (물자원관리에 대한 지도)

물자원의 조사 및 탐사와 개발, 보호, 리용에 대한 지도는 내각의 통일적인 지도밑에 중앙국토환경보호지도기관과 중앙지하자원개발지도기관, 해당 기관이 한다.

중앙국토환경보호지도기관과 중앙지하자원개발지도기관, 해당 기관은 물자원의 조사 및 탐사와 개발, 보호, 리용에 대하여 정상적으로 장악하고 지도하여야 한다.

제33조 (물리용률의 제고)

중앙국토환경보호기관과 중앙지하자원개발지도기관, 해당 기관은 현실발전의 요구에 맞게 물관리사업을 개선하여 물을 충분히 마련하고 그 리용률을 높이도록 하여야 한다.

제34조 (물자원부문의 사업조건보장)

국가계획기관과 로동행정기관, 자재공급기관, 해당 기관은 물자원의 조사 및 탐사와 개발, 보호, 리용에 필요한 로력과 설비, 자재, 자금을 제때에 보장하여야 한다.

제35조 (물자원부문사업에 대한 감독통제)

물자원의 조사 및 탐사와 개발, 보호, 리용에 대한 감독통제는 중앙국토환경보호기관과 중앙지하자원개발지도기관, 해당 감독통제기관이 한다.

중앙국토환경보호기관과 중앙지하자원개발지도기관, 해당 감독통제기관은 물자원의 조사 및 탐사와 개발, 보호, 리용에 대한 감독통제를 정상적으로 하여야 한다.

제36조 (물의 리용중지, 손해보상)

물리용계획을 초과하였거나 물을 용도에 맞게 쓰지 않았거나 버림물을 정화, 침전시키지 않고 내보낸 경우에는 물의 리용을 중지시키거나 해당한 손해를 보상시킨다.

제37조 (행정적 또는 형사적 책임)

이 법을 어겨 물자원의 조사 및 탐사와 개발, 보호, 리용에 엄중한 결과를 일으킨 기관, 기업소, 단체의 책임있는 일군과 개별적 공민에게는 정상에 따라 행정적 또는 형사적 책임을 지운다.

조선민주주의인민공화국
산림법

주체 110(2021)년 8월 24일 최고인민회의 상임위원회 정령 제672호로 수정보충

제1장 산림법의 기본

제1조 (산림법의 사명)

조선민주주의인민공화국 산림법은 산림조성과 보호, 산림자원리용에서 규률과 질서를 엄격히 세워 국가의 산림정책을 관철하는데 이바지한다.

제2조 (산림과 그 소유권)

조선민주주의인민공화국의 산림에는 산림토지와 그 안에 있는 동식물자원이 속한다. 산림은 국가만이 소유한다.

제3조 (산림의 분류)

산림은 그 사명에 따라 특별보호림, 일반보호림, 목재림, 경제림, 땔나무림, 채종림으로 나눈다.

제4조 (산림의 통일적, 계획적 건설원칙)

국가는 산림을 인민경제발전과 인민들의 복리증진에 맞게 통일적으로, 계획적으로 건설하고 관리하도록 한다.

제5조 (산림조성원칙)

산림조성을 전군중적 운동으로 벌려 나라의 모든 산들을 쓸모있는 황금산, 보물산으로 만드는 것은 국가의 일관한 정책이다. 국가는 기관, 기업소, 단체에 산림담당구역을 정하여 주고 ㎡당 관리제를 실시하며 사회주의애국림운동과 모범산림군칭호쟁취운동을 힘있게 벌려 산림조성과 관리를 책임적으로 하도록 한다.

제6조 (산림보호원칙)

국가는 산림보호체계를 세우며 인민들속에서 애국주의교양을 강화하여 그들이 산림보호사업에 자각적으로 참가하도록 한다.

제7조 (산림경영의 현대화, 과학화)

국가는 현대과학기술의 성과를 적극 받아들여 산림경영의 현대화, 과학화를 다그치며 산림경영부문에 대한 투자를 계통적으로 늘인다.

제8조 (산림부문의 교류와 협조)

국가는 다른 나라 및 국제기구들과 산림부문에서의 교류와 협조를 적극 발전시킨다.

제2장 산림조사 및 산림건설계획

제9조 (산림조사와 산림건설계획작성에서 나서는 기본요구)

산림조사를 정확히 진행하고 그에 기초하여 산림건설계획을 바로 세우는 것은 산림건설을 통일적으로, 계획적으로 진행하기 위한 선결조건이다.

중앙산림지도기관과 림업기관, 지방인민위원회와 해당 기관은 과학적이며 합리적인 조사방법을 적극 받아들여 산림을 정확히 조사하며 산림건설계획을 국가의 치산 치수정책의 요구에 맞게 작성하여야 한다.

제10조 (산림조사의 구분)

산림조사는 산림자원총실사와 산림자원변동정형조사 등으로 나누어 진행한다.

산림자원총실사는 일정한 기간을 주기로 하여 중앙산림지도기관이 조직하며 산림자원변동정 형조사는 해마다 도(직할시)산림관리기관이 조직한다.

제11조 (산림조사방법)

산림조사는 현지조사와 함께 항공촬영, 위성화상자료해석의 방법을 결합하여 진행할 수 있다.

산림설계기관, 림업설계기관, 해당 기관은 산림토지와 그 안에 있는 동식물자원을 비롯하여 산림자원실태를 구체적으로 조사하며 그 질적 및 량적 특징들을 과학적으로 분석하여야 한다.

제12조 (산림조사자료의 제출)

산림설계기관, 림업설계기관, 해당 기관은 산림조사자료를 림업기관, 지방인민위원회, 해당 기관에 제출하여야 한다.

제13조 (산림조사자료의 등록)

림업기관, 지방인민위원회, 해당 기관은 산림조사자료를 산림자원조사대장에 등록하고 수자 림상도에 반영한 다음 중앙산림지도기관에 제출하여야 한다.
중앙산림지도기관은 전국적인 산림조사자료를 분석, 종합하여야 한다.

제14조 (산림건설총계획의 작성)

림업기관, 지방인민위원회, 해당 기관은 국토건설총계획과 산림자원총실사자료에 기초하여 산림건설총계획(순환식채벌총계획 포함)을 작성하여 중앙산림지도기관의 승인을 받아야 한다. 전국산림건설총계획은 중앙산림지도기관이 작성하여 내각의 승인을 받아야 한다.

제15조 (산림건설총계획의 내용)

산림건설총계획에는 경영목적별면적배치전망계획, 수종별면적배치전망계획, 산림조성전망 계획, 산림보호전망계획, 자원리용전망계획, 산림토지리용전망계획, 생산시설건설전망계획 같은 것을 반영하여야 한다.

제16조 (산림건설총계획수행을 위한 전망계획, 년차별계획)

산림경영사업은 산림건설총계획에 따라 진행하여야 한다.
국가계획기관과 중앙산림지도기관, 림업기관, 지방인민위원회, 해당기관은 산림건설총계획 수행을 위한 10년전망계획을 바로 세우고 그에 기초하여 기관, 기업소, 단체에

년차별계획을 정확히 시달하여야 한다.

제17조 (산림설계의 작성)

산림설계는 산림건설총계획과 10년전망계획에 따라 과학적으로 현실성있게 작성하여야 한다.

설계기관은 설계주문을 받으면 현지조사를 진행하고 설계를 작성하여 중앙산림지도기관과 림업기관, 도(직할시)인민위원회, 해당 기관의 심의, 승인을 받아 시공에 지장이 없이 보장하여야 한다. 산림설계의 유효기간은 중앙산림지도기관이 정한데 따른다.

제18조 (산림설계의 요구준수)

기관, 기업소, 단체와 공민은 산림조성과 보호관리, 자원리용사업을 산림설계에 철저히 준하여 진행하여야 한다.

산림설계에는 나무심기설계, 산림개조설계, 림농복합경영설계, 산불막이선설계, 사방야계공사설계, 가꿈베기설계, 다자란나무베기설계, 경제림관리설계, 땔나무림관리설계, 채종림관리설계, 채벌구종합설계 등이 속한다.

| 제3장 산림조성

제19조 (전망적인 산림조성)

산림조성은 나라의 번영을 위한 자연개조사업이다.

림업기관, 지방인민위원회와 해당 기관, 기업소, 단체는 창성이깔나무, 금야흑송, 상원뽀뿌라나무 같은 좋은 수종의 나무와 잣, 밤, 돌배, 단나무 같은 산열매나무를 배합하여 산림면 적을 끊임없이 늘이고 다양화, 다종화를 실현하며 산림의 경제적 효과성을 높이고 단위면적당 축적을 늘일 수 있도록 산림개조사업을 전망성있게 진행하여야 한다.

제20조 (나무종자 및 나무모생산)

중앙산림지도기관과 림업기관, 도(직할시)인민위원회는 육종체계와 채종체계를 바로세워 산림병해충피해를 받지 않으면서도 빨리 자라고 모양과 재질이 좋은 나무품종을 육종하며 주요 수종의 우량나무 채종림조성과 관리, 나무종자생산 및 공급을 기업적 방법으로 전문화하여야 한다.

중앙산림지도기관과 림업기관, 지방인민위원회와 해당 기관, 기업소, 단체는 물원천과 전기 보장조건을 비롯한 생산조건들을 과학적으로 타산한 데 기초하여 나무모 생산에 유리한 곳에 양묘장을 잘 꾸리고 선진적인 나무모기르기기술을 받아들여 나무모생산을 과학화, 공업화, 집약화하여야 한다.

나무종자의 수매는 중앙산림지도기관과 림업기관, 지방인민위원회가 한다.

제21조 (나무종자와 나무모의 검사)

림업기관과 지방인민위원회, 해당 기관은 산림조성에 쓸 나무종자와 나무모를 검사하여야 한다.

검사에서 합격되지 못한 나무종자와 나무모는 산림조성에 쓸 수 없다.

제22조 (식수월간)

국가는 산림조성을 적기에 군중적으로, 집중적으로 하기 위하여 식수월간을 정한다.

식수월간을 정하는 사업은 내각이 한다.

제23조 (나무심기, 심은나무가꾸기)

기관, 기업소, 단체는 나무심기와 심은나무가꾸기를 책임적으로 하여 나무심기계획과 심은 나무가꾸기계획을 어김없이 수행하여야 한다. 이 경우 나무의 사름률을 90% 이상 보장하며 나무를 경영목적과 대상지의 특성에 맞게 키워야 한다.

제24조 (약초와 산나물재배)

림업기관, 지방인민위원회와 해당 기관, 기업소, 단체는 담당한 산림구역에 약초와 산나물을 계획적으로 심고 가꾸어 산림부원을 늘여야 한다.

제25조 (림농복합경영)

중앙산림지도기관, 림업기관, 지방인민위원회와 해당 기관, 기업소, 단체는 산림조성을 앞세우면서 경제적 수요를 보장하는 원칙에서 산림구역에 림농복합경영을 적극 받아들여 나무와 함께 농작물, 약초, 산나물, 먹이풀 같은 것을 재배할 수 있다. 이 경우 림농복합경영대상지를 바로 정하고 나무심기와 비배관리를 계획적으로, 과학기술적으로 하여 생태환경을 보존하면서 생산성을 보장하여야 한다.

제26조 (목재림, 경제림의 조성)

림업기관, 지방인민위원회, 해당 기관, 기업소, 단체는 목재림과 섬유제지원료림, 기름원료림, 산과실림 같은 경제림을 적지적수의 원칙에서 수종이 좋은 나무들로 쓸모있게 조성하여야 한다.

제27조 (땔나무림의 조성)

지방인민위원회와 해당 기관, 기업소, 단체는 땔나무림지를 바로 정하고 빨리 자라면서도 불땀이 세며 땔감에 알맞는 아카시아나무, 상원뽀뿌라 나무 같은 좋은 수종의 나무를 심어 땔나무림조성사업을 실속있게 하여야 한다.

제28조 (산림조성기금)

국가는 산림조성과 보호관리에 필요한 자금보장을 위하여 산림조성기금을 내온다.

제29조 (산림조성기금에 적립하는 자금)

산림조성기금은 다음의 자금으로 적립할 수 있다.

1. 기관, 기업소, 단체와 공민이 애국의 마음으로 산림조성과 보호관리를 위하여 기부하는 자금
2. 산림자원을 리용하는 기관, 기업소, 단체와 공민으로부터 받는 각종납부금의 일정한 몫
3. 산림법규위반행위를 한 기관, 기업소, 단체와 공민으로부터 받는 벌금, 변상금
4. 해외동포와 외국인, 다른 나라 정부 또는 국제기구로부터 산림부문에서의 교류와 협조 과정에 기증받은 자금
5. 그밖에 따로 정한 자금

제30조 (산림조성기금의 리용)

산림조성기금은 산림의 조성과 보호관리사업에만 리용한다.

기관, 기업소, 단체와 공민은 산림조성기금을 망탕 류용, 랑비하는 행위를 하지 말아야 한다.

제4장 산림보호

제31조 (산림보호관리의무)

산림을 잘 보호하는 것은 산림자원을 늘이기 위한 중요한 사업이다.

기관, 기업소, 단체와 공민은 높은 준법의식과 공민적 자각을 가지고 경제건설과 인민생활에 절실히 필요한 나라의 귀중한 재부인 산림보호관리사업에 주인답게 참가하여야 한다.

제32조 (산불방지기간과 산림병해충구제기간)

국가는 산불과 산림병해충의 피해를 막기 위하여 산불방지기간과 산림병해충 구제기간을 정한다.

산불방지기간과 산림병해충구제기간을 정하는 사업은 내각이 한다.

제33조 (입산, 불놓이허가)

기관, 기업소, 단체와 공민은 산림구역에 들어가려 할 경우 시, 군산림경영기관의 입산허가를, 산림구역과 그 변두리에서 불을 놓으려는 경우 입산허가와 함께 사회안전기관의 불놓이 허가를 받으며 입산질서와 불놓이질서를 엄격히 지켜야 한다.

산불방지기간에는 산림구역과 그 변두리에서 불을 놓을 수 없다.

제34조 (허가없이 입산할 수 있는 경우)

다음의 경우에는 입산허가없이 산에 들어갈 수 있다.

1. 답사, 견학, 과학연구사업을 위하여 산에 들어갈 경우
2. 림업기관, 기업소성원이 작업장에 들어갈 경우

3. 전기, 통신선의 건설 및 보수를 목적으로 산에 들어갈 경우

4. 전문지질탐사기관성원이 탐사를 목적으로 산에 들어갈 경우

5. 묘보러 갈 경우

6. 나무베기허가증, 사냥허가증 같은 산림자원채취와 관련한 허가문건이 있을 경우

7. 그밖에 따로 정한 경우

제35조 (산불예보와 감시, 통보)

중앙산림지도기관과 림업기관, 지방인민위원회, 해당 기관은 산불방지를 위한 정연한 체계를 세우고 산불예보와 감시, 통보를 강화하여 산불이 일어나지 않도록 하여야 한다. 필요에 따라 비상설로 산불방지기구를 내오고 운영할 수 있다.

기관, 기업소, 단체는 산불막이선, 돌뚝차단물, 집수터 등을 계획대로 설치하고 정상적으로 보수, 관리하여야 한다.

제36조 (산불끄기)

중앙산림지도기관과 지방인민위원회, 사회안전기관, 해당 기관은 산불이 일어났을 경우 산불끄기조직과 지휘를 바로하여 제때에 꺼야 한다.

산불이 일어난 지역의 기관, 기업소, 단체는 산불끄기에 필요한 인원과 설비, 수단을 의무적으로 동원하여야 한다.

제37조 (산림병해충예찰 및 검역)

중앙산림지도기관과 림업기관, 지방인민위원회와 해당 기관은 산림병해충예찰 및 검역체계를 세우고 병해충에 대한 예찰과 반출되는 산림자원에 대한 검역사업을 정상적으로 진행하여야 한다.

기관, 기업소, 단체는 산림구역에서 산림자원을 내가려는 경우 해당 기관의 검역을 받아야 한다. 검역을 받아야 할 구체적인 대상은 중앙산림지도 기관이 내각의 승인을 받아 정한다.

제38조 (산림병해충구제)

기관, 기업소, 단체는 기생벌, 생물농약생산계획을 책임적으로 수행하고 생물학적 방법과 현대적인 기술장비 같은 것을 적극 도입하여 군중적 운동으로 산림담당구역에 발생한 산림병해충을 제때에 없애야 한다.

제39조 (사방야계공사, 그 시설물의 보수정비)

림업기관, 지방인민위원회와 해당 기관, 기업소, 단체는 큰물과 태풍피해를 입을 수 있는 산림구역의 위험대상지들을 빠짐없이 찾아 사방야계공사를 계획적으로 진행하며 그 시설물을 정상적으로 보수정비하여야 한다.

제40조 (산림생태지역보존)

지방인민위원회는 자연보호구에서 전형적인 산림생태지역을 보존하고 희귀한 동식물자원을 보호증식시켜야 한다.

자연보호구가 아니라도 동식물자원을 보호증식시킬 필요가 있을 경우에는 입산금지구역을 정하고 일정한 기간 해당 산림구역에서 집짐승의 방목과 동식물의 사냥, 채취를 금지시킬 수 있다.

제41조 (유용동식물의 보호증식)

기관, 기업소, 단체와 공민은 산림구역에서 유용동식물이 잘 자랄 수 있는 조건을 지어주고 그것을 적극 보호증식시켜야 한다.

제5장 산림자원의 리용

제42조 (산림자원리용에서 나서는 기본요구)

산림자원리용질서를 바로세우고 합리적으로 리용하는 것은 사회주의경제건설을 다그치고 인민생활을 높이는데서 나서는 중요요구이다.

국가계획기관, 중앙산림지도기관, 림업기관, 지방인민위원회와 해당 기관은 산림자원을 계획적으로, 효과있게 리용하도록 하여야 한다.

제43조 (산림토지의 리용허가)

산림토지의 리용허가는 해당 단위의 합의를 받은데 따라 내각 또는 중앙산림지도기관, 지방인민위원회가 한다.

내각과 중앙산림지도기관, 지방인민위원회는 산림토지를 리용하려는 목적, 규모 같은 것을 따져보고 리용허가를 하여야 한다.

제44조 (순환식채벌에 의한 목재생산)

순환식채벌은 목재자원을 늘이고 통나무생산을 정상화하기 위한 합리적인 방도이다.

림업기관과 해당 기관은 순환식채벌총계획을 정확히 실행하며 목재생산을 정상화하여야 한다.

제45조 (나무베기허가)

나무베기허가는 시, 군산림경영기관(농장림인 경우 시, 군농업지도기관)이 한다.

12시, 군산림경영기관은 국가계획기관으로부터 받은 나무베기계획에 따라 중앙산림지도기관과 지방인민위원회로부터 채벌림지를 받은 단위에만 나무베기허가를 하여야 한다.

산림조성과 관리, 산림과학연구, 땔나무 같은 주민들의 일부 생활상 편의를 보장하기 위한 나무베기허가는 정해진데 따라 나무베기계획이 없이도 할 수 있다.

제46조 (나무베기허가사항준수)

나무베기허가를 받지 않고서는 나무를 벨 수 없다.

나무베기허가를 받은 기관, 기업소, 단체는 승인받은 나무베기설계대로 나무를 베며 나무를 벤 다음 채벌뒤자리를 제때에 정리하고 나무를 심는것을 비롯하여 나무베기허가증에 지적된 사항을 지켜야 한다.

제47조 (벤 나무의 반출)

벤 나무는 도(직할시)산림관리기관, 시, 군산림경영기관이 발급한 산림자원반출문건과 담당산림감독원의 검인이 있어야만 실어갈 수 있다.

림업기관에서 생산보장하는 통나무와 켠나무는 국가계획에 따라 림업기관, 기업소가 발급한 공급지도서와 산림자원반출문건, 담당산림감독원의 검인이 있어야만 실어갈 수 있다. 이 경우 분기 1차씩 다음 분기에 판매할 수량 을 해당 지방인민위원회에 통보해주어야 한다.

제48조 (산림자원의 채취와 반출)

나무, 약초, 산열매 같은 산림자원을 뜨거나 채취하려 할 경우에는 해당 산림 구역을 담당한 기관, 기업소, 단체의 합의를 거쳐 대상에 따라 중앙산림지도기관, 도(직할시)산림관리기관, 시, 군산림경영기관의 채취허가를 받으며 정해준 시기, 장소, 방법, 수량을 지켜야 한다.

산림자원을 뜨거나 채취하면서 산림자원을 고갈시키거나 산림을 못쓰게 만들지 말아야 한다.

채취한 산림자원은 정해진 절차에 따라 반출할 수 있다.

제49조 (산림토지, 벤 나무의 리용)

기관, 기업소, 단체와 공민은 리용허가를 받은 산림토지, 국가계획에 따라 벤 나무 같은 것을 해당 용도에 맞게 리용하며 그것을 다른 기관, 기업소, 단체 또는 개별적 공민에게 넘겨주지 말아야 한다.

원목은 땔나무로 리용할 수 없다.

제50조 (목재소비기준)

목재를 리용하는 기관, 기업소, 단체는 목재소비기준을 바로 정하고 엄격히 지키며 목재소비를 최대한 낮추어야 한다.

제51조 (산짐승, 산새의 사냥)

산짐승, 산새를 사냥하려는 기관, 기업소, 단체와 공민은 중앙산림지도 기관의 허가를 받으며 제정된 사냥질서를 지켜야 한다.

제52조 (산림자원의 수출입)

산림자원은 중앙산림지도기관과 합의하고 국가계획기관의 수출계획을 받아야 수출할 수 있다. 그러나 잣의 수출은 중앙산림지도기관만이 할 수 있다.

나무와 산짐승, 산새, 산림식물의 종자와 표본, 약초 같은 정해진 산림자원은 수출할 수 없다.

다른 나라에서 나무종자와 나무모를 들여올 경우에는 나무의 학명과 품종이름, 생물생태학적 특성자료를 함께 들여오며 해당 검역기관의 검역을 받은 다음 중앙산림 지도기관에 등록하고 리용하여야 한다.

제53조 (산림구역에서의 금지사항)

산림구역에서는 다음의 행위를 할 수 없다.

1. 승인없이 도로, 건물, 시설물을 건설하거나 지하자원을 개발하는 행위
2. 승인없이 부업기지, 원료기지를 조성하거나 땅을 일구거나 묘를 쓰는 행위
3. 승인없이 나무를 꺾거나 껍질을 벗기거나 뿌리를 캐거나 집짐승을 방목하는 행위
4. 승인없이 돌을 캐거나 흙을 파내는 행위
5. 승인없이 지피식물, 송진, 정유, 송탄유 같은것을 채취하거나 숯, 석회 등을 구워내는 행위
6. 토지, 물, 대기를 오염시키는 행위
7. 보호림에서 사냥, 지하자원채취, 방목, 개간 등을 하는 행위
8. 산림자원을 밀수, 밀매하는 행위
9. 산림감독일군의 정당한 요구에 불응하거나 산림감독일군을 폭행, 구타하는 행위
10. 그밖에 해당 법규에 따라 금지하게 된 행위

제6장 산림경영사업에 대한 지도통제

제54조 (산림경영사업에 대한 지도)

산림경영사업에 대한 지도는 내각의 통일적인 지도밑에 중앙산림지도기관이 한다.

산림을 맡아 관리하고 있는 중앙기관과 지방인민위원회는 중앙산림지도기관의 지도

밑에 담당구역의 산림경영사업을 국가의 산림정책적 요구에 맞게 진행하여야 한다.

제55조 (산림경영사업조건의 보장)

국가계획기관과 로동행정기관, 자재공급기관, 농업지도기관, 재정은행기관, 지방인민위원회와 해당 기관, 기업소, 단체는 산림부문의 물질기술적 토대를 강화하고 산림조성과 산불방지, 병해충방지, 사방야계공사, 과학연구사업 등 산림경영사업에 필요한 로력, 설비, 자재, 자금을 제때에 보장하여야 한다. 산림부문의 로력, 설비, 자재, 자금을 다른 용도에 돌려쓸 수 없다.

제56조 (산림부문의 교육, 과학연구사업)

산림부문의 교육기관과 과학연구기관, 해당 기관은 유능한 과학기술인재를 더 많이 키워내며 산림개조, 산불방지, 산림병해충방지 등 산림조성과 보호관리에서 나서는 과학기술적 문제를 풀어야 한다. 가치 있는 산림과학연구성과는 서로 보급, 공유, 도입하여야 한다.

제57조 (산림부문의 실적검사)

림업기관과 지방인민위원회, 해당 기관은 산림설계와 지도서에 준하여 산림부문의 실적검사를 바로 하여야 한다.

검사에서 합격되지 못한 경우에는 실적으로 평가할 수 없다.

제58조 (산림경영사업에 대한 감독통제)

산림경영사업에 대한 감독통제는 중앙산림지도기관, 지방인민위원회와 해당 감독통제기관이 한다.

중앙산림지도기관, 지방인민위원회와 해당 감독통제기관은 나무 한 대를 베고 열 대를 심는 원칙에서 산림을 조성하고 산불, 병해충, 사태, 산림토지개간, 도벌에 의한 피해를 막으며 산림토지리용, 나무베기, 통나무소비 같은 산림자원리용질서를 바로 지키도록 정상적으로 감독통제하여야 한다.

제59조 (민사적 책임)

이 법을 어겨 다른 기관, 기업소, 단체와 공민에게 손해를 준 당사자에게는 원상복구 또는 손해보상책임을 지운다.

제60조 (변상처벌)

다음의 경우에는 기관, 기업소, 단체와 개별적 공민에게 변상처벌을 준다.

1. 산불을 일으켰거나 나무의 사름률을 보장하지 못하였을 경우
2. 사방야계공사를 바로하지 않아 큰물피해를 발생시켰을 경우
3. 나무를 도벌하였거나 밀렵행위를 하였을 경우
4. 허가없이 산림자원을 채취하였거나 지하자원을 개발하였거나 산을 개간하였을 경우
5. 허가를 받았으나 정해진 량을 초과하여 산림자원을 채취하였을 경우

제61조 (공민에 대한 벌금처벌)

다음의 경우에는 개별적공민에게 해당한 벌금을 물린다.

1. 입산질서를 어겼을 경우 1,000~5,000원
2. 사냥, 채벌, 채취, 개간, 불놓이, 방목 등 허가를 받았으나 정해준 시기, 장소, 방법, 수단과 관련한 질서를 어겼을 경우 1,000~5만원
3. 승인없이 나무를 꺾었거나 껍질을 벗겼거나 뿌리, 돌, 흙을 채취하였을 경우 1,000~2만원
4. 승인없이 집짐승을 방목하였거나 불놓이를 하였을 경우 1만~6만원
5. 승인없이 건물을 지었거나 묘를 썼을 경우 1만 ~10만원

제62조 (기관, 기업소, 단체에 대한 벌금처벌)

다음의 경우에는 기관, 기업소, 단체에 해당한 벌금을 물린다.

1. 집단적으로 입산질서를 어겼을 경우 10만~20만원
2. 산림담당구역을 분담받지 않았을 경우 20만원
3. 산림조성, 보호계획을 미달하였을 경우 10만~150만원

4. 산림생태환경을 오염시켰을 경우 10만~150만원

5. 사냥, 채벌, 채취, 탐사, 개발, 개간, 건설, 생산, 불놓이, 방목, 반출 등 허가를 받았
   으나 정해준 시기, 장소, 방법, 수단과 관련한 질서를 어겼을 경우 10만~100만원

6. 승인없이 집짐승을 방목하였거나 불놓이를 하였거나 돌, 흙을 채취하였거나 도
   로, 건물, 시설물을 건설하였을 경우 10만~150만원

7. 리용허가를 받은 산림토지를 정해진 용도에 쓰지 않았거나 다른 기관, 기업소, 단
   체 또는 공민에게 넘겨주어 리용하게 하였을 경우 70만~150만원

8. 목재소비기준을 초과하였을 경우 50만~150만원

제63조 (중지처벌)

이 법 제62조의 행위에 대하여 감독통제기관이 시정할 것을 요구하였음에도 불구하고
결함을 시정하지 않았을 경우에는 산림자원의 리용을 중지시킨다. 정상이 무거운 경우
에는 리용승인을 취소한다.

제64조 (몰수처벌)

다음의 경우에는 해당 재산을 몰수한다.

1. 불을 일으킬 수 있는 물품을 가지고 산에 들어갔을 경우

2. 나무를 도벌하였거나 도벌한 나무를 가공하여 목재가공품을 만들었을 경우

3. 나무를 밀수, 밀매(운반, 보관 포함)하였을 경우

4. 승인없이 약초, 종자, 산열매, 산나물 같은 산림자원을 채취하였거나 채취한 산림
   자원을 밀수, 밀매하였을 경우

5. 승인없이 산짐승, 산새를 잡았을 경우

6. 병해충이 발생한 산림구역에서 나무와 풀, 흙 같은 것을 내갔을 경우

7. 승인없이 지하자원을 개발하였을 경우

8. 제재기, 기계톱, 도끼, 톱, 낫 같은 작업도구와 자동차, 뜨락또르, 우마차 같은 운
   수수단으로 위법행위를 하였을 경우

제65조 (경고, 무보수로동, 로동교양, 강직, 해임, 철직처벌)

다음의 경우에는 책임있는 자에게 경고, 엄중경고 또는 3개월 이하의 무보수로동, 로동교양처벌을 준다.

1. 산림자원실태에 대한 조사, 장악, 통보, 등록을 바로 하지 않아 산림경영에 지장을 주었을 경우

2. 산림건설계획의 작성, 시달을 바로 하지 않아 산림경영에 지장을 주었을 경우

3. 산림설계작성을 바로 하지 않았거나 산림설계의 요구를 지키지 않아 산림경영에 지장을 주었을 경우

4. 산림조성 및 보호계획을 미달하였을 경우

5. 양묘장을 꾸리지 않았거나 관리운영을 바로 하지 않아 나무모생산 및 공급에 지장을 주었을 경우

6. 검사를 받지 않았거나 검사에서 합격되지 못한 나무종자와 나무모를 심었을 경우

7. 심은 나무의 사름률을 보장하지 않았거나 나무를 경영목적에 맞게 키우지 않았을 경우

8. 입산질서와 불놓이질서를 어겼을 경우

9. 산불을 일으켰거나 산불예보, 감시, 통보체계를 세우지 않았거나 산불끄기조직과 지휘를 바로하지 않았거나 산불끄기에 제대로 동원되지 않았을 경우

10. 산림병해충예찰, 검역, 구제를 바로 하지 않아 산림자원에 피해를 주었을 경우

11. 위험대상지를 찾아 등록하지 않았거나 사방야계시설물을 정상적으로 보수정비하지 않았을 경우

12. 산림토지리용허가, 나무베기허가를 망탕하였을 경우

13. 나무베기허가를 받지 않고 나무를 채벌하였거나 나무베기허가사항을 어겼을 경우

14. 산림토지리용질서와 산림자원반출질서를 어겼을 경우

15. 목재소비기준을 초과하였을 경우

16. 수출이 금지된 산림자원을 수출하였거나 수출권한이 없는 단위가 산림자원을 수출하였을 경우

17. 승인없이 도로, 건물, 시설물을 건설하였거나 지하자원을 개발하였거나 부업 기지, 원료기지를 조성하였을 경우

18. 승인없이 땅을 일구었거나 묘를 썼거나 돌, 흙을 채취하였을 경우

19. 승인없이 나무를 꺾었거나 껍질을 벗겼거나 뿌리를 캤거나 집짐승을 방목하였을 경우

20. 승인없이 지피식물, 송진, 정유, 송탄유 같은 것을 채취하였거나 숯, 석회 등을 구워냈을 경우

21. 산림생태환경을 오염시켰을 경우

22. 보호림에서 사냥, 채취, 방목, 개간 등의 행위를 하였을 경우

23. 산림자원을 밀수, 밀매하였을 경우

24. 산림조성기금조성사업을 바로하지 않았거나 산림조성기금을 류용, 랑비하였을 경우

25. 산림경영사업에 필요한 로력, 설비, 자재, 자금을 제대로 보장하지 않았거나 산림부문의 로력, 설비, 자재, 자금을 다른 용도에 돌려썼을 경우

26. 산림부문의 실적검사를 무책임하게 하여 산림경영사업에 지장을 주었을 경우

27. 산림감독사업을 무책임하게 하였거나 산림자원침해행위를 묵인, 조장시켰을 경우

28. 산림감독일군의 정당한 요구에 불응하거나 산림감독일군을 폭행, 구타하였을 경우

앞항 1~28호의 행위가 정상이 무거운 경우에는 3개월 이상의 무보수로동, 로동 교양처벌 또는 강직, 해임, 철직처벌을 준다.

제66조 (형사적 책임)

이 법을 어긴 행위가 범죄에 이를 경우에는 책임있는 자에게 형법의 해당 조항에 따라 형사적 책임을 지운다.

조선민주주의인민공화국
기상법

주체94(2005)년 11월 9일 최고인민회의 상임위원회 정령 제1368호로 채택

제1장 기상법의 기본

제1조 (기상법의 사명)

조선민주주의인민공화국 기상법은 기상관측과 예보, 기상시설의 관리에서 제도와 질서를 엄격히 세워 기상사업을 발전시키고 경제발전과 인민생활안정에 이바지한다.

제2조 (기상사업의 본질과 물질기술적토대강화원칙)

기상사업은 대기현상을 체계적으로 조사, 연구하여 기상정보를 얻어내며 그것을 예보하는 중요한 사업이다.

국가는 기상부문의 물질기술적 토대를 강화하며 기상사업을 현대화, 과학화하도록 한다.

제3조 (기상관측원칙)

기상관측을 바로 하는 것은 기상정보의 과학성을 보장하는데서 나서는 선차적 요구이다.

국가는 기상관측망을 합리적으로 형성하고 새 기술을 적극 받아들이며 기상관측의 정확성을 보장하도록 한다.

제4조 (기상예보원칙)

기상예보는 첨단과학기술에 기초한 여러 가지 기상정보에 의거하여 예견되는 기상상태를 종합적으로 분석, 평가, 발표하는 사업이다.

국가는 기상예보와 과학성을 보장하며 여러 가지 형식과 방법으로 기상예보를 하도록 한다.

제5조 (기상시설의 관리원칙)

기상시설에 대한 관리를 잘하는 것은 기상시설의 파손을 막고 기상관측환경을 보호하기 위한 중요방도이다.

국가는 기상시설을 정상적으로 유지하며 그 가동을 정확히 보장하도록 한다.

제6조 (기상과학연구와 인재양성원칙)

국가는 기상부문의 과학연구기관과 교육기관은 튼튼히 꾸리고 기상과학연구사업을 강화하며 필요한 기술자, 전문가들을 전망성있게 키워내도록 한다.

제7조 (기상분야의 교류와 협조)

국가는 기상분야에서 다른 나라, 국제기구들과의 교류와 협조를 발전시킨다.

제2장 기상관측

제8조 (기상관측의 정의와 구분)

기상관측은 날씨와 대기변화과정을 련속 감시하고 측정하여 기상사업의 기초자료를 얻어내는 중요한 사업이다.

기상관측은 관측위치에 따라 지면기상관측, 고층기상관측, 해상기상관측 같은 것으로 구분한다.

제9조 (기상관측을 할 수 있는 기관)

기상관측은 기상관측기관이 한다. 그러나 과학연구와 교육을 목적으로 하는 기상관측은 해당 기관, 기업소, 단체가 할 수 있다.

제10조 (기상관측장의 선정과 승인)

기상관측기관은 기상관측장을 해당 지역의 기상상태를 대표하며 기상관측에 지장을 주는 건물, 전기와 통신시설 같은 장애물과 하천수역으로부터 떨어진 개활지대에 정하여야 한다. 이 경우 해당 기관의 승인을 받아야 한다.

제11조 (기상관측방법)

기상관측기관은 기사용소와 기상현상을 정확히 관측하여야 한다.

기상요소에 대한 관측은 관측기재로, 기상현상에 대한 관측은 직접 관찰하는 방법으로 한다.

제12조 (기상관측자료의 기록)

기상관측기관은 기상관측을 중단하거나 결측하지 말며 관측한 자료를 제때에 기록하여야 한다.

기록은 직접 관측한 자료에 대해서만 한다.

제13조 (기상전보문, 월보, 년보의 작성)

기상관측기관은 기상관측자료에 기초하여 기상전보문, 기상월보, 기상년보를 작성하여야 한다.

작성한 기상전보문은 정한 시간에, 기상월보와 년보는 정한 기일안으로 해당 상급기관에 보내야 한다.

제14조 (기상월보, 년보의 심사, 보존)

중앙기상자료심사기관은 기상월보와 년보의 심사에서 과학성과 정확성을 보장하여야 한다.

기상월보와 년보는 영구보존한다.

제15조 (기상관측환경보호구역의 설정)

국가는 기상관측환경을 보장하기 위하여 기상관측장의 일정한 지역을 기상관측환경보호구역으로 정한다.

기상관측환경보호구역을 정하는 사업은 내각이 한다.

제16조 (기상관측환경보호구역에서 금지사항)

기관, 기업소, 단체와 공민은 기상관측환경보호구역안에서 기상관측에 영향을 줄 수

있는 열, 고주파복사장치와 전기시설을 설치하거나 건물 같은 것을 건설하는 행위를
하지 말아야 한다.

|제3장 기상예보

제17조 (기상예보의 중요요구와 구분)

기상예보를 과학성있게 하는 것은 예견되는 날씨조건에 대처하여 사전대책을 세울 수
있게 하는데서 나서는 필수적 요구이다.

기상예보는 날씨의 예견기간에 따라 초단기예보, 단기예보, 중기예보, 장기예보로 구
분한다.

제18조 (기상예보자료의 작성)

기상예보기관은 정기기상관측자료와 기상통신망으로 받는 기상정보에 기초하여 과학
성있는 기상예보자료를 작성하여야 한다.

기상예보자료는 대기운동의 변화에 따라 제때에 수정보충하여야 한다.

제19조 (기상예보의 기관)

기상예보는 중앙기상예보기관과 지방기상예보기관이 한다.

중앙기상예보기관은 전반적 지역의 기상예보를, 지방기상예보기관은 해당 지역의 기
상예보를 한다.

제20조 (기상예보의 통보)

기상예보의 통보는 방송보도기관이 한다.

방송보도기관은 기상예보를 접수하면 제때에 TV와 소리방송으로 보도하여야 한다.

필요에 따라 신문을 통하여 기상예보를 낼 수도 있다.

제21조 (재해성기상경보)

기상예보기관은 폭우와 센 바람, 태풍, 우박, 황사, 산불, 해일, 한파 같은 기상현상이

예견될 경우 제때에 재해성기상경보를 하여야 한다.

방송보도기관은 재해성기상경보를 신속정확히 하여야 한다.

제22조 (기상재해의 방지)

지방정권기관과 해당 기관은 재해성기상경보를 받으면 즉시 재해방지조치를 취하여 재해를 미연에 방지하거나 극력 줄여야 한다.

보험기관과 해당 기관은 기상재해조사와 평가에 해당 시기의 기상자료를 리용하여야 한다.

제23조 (기상정보의 봉사)

기상정보자료를 리용하려는 기관, 기업소, 단체와 공민은 기상기관에 의뢰하여 기상정보봉사를 받아야 한다. 이 경우 기상정보봉사료금을 내야 한다.

기상정보봉사료금을 정하는 사업은 중앙가격제정기관이 한다.

제24조 (기상과학지식보급)

출판보도기관과 해당 기관은 인민들 속에 날씨, 기후특징과 태풍, 해일, 황사 같은 재해성기상현상과 피해방지대책 같은 것을 알려주어야 한다.

제25조 (기후자료의 조사, 평가와 통보)

기상기관은 기후자료에 대한 종합적조사와 평가사업을 정기적으로 하여야 한다.

평가된 기후자료로 기후통보를 낸다.

제26조 (비법적인 기상자료의 리용금지)

기관, 기업소, 단체와 공민은 살림집, 시설물건설과 자원개발, 기상재해, 대기환경영향평가에 필요한 기상자료를 마음대로 만들어 리용하는 행위를 하지 말아야 한다.

제4장 기상시설의 관리

제27조 (기상시설의 구분)

기상시설은 기상관측과 예보, 기상자료처리의 과학성과 정확성을 담보하는 나라의 귀중한 재부이다.

기상시설에는 기상관측장과 기상측정수단, 기상위성 및 레이다설비, 통신설비 같은 것이 속한다.

제28조 (기상시설의 관리기관)

기상시설의 관리는 해당 기상기관이 한다.

해당 기상기관은 기상시설을 그 특성에 맞게 과학기술적으로 관리하여야 한다.

제29조 (기상시설의 등록과 검정, 보수)

기상기관은 기상시설을 등록하고 주기에 따라 정기적으로 검정하며 불비한 것은 제때에 보수하여야 한다.

해당 기관이 의뢰하는 기상측정수단도 검정하여야 한다.

제30조 (기상관측장의 위치변경금지)

기상관측장의 위치는 마음대로 변경시킬 수 없다.

중요대상건설계획에 따라 기상관측장을 불가피하게 옮기려는 기관, 기업소, 단체는 중앙기상지도기관과 합의하여야 한다. 이 경우 기상관측장과 필요한 건물을 건설하여야 한다.

제31조 (기상관측환경과 기상시설보호)

기관, 기업소, 단체와 공민은 기상관측환경과 기상시설을 적극 보호하여야한다.

기상관측환경과 기상시설을 파손시키는 행위를 발견하였을 경우에는 즉시 기상기관과 해당 기관에 알려야 한다.

제5장 기상부문 사업에 대한 지도통제

제32조 (기상부문 사업에 대한 지도통제의 기본요구)

기상부문 사업에 대한 지도통제를 강화하는 것은 국가의 기상정책을 정확히 집행하기 위한 기본담보이다.

국가는 기상부문 사업에 대한 지도체계를 바로 세우고 통제를 강화하도록 한다.

제33조 (기상부문 사업에 대한 지도기관)

기상부문 사업에 대한 지도는 내각의 통일적인 지도밑에 중앙기상지도기관이 한다.

중앙기상지도기관은 기상부문 사업을 정상적으로 장악하고 지도하여야 한다.

제34조 (과학기술적 지도)

중앙기상지도기관과 해당 기관은 기상관측과 예보, 기상자료심사와 보존, 기상시설의 리용에 대한 과학기술적 지도를 강화하고 새로운 과학기술의 보급과 도입사업을 지도하여야 한다.

제35조 (기상관측, 예보일군의 자격)

기상관측, 예보일군은 해당한 자격을 가진 자만이 될 수 있다.

해당한 자격을 가지지 못한 자는 기상관측과 예보사업을 할 수 없다.

제36조 (기상측정수단생산과 전력, 통신의 보장)

국가계획기관과 중앙기상지도기관, 해당 기관은 기상측정수단생산기지를 현대적으로 꾸리고 필요한 측정수단을 계획적으로 생산보장하여야 한다.

체신기관과 전력공급기관은 기상부문 사업에 필요한 통신과 전력을 정상적으로 보장하여야 한다.

제37조 (감독통제)

기상부문 사업에 대한 감독통제는 중앙기상지도기관과 해당 감독통제기관이 한다.

중앙기상지도기관과 해당 감독통제기관은 기상부문 사업에 대한 감독통제를 강화하여야 한다.

제38조 (벌금, 손해보상)

기상관측과 재해성기상예보를 제때에 하지 않았거나 재해성기상경보에 따르는 조치를 취하지 않아 피해를 입었거나 기상시설을 파손시켰을 경우에는 벌금을 물리거나 해당한 손해를 보상시킨다.

제39조 (원상복구)

승인없이 기상관측장을 옮겼거나 없애버렸을 경우에는 원상복구시킨다.

제40조 (행정적 또는 형사적 책임)

이 법을 어겨 기상부문 사업에 엄중한 결과를 일으킨 기관, 기업소, 단체의 책임있는 일군과 개별적 공민에게는 정상에 따라 행정적 또는 형사적 책임을 지운다.

조선민주주의인민공화국
기상수문법

주체107(2018)년 7월 12일 최고인민회의 상임위원회 정령 제2316호로 채택
주체109(2020)년 4월 23일 최고인민회의 상임위원회 정령 제314호로 수정보충

제1장 기상수문법의 기본

제1조 (기상수문법의 사명)

조선민주주의인민공화국 기상수문법은 기상수문관측과 예보, 기상수문시설의 관리에서 제도와 질서를 엄격히 세워 나라의 자연부원과 인민들의 생명재산을 보호하고 인민경제를 발전시키는데 이바지한다.

제2조 (기상수문사업의 정의)

기상수문사업은 대기와 하천, 저수지, 해양상태를 정상적으로 관측하고 체계적으로 조사연구하여 기상수문정보를 얻어내며 그것을 예보하는 사업이다.

기상수문관측과 예보는 기상관측과 예보, 수문관측과 예보, 해양관측과 예보로 구분한다.

제3조 (기상수문관측원칙)

국가는 기상수문관측망을 합리적으로 형성하고 선진기술을 적극 받아들여 기상수문관측의 과학성과 정확성을 보장하도록 한다.

제4조 (기상수문예보원칙)

국가는 여러가지 형식과 방법으로 예견되는 기상수문상태를 종합적으로 분석, 평가하여 기상수문예보의 과학성과 신속성을 보장하도록 한다.

제5조 (기상수문시설의 관리원칙)

국가는 기상수문시설에 대한 관리를 잘하여 기상수문관측과 예보를 원만히 보장할 수

있게 정상유지, 정상관리, 정상가동하도록 한다.

제6조 (기상수문부문의 물질기술적토대강화원칙)

국가는 기상수문부문에 대한 투자를 계통적으로 늘여 기상수문부문의 물질기술적 토대를 강화하며 기상수문사업을 현대화, 과학화, 정보화하도록 한다.

제7조 (기상수문과학연구와 인재양성원칙)

국가는 기상수문부문의 과학연구기관과 교육기관을 튼튼히 꾸리고 기상수문과학연구사업을 강화하며 필요한 기술자, 전문가들을 전망성있게 키워내도록 한다.

제8조 (기상수문분야의 교류와 협조)

국가는 기상수문분야에서 다른 나라, 국제기구들과의 교류와 협조를 발전시킨다.

제2장 기상수문관측

제9조 (기상수문관측의 기본요구)

기상수문관측은 대기와 하천, 저수지, 바다에서 기상수문요소들의 변화과정을 감시하고 측정하여 기상수문사업의 기초자료를 얻어내는 중요한 사업이다.
기상수문기관은 기상수문요소들의 변화상태를 정상적으로 감시하고 정확히 측정하여야 한다.

제10조 (기상수문관측의 구분)

기상수문관측에는 지면기상관측, 고층기상관측, 농업기상관측, 하천관측, 저수지관측, 바다가관측, 해상관측 같은 것이 속한다.

제11조 (기상수문관측을 할 수 있는 기관)

기상수문관측은 기상수문기관이 한다. 그러나 과학연구와 교육, 농업생산, 하천, 저수지관리, 해상활동을 목적으로 하는 기상수문관측은 해당 기관, 기업소, 단체가 할 수 있다.

제12조 (기상수문관측장의 선정과 승인)

기상수문기관은 기상수문관측장을 내각의 승인을 받아 해당 지역의 기상수문상태를 대표할 수 있는 곳에 정하여야 한다. 이 경우 기상수문관측장주변에는 관측에 지장을 주는 건물, 전기와 통신시설같은 장애물이 없어야 한다.

제13조 (기상수문관측방법)

기상수문기관은 기압, 기온, 바람, 습도, 하천과 저수지에서 물높이와 흐름량, 바다에서 물결 높이, 물온도, 염도, 해류를 비롯한 기상수문요소와 현상을 정확히 관측하여야 한다. 기상수문요소에 대한 관측은 기상수문관측기재로, 기상수문현상에 대한 관측은 육안으로 관찰하는 방법으로 한다.

제14조 (기상수문관측자료의 기록과 보고)

기상수문기관은 기상수문관측을 중단하거나 결측하지 말며 관측한 자료를 정확히 기록하고 중앙기상수문기관에 제때에 보고하여야 한다.

기록은 직접 관측한 자료에 대해서만 한다.

제15조 (기상수문조사와 평가, 통보)

기상수문기관은 기상수문현상에 대한 조사와 평가를 한다.

조사평가된 자료는 기상수문통보로 낼 수 있다.

제16조 (기상수문관측자료의 심사, 보존)

기상수문기관은 기상수문관측자료에 대한 심사를 하여야 한다.

기상수문관측자료의 심사는 관측소심사, 도급심사, 중앙급심사로 나누어 하며 심사에서 정확성과 시기성을 보장하여야 한다.

기상수문관측자료는 영구보존한다.

제17조 (기상수문관측환경보호구역의 설정)

기상수문관측환경을 보장하기 위하여 기상수문관측장의 일정한 지역을 기상수문관측환경보호구역으로 정한다.

기상수문관측환경보호구역을 정하는 사업은 내각이 한다.

제18조 (기상수문관측환경보호구역에서 금지사항)

기관, 기업소, 단체와 공민은 허가없이 기상수문관측환경보호구역안에서 다음의 행위를 할 수 없다.

    1. 기상수문관측에 영향을 줄 수 있는 열, 고주파 복사장치와 전기시설같은 것을 설치하는 행위

    2. 지하자원을 개발하는 행위

    3. 도로, 건물, 시설물 같은 것을 건설하는 행위

제19조 (위탁관측)

기상수문기관은 필요에 따라 기상수문관측을 다른 기관, 기업소, 단체에 위탁할 수 있다.

기상수문관측을 위탁받은 기관, 기업소, 단체는 필요한 측정수단을 갖추고 기상수문관측을 책임적으로 하며 관측한 자료를 기상수문기관에 제때에 보내주어야 한다.

위탁에 따라 해상관측을 하는 기관, 기업소, 단체는 특별히 선정된 배를 해상관측에 리용하여야 한다.

│제3장 기상수문예보

제20조 (기상수문예보의 기본요구)

기상수문예보사업에서 과학성과 신속성을 보장하는 것은 예견되는 기상수문상태에 대처하여 사전대책을 세울 수 있게 하는데서 나서는 필수적요구이다.

기상수문기관은 대기와 하천, 저수지, 바다의 변화상태를 신속정확히 예보하여야 한다.

제21조 (기상수문예보의 구분)

기상수문예보는 일기예보, 하천과 저수지물량예보, 해상예보, 해일예보, 태풍예보, 황사예보, 대기질예보 같은 것으로 구분한다.

제22조 (기상수문예보기관)

기상수문예보는 중앙기상수문기관과 지방기상수문기관이 한다.

중앙기상수문기관은 전반적지역의 기상수문예보를, 지방기상수문기관은 해당 지역 또는 특정한 대상의 기상수문예보를 한다.

기상수문기관이 아닌 다른 기관, 기업소, 단체는 기상수문예보를 할 수 없다.

제23조 (기상수문예보자료의 작성)

기상수문기관은 기상수문관측자료와 위성전송자료, 계산자료, 조사분석자료 같은 정보에 기초하여 과학성있는 기상수문예보자료를 작성하여야 한다.

기상수문예보자료는 기상수문상태의 변화에 따라 제때에 수정보충하여야 한다.

제24조 (기상수문예보자료의 통보)

기상수문기관은 기상수문예보자료를 방송 및 출판보도기관, 재해방지기관, 국가수로지도기관을 비롯한 해당 기관에 매일 4회 이상 통보하여야 한다.

기상수문예보자료에 대한 통보를 받은 기관은 그것을 제때에 TV와 소리방송, 통신수단을 통하여 기관, 기업소, 단체와 공민들에게 알려주어야 한다.

제25조 (재해성기상수문경보)

기상수문기관은 폭우와 무더기비, 큰물, 센바람, 태풍, 폭설, 우박, 황사, 가물, 해일, 한파, 안개, 서리 같은 재해성기상수문현상이 예견될 경우 제때에 재해성기상수문경보를 하여야 한다.

제26조 (임의의 정황에 대처할 수 있는 기상수문예보대책)

기상수문기관은 필요한 물질기술적 준비를 원만히 갖추고 임의의 정황속에서도 기상수문예보를 중단없이 보장하여야 한다.

제27조 (기상수문재해의 방지)

재해방지기관과 인민위원회, 해당 기관은 재해성 기상수문경보를 받으면 즉시 재해방지조치를 취하여 재해를 미연에 방지하거나 극력 줄여야 한다.

보험기관과 해당 기관은 기상수문재해조사와 평가에 기상수문기관에서 발표한 해당 시기와 지역의 기상수문자료를 리용하여야 한다.

제28조 (기상수문정보봉사)

기상수문정보봉사는 기상수문기관이 한다.

기상수문기관은 기상수문정보봉사사업을 끊임없이 현대화하여 그 질은 높여야 한다.

기상수문정보봉사를 따로 받으려는 기관, 기업소, 단체와 공민은 기상수문기관에 의뢰하여야 한다. 이 경우 기상수문정보봉사료금을 내야 한다.

기상수문정보봉사료금을 정하는 사업은 국가가격기관이 한다.

제29조 (비법적인 기상수문자료의 리용금지)

기관, 기업소, 단체와 공민은 살림집, 시설물건설과 자원개발, 환경영향평가, 재해평가에 필요한 기상수문자료를 마음대로 만들어 리용하는 행위를 하지 말아야 한다.

제4장 기상수문시설의 관리

제30조 (기상수문시설관리의 기본요구)

기상수문시설은 기상수문관측과 예보, 기상수문자료처리의 과학성과 정확성, 신속성을 담보하는 나라의 귀중한 재부이다.

기상수문기관은 기상수문시설을 정상적으로 관리하고 유지하여야 한다.

제31조 (기상수문시설의 구분)

기상수문시설에는 기상수문관측장과 측정수단, 콤퓨터 및 통신설비 같은 것이 속한다.

제32조 (기상수문시설의 관리기관)

기상수문시설의 관리는 기상수문기관과 해당 기관이 한다.

기상수문기관과 해당 기관은 기상수문시설을 그 특성에 맞게 과학기술적으로 관리하여야 한다.

제33조 (기상수문시설의 등록과 검정, 보수)

기상수문기관은 기상수문시설을 등록하고 주기에 따라 정기적으로 검정하며 불비한 것은 제때에 보수하여야 한다.

이 법 제11조에 따라 기상수문관측을 하는 기관, 기업소, 단체는 측정수단을 기상수문기관의 검정을 받아 리용하여야 한다.

제34조 (기상관측장의 위치변경금지)

기상수문관측장의 위치는 마음대로 변경시킬 수 없다.

기상수문관측장을 불가피하게 옮기려는 기관, 기업소, 단체는 중앙기상수문기관과 합의하여야 한다.

제35조 (기상수문관측시설의 현대화)

중앙기상수문기관과 해당 기관은 기상수문측정수단생산기지를 튼튼히 꾸리고 현대적인 측정수단을 계획적으로 연구개발, 생산하여 기상수문관측과 예보의 과학성과 정확성을 보장하여야 한다.

제36조 (기상수문관측환경과 기상수문시설, 통신수단의 보호)

기관, 기업소, 단체와 공민은 기상수문관측환경과 기상수문시설, 통신수단을 적극 보호하여야 한다.

기상수문관측환경과 기상수문시설, 통신수단을 파손시키는 행위를 발견하였을 경우에는 즉시 기상수문기관과 해당 기관에 알려야 한다.

제5장 기상수문사업에 대한 지도통제

제37조 (기상수문사업에 대한 지도통제의 기본요구)

기상수문사업에 대한 지도통제를 강화하는 것은 국가의 기상수문정책을 정확히 집행하기 위한 기본 담보이다.

국가는 기상수문사업에 대한 지도체계를 바로 세우고 통제를 강화하도록 한다.

제38조 (기상수문사업에 대한 지도기관)

기상수문사업에 대한 지도는 내각의 통일적인 지도밑에 중앙기상수문기관이 한다.

중앙기상수문기관은 기상수문사업을 정상적으로 장악하고 지도하여야 한다.

제39조 (과학기술적 지도)

중앙기상수문기관과 해당 기관은 기상수문관측과 예보, 기상수문자료심사와 보존, 기상수문시설의 리용에 대한 과학기술적 지도를 강화하고 새로운 과학기술의 보급과 도입사업을 지도하여야 한다.

제40조 (기상수문관측, 예보일군의 자격)

기상수문관측 및 예보일군은 해당한 자격을 가진 자만이 될수 있다.

해당한 자격을 가지지 못한 자는 기상수문관측과 예보사업을 할 수 없다.

제41조 (기상수문사업조건의 보장)

국가계획기관과 로동행정기관, 재정은행기관, 체신기관, 인민위원회를 비롯한 해당 기관은 기상수문사업에 필요한 로력과 설비, 자재, 자금, 전력, 통신, 자료를 원만히 보장하여야 한다.

제42조 (기상수문과학지식보급)

출판보도기관과 해당 기관은 인민들속에 날씨, 기후특징과 태풍, 해일, 황사, 큰물같은 재해성기상수문현상과 피해방지대책, 기상수문과학지식같은 것을 여러 가지 형식과 방법으로 정상적으로 보급하여야 한다.

제43조 (감독통제)

기상수문사업에 대한 감독통제는 중앙기상수문기관과 해당 감독통제기관이 한다.

중앙기상수문기관과 해당 감독통제기관은 국가의 기상수문정책집행정형에 대한 감독통제를 엄격히 하여야 한다.

제44조 (국제기상협약에 따르는 기상수문자료의 관리)

기상, 수문, 해양의 관측과 예보, 경보와 관련하여 국제기구 또는 해당 나라에서 보내오는 자료는 중앙기상수문지도기관이 통일적으로 관리한다.

중앙기상수문지도기관은 정해진데 따라 기상, 수문, 해양의 관측과 예보, 경보와 관련한 자료를 세계기상기구에 통보하여야 한다.

제45조 (원상복구)

승인없이 기상수문관측장이나 기상수문시설을 옮겼거나 없애버렸을 경우에는 원상복구시킨다.

제46조 (행정적 책임)

다음의 경우에는 기관, 기업소, 단체의 책임있는 일군과 개별적공민에게 정상에 따르는 행정처벌을 준다.

  1. 기상수문관측을 무책임하게 하여 예보자료의 과학성을 보장하지 못하였을 경우
  2. 기상수문예보 및 재해성기상수문경보를 제때에 하지 못하였을 경우
  3. 기상수문관측시설을 파괴하거나 손상시켰을 경우
  4. 이 법 제18조의 요구를 어겼을 경우
  5. 검정을 받지 않은 측정수단을 기상수문관측에 리용하였을 경우
  6. 기상수문사업에 필요한 조건보장을 하지 않아 기상수문관측과 예보사업에 지장을 주었을 경우
  7. 이 밖에 기상수문법의 요구를 어겼을 경우

제47조 (형사적 책임)

이 법 제46조의 행위가 범죄에 이를 경우에는 기관, 기업소, 단체의 책임있는 일군과 개별적 공민에게 형사적책임을 지운다.

찾아보기

저자 약력

남성욱
고려대학교 통일융합연구원 원장
고려대학교 행정전문대학원·통일외교학부 교수
통일부 통일미래기획위원회 정치군사분과위원회 위원장
前) 민주평화통일자문회의 사무처장
前) 국가안보전략연구원 원장
미주리주립대학교 응용경제학 박사

이우균
고려대학교 환경생태공학과 교수
고려대학교 오정리질리언스연구원 원장
고려대학교 지속발전연구소 소장
SDSN-Korea 공동회장
한국과학기술한림원 정회원
괴팅겐대학교 임학 박사

김재한
한림대학교 교수
(사)전국대학통일문제연구소협의회 이사장
DMZ학술원 원장
교육부 국가석학 선정
스탠포드대 후버연구소 National Fellow 역임
로체스터대학교 정치학 박사

강택구
한국환경연구원 연구위원, 북한환경정보센터장
(사)전국대학통일문제연구소협의회 사무총장
칭화대학교 국제관계학 박사

최현아
한스자이델재단 한국사무소 수석연구원
고려대학교 오정리질리언스연구원 연구교수
민주평화통일자문회의 상임위원
고려대학교 환경생태공학 박사

정유석
통일연구원 부연구위원
前) IBK기업은행 경제연구소 북한경제연구팀 연구위원
前) 한국수출입은행 북한동북아연구센터 책임연구원
前) 고양시정연구원 시민정책연구부 부장
前) 고려대학교 아세아문제연구소 북한연구센터 연구교수
고려대학교 북한학 박사

김수정
산업연구원 산업통산연구본부 부연구위원
통일부 정책자문위원
성균관대학교 무역학과 겸임교수
고려대학교 경제학 박사

김준
고려대학교 오정리질리언스연구원 연구원
고려대학교 환경생태공학 박사

한반도 그린데탕트와 남북한 협력 방안

초판발행	2024년 7월 25일
지은이	남성욱·이우균·김재한·강택구·최현아·정유석·김수정·김준
펴낸이	안종만·안상준
편 집	한두희
기획/마케팅	김한유
표지디자인	이은지
제 작	고철민·김원표
펴낸곳	(주) **박영사**
	서울특별시 금천구 가산디지털2로 53, 210호(가산동, 한라시그마밸리)
	등록 1959.3.11. 제300-1959-1호(倫)
전 화	02)733-6771
f a x	02)736-4818
e-mail	pys@pybook.co.kr
homepage	www.pybook.co.kr
ISBN	979-11-303-1998-8 93340

정 가	23,000원